Que faire ?

dans le Parc naturel régional du Queyras

> Valérie Miquel

DAKOTA EDITIONS

Que faire dans le Parc naturel régional du Queyras ?

Enquête et textes : Valérie Miquel
Avec le concours de : Armelle Amilhat, Sophie Bentot et Alain Adaken
Editeurs : Marc Lacouture, Jean-Damien Lepère, Marc Santenac
Responsable de la collection : Gilles Taillardas
Conception graphique : Capucine Deslouis et Emmanuelle Patient
Partenariats : Cyprien Neveu
Réalisé avec le soutien du Conseil régional Provence-Alpes-Côte d'Azur et du Parc naturel régional du Queyras.

Cartographie : Emmanuelle Patient, Philippe Valentin (tél. 05 34 66 55 18)

Remerciements : Jean-Yves Astruc (direction du Parc), Magali Palus (chargée de communication), Jeannot (garde du Parc), Bruno et sa femme (Quey'r de l'Ours), Vincent (Quey'Raft), Ben (chiens de traîneau), Danielle et Michel Collombon (Miellerie de la Vignette à Aiguilles), Michel Faure (Ferme des Espars), Lili, Léo et Jean-Marie W.

ISBN 2-84640-094-6
Dépôt légal 2e trimestre 2004

Dakota Editions - 45, rue Saint-Sébastien - 75011 Paris
E-mail : contact@wdakota.com

Crédit photos : (a : en haut, puis de gauche à droite et de haut en bas)
Collection Musée "Le Soum" : 71 • Mairie d'Arvieux : 36 • René Audier : 109 • Michel Blanchet : 80a et b, 81 • Frédéric Mazzia - Tête en l'air : 105 • Samuel Michel : 30 • Valérie Miquel : 14, 15, 16, 17, 18, 19, 24, 25, 26, 27, 28, 32, 33, 34a et b, 35, 37, 38a et b, 39, 40, 41, 42a et b, 43, 44a et b, 45, 46, 47, 48, 49, 50, 51, 52a et b, 53, 54, 55, 56, 57, 58a et b, 59, 60, 61, 62, 63, 64a et b, 65, 66, 67, 68, 70a et b, 72, 73, 74, 75, 76a, 78, 79, 82a et b, 83, 84, 85, 86a et b, 87, 88, 89, 90 a et b, 91a et b, 92, 93, 94a et b, 95, 96, 98, 100, 101, 102, 103, 104, 106, 107, 110, 111, 112, 114, 115, 116, 118, 119, 120, 122, 123a et b, 125, 126, 127, 128, 130, 131, 135 • Magali Palus : 22, 69, 108 • PNR du Queyras : 8a et b, 10, 11a, b et c, 12a et b, 20 • Quey'Raft : 76b, 77 • Frédéric Sube : 9, 29.

Dessins :
Jean Chevallier : 31, 97, 99.

Photos de couverture
Le Fort-Queyras, à Château-Queyras (Valérie Miquel) • Cadran de 1928, commune de Montbardon (Valérie Miquel) • Lys Martagon (Valérie Miquel) • Sculpture sur bois (Valérie Miquel).

Au verso : Fontaine, Ceillac (Valérie Miquel).

£3.50 NF

Sommaire

En un coup d'œil

Que faire dans le Queyras ?

Itinéraires

Les Parcs naturels régionaux

En France, 43 territoires parmi les plus beaux célèbrent avec force la diversité de notre patrimoine. Ce sont les Parcs naturels régionaux, territoires ruraux habités aux patrimoines culturel, naturel et paysager d'exception. Mais ils relèvent d'un équilibre fragile qui justifie une politique de protection et de développement économique durable, sous l'égide de l'Etat. Pour le visiteur, séjourner dans un Parc naturel régional est une échappée belle et l'occasion unique de multiples découvertes.

Plus ou moins vaste, chaque territoire d'un Parc naturel régional se singularise par sa très forte personnalité. **Les Parcs placent l'homme et l'environnement au cœur de leur projet**, dans une démarche active et concrète… et surtout durable. Ainsi, les activités traditionnelles et les savoir-faire sont encouragés et soutenus. Parallèlement, les missions des Parcs permettent la création de nombreux emplois liés à l'aménagement des territoires : paysagistes, architectes, guides nature, etc. Toutes les richesses des Parcs naturels régionaux sont accessibles à partir d'activités originales et d'équipements respectueux de la nature. **En toute complicité avec les éléments, le visiteur peut varier les plaisirs** : randonnées, cyclotourisme, expositions, cueillette de champignons, stages de dentelle, découverte du patrimoine religieux ou gastronomique… l'offre paraît inépuisable !

Dans chaque Parc naturel régional, **la bonne adresse c'est la Maison du Parc !** Lieu d'accueil et d'information, elle dispose de tous les renseignements nécessaires pour organiser son séjour sur place. Sans oublier les mines d'informations que sont les autres équipements du Parc : musées, écomusées ou maisons à thème. Cette démarche est relayée sur le terrain par les sentiers de découverte, les circuits thématiques, les stages à thème, etc. Dans un Parc, le visiteur à l'esprit curieux n'a plus qu'un seul problème : l'embarras du choix.

Structures autonomes, les Parcs naturels régionaux sont regroupés au sein de la **Fédération des Parcs naturels régionaux de France**. Lieu d'échange, outil de réflexion et d'animation, la Fédération participe à l'élaboration des chartes et permet aux Parcs de mener à bien leurs missions en mettant en place des outils spécifiques. La Fédération **négocie avec les pouvoirs publics pour préserver et renforcer l'identité des Parcs**. Elle participe à l'élaboration des politiques de protection de l'environnement en France et à l'étranger. Enfin, à travers son centre de documentation et ses différentes publications, la Fédération est source d'information du public.

LES GÎTES PANDAS **Répartis dans les Parc naturels régionaux et les Parcs nationaux, et tous contrôlés par le WWF, 270 Gîtes Panda garantissent un hébergement de qualité dans un site qui présente un intérêt pour la découverte de la nature. Les propriétaires de Gîtes Panda s'engagent en effet à gérer respectueusement les milieux naturels tout en favorisant un tourisme responsable.**

Les Parcs naturels régionaux de France

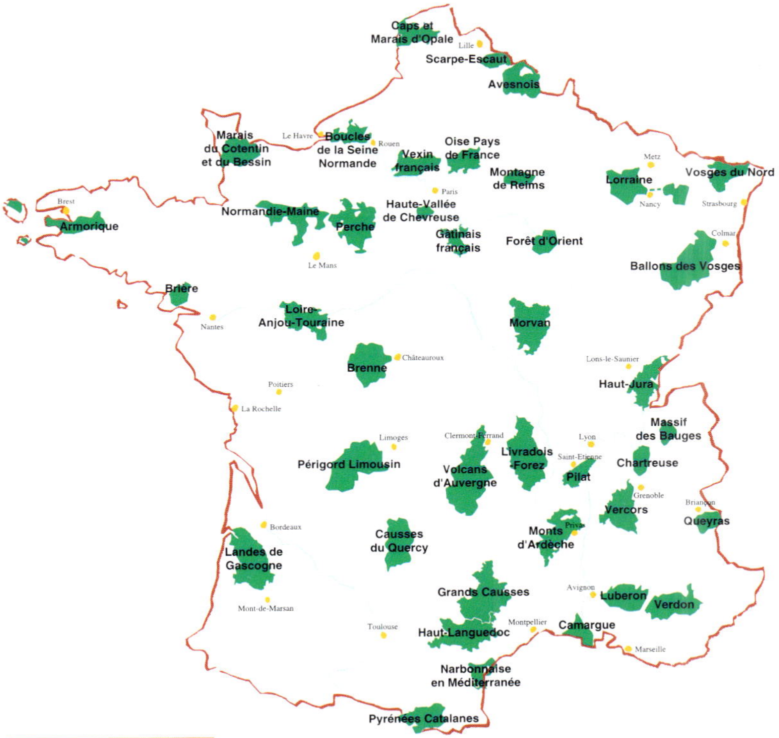

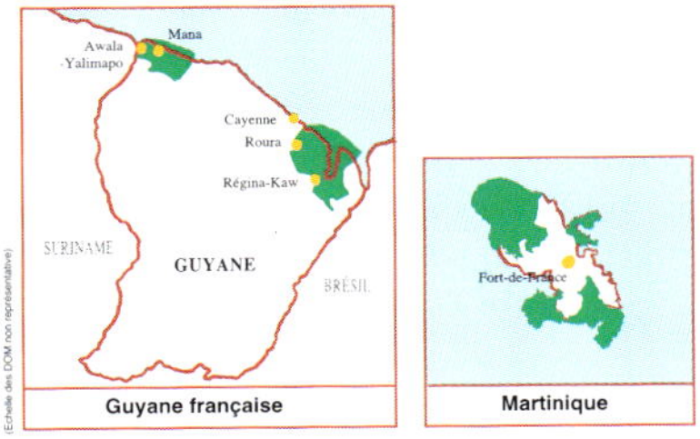

- 43 Parcs naturels régionaux
- 3 570 communes
- 23 régions
- 65 départements
- 3 millions d'habitants
- 64 671 Km², c'est-à-dire 11,7 % du territoire métropolitain (13% avec la Guyane et la Martinique)

FÉDÉRATION DES PARCS

Les informations sur les Parcs naturels régionaux et la Fédération sont disponibles :

- Sur le site Internet des Parcs : www.parcs-naturels-regionaux.tm.fr
- En adressant directement ses questions à : info@parcs-naturels-regionaux.tm.fr
- Adresse : Fédération des Parcs naturels régionaux de France, 9 rue Christiani, 75018 Paris. Tél 01 44 90 86 20.

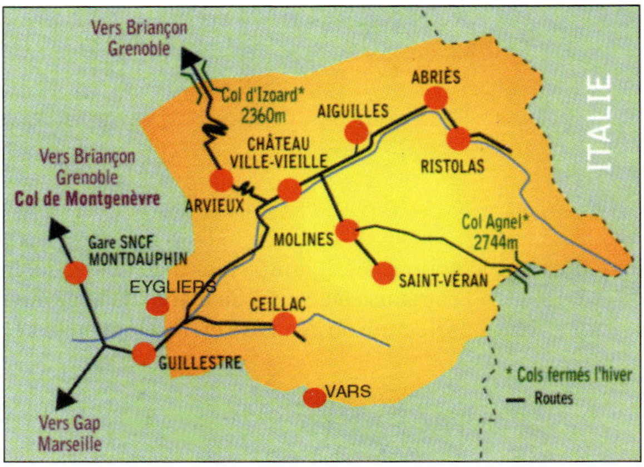

Le Parc naturel régional du Queyras s'étend sur 650 km^2, concerne 11 communes et 2 300 habitants.

Plan et limites du Parc

Les limites du Parc naturel régional du Queyras empruntent le périmètre exact des communes d'Abriès, Aiguilles, Arvieux, Ceillac, Château-Ville-Vieille, Molines, Ristolas et Saint-Véran. Dans la commune d'Eygliers, le périmètre du Parc passe par la crête de Catinat, la crête des Ourgières, traverse la Font d'Eygliers et suit le Guil dans la commune de Guillestre, puis le canal Salva après avoir traversé la route N902. Il emprunte ensuite le tracé du Riou-Bel jusqu'au Pont de Vars (commune de Vars), suit la crête de la Scie, la crête des Couniets, le Col de Serenne, la Mortice, le Pic des Houerts, le Pointe d'Escreins, le Panestrel et rejoint la commune de Ceillac par le Pic de la Font Sancte.

Parc naturel régional : appellation de qualité contrôlée et outils de développement durable

Le Mont Viso.

Le Parc naturel régional du Queyras est un territoire d'exception, riche d'une flore et d'une faune variées. Voisin de l'Italie, il ne communique avec le reste du territoire que par une route longeant le torrent du Guil, ce même torrent qui représente le fil conducteur du Queyras puisqu'il prend sa source au pied du mont Viso et se jette dans la Durance à Montdauphin. Entouré de sommets tels que le Bric Bouchet (2 997 m), le pic de Rochebrune (3 320 m), le mont Viso (3 841 m) ou la Font Sancte (3 385 m), le Parc du Queyras est un jardin dont l'éblouissante éclosion florale du mois de juin est connue de tous les botanistes du monde.

Le Parc naturel régional du Queyras

Pour protéger cet environnement exceptionnel, le territoire du Queyras s'est doté d'un outil de développement durable : un "Parc naturel régional".

Pour obtenir ce label, le Queyras a dû procéder à un inventaire méticuleux de son stock patrimonial. Comme un grand vin "d'appellation d'origine contrôlée", il doit veiller à ce que la qualité du produit ne soit jamais remise en cause. Sa marge de manœuvre est très étroite : entre protection de la nature et développement économique, la synthèse n'est pas toujours facile à réaliser.

Pour autant, ce label est aussi un instrument donné aux habitants pour leur permettre de vivre et travailler au pays. En aidant à la construction de nouvelles stations d'épuration, en aidant les bergers à faire face à l'attaque des grands prédateurs, en instaurant un fond d'aide pour le bardage des toits en mélèze, le Parc naturel régional du Queyras répond au défi environnemental et crée de l'emploi.

Sur le fondement d'une charte, les onze communes adhérentes, le département des Hautes-Alpes et la Région Provence-Alpes-Côte-d'Azur ont exprimé leur volonté de conduire ensemble une politique de développement économique fondée sur la préservation et la mise valeur du patrimoine naturel, bâti, culturel et humain. Conscient des efforts engagés, l'Etat français accorde le label Parc naturel régional au Queyras depuis plus de 25 ans.

Le terme de Parc ne doit pas tromper. Le Parc est un espace ouvert, dont l'accès est entièrement libre. C'est un milieu particulièrement riche et fragile qui résulte, tel qu'il est, de travaux et de traditions. Le Parc est aussi le garant d'une image forte et d'un label reconnu bénéfique au développement local et à l'accueil du public.

Le Parc naturel régional du Queyras : une marmite de vie végétale et animale

Territoire majestueux, il déploie l'harmonie de ses crêtes enneigées jusqu'aux frontières du Piémont italien.

Au-delà de ses gorges vertigineuses, de ses sommets austères, il se dévoile brusquement tel un jardin secret inondé de soleil, tel un amphithéâtre sauvage au charme inouï. Astragales du Caucase, Absinthes de Méditerranée, Edelweiss, Orchidées, Saxifrages de Vaud et Ancolies des Alpes bordent les centaines de kilomètres de sentiers.

Le bouquetin est l'un des symboles de la faune sauvage du Queyras.

Au printemps et en été, en venant dans le Parc naturel régional du Queyras, vous entrez dans un véritable conservatoire naturel de la faune et de la flore des Alpes

Les gardes du Parc aident bergers et éleveurs confrontés à la pression des grands prédateurs.

méditerranéennes. Aigle Royal, Tétras Lyre, Faucon pèlerin, Chamois, Bouquetin, Mouflon, Papillon Isabella et Salamandre de Lanza peuplent les 650 km² du territoire. De retour dans le Parc, *Canis lupus* cherche à refaire sa place dans un territoire où l'homme revendique désormais de pouvoir vivre et travailler librement. C'est justement en favorisant ce travail (aides aux éleveurs et bergers confrontés à la pression des grands prédateurs) que le Parc réussit à gérer sur son territoire cette espèce protégée par la convention de Berne. Cette politique originale, expérimentale, permet au Parc d'affirmer sa mission fondamentale en matière de protection de la biodiversité.

En automne et en hiver, vous pénétrez dans la douce lumière qui éclaire pistes et itinéraires de ski organisés autour des villages où la vie se concentre plus conviviale, plus proche des habitants dont les savoir-faire modernes se nourrissent de la tradition.

Partager un territoire pour y vivre, c'est d'abord le comprendre et le respecter. Alors, accompagnez-nous dans le voyage des "Sept plus" du Parc. Confortez par vos actions ces sept piliers sur lesquels repose le Parc naturel régional du Queyras.

Le Parc naturel régional du Queyras et ses sept "plus"

Le Parc dispose d'atouts naturels, culturels et humains indéniables qu'il se doit de valoriser :

Le "plus Grande nature"

De par sa configuration géographique, le territoire du Parc constitue un véritable chaudron magique où naît et se développe la vie. Le Queyras se définit en effet comme un bassin collecteur des eaux du Guil, une chaîne de montagnes culminant à plus de 3 000 mètres et se répartissant suivant un cercle presque parfait seulement interrompu par les gorges du Guil. Ce chaudron piège la vie sous toutes ses formes, végétale ou animale.

Mouflons, chamois, bouquetins, marmottes… peuplent les hauts sommets du Parc naturel régional du Queyras mais ces animaux ne se laissent pas facilement approcher. Pentes herbeuses, forêts de mélèzes et falaises profitent aux 2 500 chamois du Parc du Queyras, aux bouquetins, à la salamandre de Lanza et au papillon Isabelle qui représentent une partie de la richesse de ce territoire d'exception.

Le "plus Patrimoine vivant"

Le patrimoine est partout présent en France, mais dans les Parcs, il est à la fois réglementairement protégé mais aussi auto-administré.

Le Parc naturel régional du Queyras

Le Parc du Queyras œuvre depuis plus de trente ans à la protection et à la valorisation de son patrimoine. Les paysages sont extraordinaires. Le patrimoine naturel est d'intérêt national, et, depuis peu, de dimension mondiale avec la réapparition de *canis lupus*. Patrimoine religieux, vie pastorale, tradition fromagère et travail du bois témoignent de la richesse humaine du Parc naturel régional du Queyras. Traditions musicales, festives, sportives et gastronomiques sont les autres témoins de cette vitalité queyrassine au charme unique.

La Maison du Parc à Arvieux : lieu de rencontres et d'échanges.

Le "plus Santé"

Bénéficiant d'un climat méridional, le Parc naturel régional du Queyras bénéficie d'un ensoleillement maximum. L'altitude contribue au bien-être du corps. La sécheresse de l'air, caractéristique des territoires d'altitude, fait du Queyras un havre de paix pour les organismes atteints de maladies respiratoires.

Découverte de la faune, un véritable apprentissage.

La montagne bénéficie d'atouts naturels légitimes et reconnus : air pur, altitude, pureté et harmonie.

L'exceptionnelle qualité de l'air confortée par la très haute altitude permet dans le Parc de se refaire, selon l'expression populaire, "une santé". C'est un air que l'on voudrait emporter avec soi pour en faire profiter ses proches.

La traçabilité des produits du Queyras garantit une qualité irréprochable.

Le "plus Produits du terroir"

Dans le Parc naturel régional du Queyras, de nombreux produits sont fabriqués de manière traditionnelle. Cela leur procure une saveur inégalable, les recettes régionales conservant ainsi leur goût d'autrefois. Dans un contexte où l'alimentation "bio" prend une importance majeure, le Queyras a ainsi une belle carte à jouer. Les producteurs locaux utilisent les ressources naturelles de leurs alpages afin de garantir une traçabilité irréprochable de leurs productions.

Toutes ces conditions permettent d'offrir des produits alimentaires de qualité à une clientèle de plus en plus exigeante.

Le "plus Beauté"

Ce n'est pas le fruit du hasard mais le résultat de l'application assidue des règles fixées par la Charte du Parc. En interdisant toute construction anarchique, en substituant à la construction de stations impersonnelles le maintien des stations villages, en refusant de construire de nouveaux téléskis sur des espaces naturels sensibles, le Parc régional du Queyras a sauvé ce "plus Beauté" qui est le meilleur atout d'un développement touristique durable.

Sauvages et difficiles d'accès, les zones naturelles les plus riches ont conservé des milieux écologiques diversifiés et originaux. Ces sites très à l'écart des grands flux de fréquentation n'ont pas fait l'objet de grands équipements.

Le Parc s'attache à protéger ces zones qui constituent le patrimoine et la richesse du Queyras, et à les gérer pour que diverses pratiques puissent y coexister en bonne intelligence.

La Maison de la Nature : un point d'accueil à ne pas manquer.

Le "plus Accueil"

Aujourd'hui de plus en plus sollicité, le touriste apprécie à sa juste valeur la vraie convivialité. Dans le Queyras, la sérénité des sommets enneigés n'est sans doute pas étrangère à la chaleur et à la transparence de l'action des professionnels du tourisme du Parc. Points d'information, Maisons du Parc et Espaces pédagogiques vous accueillent : Espace géologique (Château-Queyras), Maison de la Nature (Ristolas), moulin d'Arvieux, musée du Soum (Saint-Véran)...

La clientèle touristique a un besoin croissant de facilité, de commodité, de confort intellectuel et matériel. La *Sem Guiltour*, centrale de réservation répond à cette attente. Elle propose, en accès simplifié, une gamme de produits touristiques labellisés "Parc" : hôtels, gîtes, meublés, prestations diverses... Cette offre s'adresse aux particuliers comme aux groupes.

Le "plus Ludique"

Le Parc naturel régional du Queyras est un formidable terrain de jeux. Activités pour tous les goûts et toutes les envies, randonnée accompagnée, chiens de traîneaux, VTT, rafting et autres sports vous feront découvrir de nouvelles sensations.

Du ski alpin – présent dans toutes les stations villages du Queyras – au ski de randonnée, en

Hiver ou été, le PNR du Queyras propose une multitude d'activités.

LE PARC NATUREL RÉGIONAL DU QUEYRAS VOUS ACCUEILLE

Maison du Parc d'Arvieux
Le village
05 350 Arvieux
04 92 46 88 20

Maison du Parc de Guillestre
Avenue de la gare, BP 3
05 600 Guillestre
04 92 45 06 23

Maison du Parc et de la nature
Ristolas
04 92 46 86 29
Ouvert de 9h à 13h et de 14h à 18h00
7 jours sur 7 pendant les vacances scolaires
Ouvert de 14h à 18h du lundi au vendredi, en dehors des vacances scolaires.

Moulin d'Arvieux
Hameau des Moulins
04 92 46 88 20
Ouvert de 10h à 12h et de 14h à 18h du 1/07 au 31/08.

Espace géologique
Château-Queyras
04 92 46 88 20
Ouvert de 10h à 12h30 et de 14h30 à 18h du 1/07 au 31/08.

Musée du Soum
Saint-Véran
04 92 45 86 42
Le musée est ouvert toute l'année de 10h à 12h et de 14h à 18h.

Fort Queyras
Géré par la commune de Château-Ville-Vieille, le Fort est ouvert tous les jours de 10h à 18h en mai, juin et septembre et de 9h à 19h pour les mois de juillet et août.

Points d'information
L'ensemble des points d'information mis en place par le Parc se situe sur les différents points d'accès de son territoire :
Col de l'Izoard • Guillestre • Val d'Escreins • Col Agnel • Font d'Eygliers

Centrale de réservation Guiltour
Avenue de la gare - BP 2 - 05600 Guillestre
04 92 45 09 46

passant par le ski de fond, quel que soit votre niveau vous pourrez pratiquer votre sport d'hiver favori (et goûter aux autres) dans un espace préservé.

Partager un territoire, transmettre un savoir, rêver d'excellence, voici en quelques mots la devise du ***Parc naturel régional du Queyras****.*

Pierre Eyméoud
Président du Parc naturel régional du Queyras

Le Parc naturel régional du Queyras en 11 communes

Le Queyras est le plus haut Parc naturel régional de France. Huit stations-villages, dont Saint-Véran, la commune d'Europe la plus élevée, à 2040 mètres d'altitude, composent ce massif qui fut longtemps inaccessible. Il fait bon vivre dans ces villages de caractère qui ont conservé leur ancrage dans le passé : cadrans solaires, fontaines traditionnelles, églises classées, maisons typiques en bois... Aux portes du Queyras, Guillestre, Vars et Eygliers, ajoutent un supplément d'animations et de convivialité.

Abriès (1 550 m)

Niché au confluent des vallées du Guil et du torrent du Bouchet, Abriès vit au rythme de ses petits commerces artisanaux. Ce village de 300 habitants a longtemps été le centre économique du Piémont. Sa halle a été construite en 1609, et en 1720 le hameau rassemblait une douzaine d'hôteliers et cabaretiers. Au carrefour des sentiers de randonnée, on se souvient ici qu'au XIXe siècle Abriès se targuait d'être la capitale de l'alpinisme. Une époque florissante pour ce village haut alpin, comme en témoignent les grands hôtels bâtis à cette période.

Ristolas, dernière commune de la vallée du Haut-Guil.

Ristolas (1 595 m)

Ristolas est la dernière commune de la vallée du Haut-Guil. Ce village du bout du monde voit la route s'arrêter dix kilomètres en amont au lieu-dit la Roche Ecroulée. Il a été entièrement dévasté – puis reconstruit – par la terrible inondation de 1957. Aux portes de la "haute montagne", Ristolas offre de multiples promenades le long du Guil. L'éblouissant belvédère du mont Viso dresse ici sa silhouette sur la vallée, même s'il se situe tout entier en Italie !

Aiguilles (1 450 m)

Ce chef-lieu de canton de 400 âmes abrite des villas 1900 (voir p. 55) qui lui donnent un cachet sud-américain, mais aussi des fontaines, des cadrans solaires, et une maison construite par Gustave Eiffel. Situé dans la vallée du Guil, dont il tire probablement son nom (*ad guil lum* signifiant en latin "près du Guil"), son territoire s'étage entre 1 450

Le village de Ceillac, haut lieu de la randonnée.

et 2 590 mètres d'altitude. Des sentiers en balcon suivent la vie des montagnards, s'échappent dans la grande forêt de mélèzes, ou grimpent jusqu'aux lacs.

Arvieux (1 551 m)

Les anciens moulins, les chalets d'alpage, la tradition fromagère, les prairies verdoyantes, les bois… Dans le Val d'Azur, ainsi surnommé pour ses exceptionnelles conditions d'ensoleillement, les paysages sont tour à tour, boisés, agricoles ou lunaires. La station-village d'Arvieux sait user de ses charmes avec ses vieilles maisons queyrassines et ses restaurants célébrant la cuisine du terroir. Blottie au pied du célèbre col de l'Izoard, elle rassemble 355 habitants et compte treize hameaux ayant chacun leur caractère. De belles promenades dans des sites grandioses s'offrent ici aux randonneurs : le site désertique et sauvage de la Casse Déserte à 2 200 mètres d'altitude (voir p. 92), les alpages de Furfande et Clapeyto (voir p. 96), le lac de Roue…

Ceillac (1 650 m)

Ceillac est le fief de Philippe Lamour, président fondateur du Parc naturel régional du Queyras en 1977. C'est surtout un haut lieu de la randonnée qui marque le départ du sentier du Tour du Queyras. C'est aussi un *spot* reconnu pour la cascade de glace l'hiver et pour le parapente l'été. C'est enfin un village aux couleurs de Provence avec ses solides maisons de pierre et de bois serrées autour d'un monument historique : l'église Saint-Sébastien aux fresques remarquables et au campanile à six cloches (voir p. 104). Entre vallée

Paysage du côté de Molines.

du Cristillan et vallée du Mélezet, les promenades vous entraînent vers les lacs Miroir et Sainte-Anne, les cols Fromage, Bramousse, Tronchet, ou du côté de la carrière de marbre vert.

Château-Ville-Vieille (1 400 m)

A 1 400 mètres d'altitude, Château-Ville-Vieille regroupe deux villages principaux et quatre hameaux sur les hauteurs. Place forte du pays, Fort-Queyras, citadelle médiévale remaniée par l'illustre Vauban, veille sur la haute vallée du Guil depuis le XIIIe siècle (voir p. 82). Dans la crypte, on découvre l'espace géologique, une exposition permanente sur la formation des Alpes. Depuis Fort-Queyras, une excursion incontournable mène à l'un des plus beaux points de vue du Parc : le belvédère du sommet Bûcher (voir p. 78). Au confluent du Guil et de l'Aigue Agnelle, la petite commune de Ville-Vieille est restée blottie dans la verdure, à la merci des inondations. Ancien siège de l'Escarton, le village fait la part belle aux artisans avec sa maison de l'artisanat située au carrefour de toutes les routes. Côté nature, le sentier écologique des Astragales, perché juste au-dessus du village de Ville-Vieille, dévoile son exceptionnelle flore alpine.

Molines (1 760 m)

Dans la vallée de l'Aigue Agnelle, petit paradis de montagne, Molines-en-Queyras et ses six hameaux s'étagent paresseusement (de 1 750 à 2 800 mètres) sur l'adret accueillant. A Molines et plus particulièrement au hameau de Pierre-Grosse, les maisons en bois forment un ensemble architectural traditionnel superbe et très ancien. Autre fierté de Molines, l'église Saint-Romain, classée monument historique, dont le clocher, carré et unique, domine le plateau de la Rua.

Saint-Véran (2 040 m)

Dans la vallée de l'Aigue-Blanche, Saint-Véran, qui se hisse entre 2 040 et 2 990 mètres d'altitude, est probablement la plus connue des localités queyrassines. La plus haute commune d'Europe, où l'on dit que *"les coqs picorent les étoiles"*, a toujours été rayonnante et animée. Malgré les hivers où les habitants vivaient isolés sous des mètres de neige pendant presque sept mois, la vie battait son plein. Agriculteurs, mineurs, artisans de la pierre, dentellières, meuniers poursuivaient leur travail et leur vie avec beaucoup de solidarité… Cette station familiale a su conserver son aspect d'antan. Maison musée, artisans du bois, église, expositions, cadrans solaires… Tout le village est à visiter ! Et côté randonnées, il y a ce qu'il faut !

> Guillestre marque le départ de l'impressionnante et sinueuse route des gorges du Guil.

Guillestre (1 004 m)

La petite cité de Guillestre a perdu la majestueuse enceinte qui l'entourait jadis. Mais ses vieux quartiers et ses ruelles étroites lui ont conservé son allure médiévale. Porte du Queyras, postée à 1 000 mètres d'altitude au pied du plateau de Mont-Dauphin, elle voit pics, sommets et crêtes dresser une formidable couronne autour d'elle. Du provençal *gui l'estre*, signifiant "la fenêtre du Guil", Guillestre abrite encore quelques monuments phares, comme l'église Notre-Dame d'Aquillon (XVIe siècle) édifiée dans le style gothique embrunais en marbre rose, la pierre typique du pays. Guillestre marque le départ de l'impressionnante et sinueuse route des gorges du Guil, porte d'entrée du Parc naturel régional du Queyras.

Eygliers (1 027 m)

A la confluence du Guil et de la Durance, le petit village d'Eygliers offre un beau point de vue sur les deux vallées tout en se tenant bien à l'abri des colères des deux rivières. Venir à Eygliers, c'est aussi profiter d'aménagements touristiques de grande qualité : plan d'eau avec base de loisirs, balades à cheval, pêche... Sans oublier les nombreuses randonnées qui vous mèneront d'Ecrins en Queyras à la rencontre des sources et des lacs. Le lac d'Eygliers miroite à quelques enjambées de Mont-Dauphin non loin de la Durance. Un lieu idéal pour la baignade et le pique-nique.

Vars

Trois hameaux forment Vars, station de ski réputée, l'une des plus anciennes du département : Saint-Marcellin, Sainte-Catherine et Sainte-Marie. Ces villages bénis des dieux de la montagne s'étagent dans la haute vallée du Chagne et de ses affluents. Entourés de sommets culminant à plus de 2 500 m. Situé sur la commune, le Val d'Escreins, une vallée fermée classée réserve naturelle depuis 1957, est l'un des joyaux du Parc.

Les fontaines à deux bacs de Saint-Véran.

La randonnée pédestre dans le Queyras

Avec quinze sommets à plus de 3 000 mètres, une vie animale intense, et des villages typiques, le Queyras est une terre promise pour la randonnée. En dépit de son altitude élevée, la montagne queyrassine a le charme de la montagne pastorale, avec ses forêts de mélèzes, ses lacs et ses torrents en abondance, ses alpages au pied des barres rocheuses sans les pentes de caillasses hostiles aux pieds. Des sentiers de grande randonnée aux circuits de pays ou de découverte, un important réseau balisé et entretenu permet de découvrir à son rythme l'âme de ce pays authentique et attachant.

Le "Tour du Queyras"

Le Tour du Queyras est l'un des itinéraires pédestres les plus complets du Parc. Et l'un des plus beaux de France. Il se parcourt en une dizaine de jours et donne l'impression de traverser plusieurs pays. Sentier fétiche du Parc, il a été conçu et balisé par Philippe Lamour, ancien président du Parc naturel régional et ancien maire de Ceillac. C'est à lui que l'on doit ce GR58 qui, au départ de Ceillac, entraîne le marcheur des falaises calcaires à l'ouest au schiste du mont Viso à l'est. Au menu de ces dix jours : des montées sévères et verdoyantes, des sentiers fleuris en balcon, des vues panoramiques, des traversées de torrent, le chant des cigales, le tempo silencieux des cadrans solaires, le sifflement des marmottes… Et une petite incursion en Italie. Un itinéraire soigneusement entretenu par le Parc dont on retrouve la description précise dans le topo-guide FFRP, GR58 (réf. 505).

La randonnée pour tous

Entre 1 100 et 3 000 mètres d'altitude, les possibilités de balade dans le Queyras sont multiples et quasi inépuisables. Grâce aux infrastructures mises en place par le Parc (balisage des itinéraires, randonnées, hébergements et refuges, sentiers d'interprétation avec livret d'accompagnement, promenades commentées des villages) les escapades de deux heures à plusieurs jours se font dans les meilleures conditions ! Plusieurs

> Entre 1100 et 3 000 mètres d'altitude, les possibilités de balades sont quasi inépuisables...

Du côté de Ristolas, retour de rando après plusieurs jours d'évasion en altitude.

sentiers de petite randonnée (une à quatre heures) permettent d'accéder aux sites majeurs du Parc. Des circuits thématiques donnent l'eau à la bouche, telle la balade gourmande le long du Guil. Deux itinéraires écologiques, le sentier des Astragales et le Pré-Michel, sont à suivre muni de livrets spécifiques sur la faune, la flore, l'histoire ou le patrimoine du Queyras. Le sentier de découverte du Tétras-Lyre, dans la réserve naturelle du Val-d'Escreins, offre une heure d'évasion ponctuée de panneaux d'interprétation.

LES REFUGES DE MONTAGNE

Grâce aux refuges de montagne, harmonieusement répartis sur l'ensemble du territoire, vous randonnez plusieurs jours avec l'assurance d'une étape confortable. Pensez à réserver avant de partir !

Refuge du mont Viso, 2 460 mètres, du côté d'Abriès-Ristolas ; refuge de Furfande, 2 300 mètres, au-dessus d'Arvieux ; refuge Les Fonds de Cervières à 12 kilomètres de Cervières ; refuge Napoléon au col de l'Izoard, à 2 360 mètres ; refuge de la Cime à Ceillac au lieu-dit la Cime du Mélezet ; refuge de Basse Rua perché à 1 760 m au cœur de la réserve du Val-d'Escreins ; refuge Agnel à Molines...

Activités et sports d'hiver

A profusion, à gros flocons, la neige envahit les stations de ski du Queyras. Un immense manteau blanc recouvre un domaine skiable dépaysant dont on peut faire le tour en une journée. Ce petit paradis naturel, à l'écart des grandes stations surbétonnées, suscite une avalanche d'activités en harmonie avec le milieu : ski de fond, ski de randonnée, raquettes, chiens de traîneau...

Le ski alpin

Ici, les pistes ont le goût du terroir. L'ambiance est familiale et vous ne connaissez ni les attentes aux remontées mécaniques, ni la cohue sur les pistes, ni la queue au forfait. Huit villages, sept domaines skiables, 45 remontées mécaniques desservent 120 kilomètres de pistes. Le Queyras joue la diversité ! Chaque vallée, chaque secteur a sa propre identité. Les versants offrent une très grande variété de pentes, de paysages, de difficultés. Il y en a pour toutes les glisses, et en toute simplicité tous les domaines sont accessibles avec un même forfait.

Le Mont Viso.

Le ski alpin par secteur

A **Abriès**, le secteur de la Colette est accessible par télésiège et déploie un ensemble de pistes de tous niveaux. Son fleuron ? La piste rouge des Besseys, qui relie la Colette de Gilly à Valpréveyre. A **Ristolas**, le stade de neige artificiel procure un enneigement optimum tout au long de la saison. **Aiguilles** possède un secteur débutant en pied de station. Sur le haut du domaine, les pistes sillonnent un cadre sauvage et préservé. Sur **Arvieux**, le domaine de la Chalp, doté de pentes régulières, se prête particulièrement à un ski familial. Orientée nord, la station de **Ceillac** est enneigée très longtemps dans la saison. A recommander pour la beauté des paysages, la piste rouge de l'Adoux qui longe le lac Sainte-Anne et rejoint la vallée du Mélezet. **Château-Ville-Vieille** est un sympathique domaine apprécié des débutants. Dans le plus vaste domaine skiable du Queyras, **Molines-Saint-Véran**, alternent pistes en forêt de mélèzes (Molines) et champs de neige

« Partout, les pistes sillonnent un cadre sauvage et préservé. Elles ont le goût du terroir. »

(Saint-Véran). Le sommet culmine à 2 800 mètres, et propose, en prime, un espace surf.

Ski de fond

200 kilomètres de pistes soigneusement entretenues serpentent le long des torrents givrés, à travers les forêts de mélèzes. Elles conduisent à la rencontre des villages traditionnels et permettent l'accès aux grands espaces d'altitude : le col Agnel, la Casse déserte… Les pistes permettent de joindre les villages entre eux.

Le ski de randonnée

Le ski de randonnée invite à explorer les espaces sauvages du domaine en toute liberté, du vallon facile à la pente raide. Il s'agit de réaliser en une journée ou plus, skis aux pieds, une succession d'ascensions et de descentes (suivant les techniques du ski alpin) dans la nature sauvage. Pour participer, la seule condition, c'est de savoir skier. En ski de randonnée, on utilise le matériel du ski alpin mais la fixation doit libérer le talon de manière à faciliter la marche et maintenir fermement le bout du pied. L'utilisation de peaux de phoques (une longue bande adhésive que l'on fixe sous la semelle du ski) facilite la montée. Une fois l'ascension terminée, le skieur retire la peau de phoque, il est fin prêt pour la descente !

La randonnée glaciaire

Poudreuse, profonde, neige précoce… marchez sur les pentes d'alpages à l'abri des avalanches en suivant un guide expérimenté. Le Queyras est un des massifs les mieux adaptés pour la pratique de la randonnée alpine. Cette forme de randonnée qui a pour objectif de franchir des cols et des sommets allie la randonnée sur les sentiers de montagne et la marche sur des glaciers. On utilise un matériel spécifique : les crampons pour

LES DOMAINES SKIABLES

Abriès (1 500 - 2 450 m)
15 pistes, 40 km de pistes de ski alpin, 5 remontées mécaniques, 46 km de pistes de ski de fond.
Tél. 04 92 46 72 26.

Aiguilles (1 450 - 2 590 m)
15 pistes, 30 km de pistes de ski alpin et 25 km de pistes de ski de fond.
Tél. 04 92 46 70 34.

Arvieux (1 400 - 2 200 m)
13 pistes, 15 km de pistes de ski alpin, 6 remontées mécaniques, 45 km de pistes de ski de fond.
Tél. 04 92 46 75 76.

Ceillac (1 650 - 2 500 m)
12 pistes, 20 km de pistes de ski alpin, 6 remontées mécaniques, 30 km de pistes de ski de fond.
Tél. 04 92 45 05 74.

Château-Ville-Vieille (1 400 - 1 600 m)
3 pistes, 2 km de pistes de ski alpin, 2 remontées mécaniques, 10 km de pistes de ski de fond.

Molines-Saint-Véran (1 750 - 2 800 m)
34 pistes, 38 km de pistes de ski alpin, 15 remontées mécaniques, 55 km de pistes de ski de fond.
Tél. 04 92 45 83 22.

Ristolas (1 600 - 1 900 m)
4 pistes, 3 km de pistes de ski alpin, 3 remontées mécaniques, 30 km de pistes de ski de fond.
Tél. 04 92 46 72 26.

Le village de Brunissard.

les passages sur la glace, des cordes et un baudrier. Mieux vaut partir accompagné d'un guide expérimenté.

Les raquettes

Se déplacer raquettes aux pieds, rien de plus simple. La technique se maîtrise en deux temps, trois mouvements. La discipline est accessible à tous et permet de prendre le temps de s'imprégner des paysages préservés du Queyras. Mais attention où vous mettez les pieds. Pas question de déranger la faune sauvage du Parc ni d'oublier les dangers de la montagne. Dans le Queyras, vous trouvez de nombreuses pistes damées accessibles aux piétons sur les communes d'Abriès-Ristolas, Arvieux, Ceillac, Molines et Saint-Véran. Quelques pistes sont autorisées pour usage mixte, piétons et skieurs, munissez-vous alors de raquettes étroites pour les emprunter.

Les chiens de traîneau

Grands espaces blancs, forêts givrées, rivières et lacs gelés... revivez *l'Appel de la forêt* et *Croc-Blanc* en compagnie des mushers du Queyras. Ces conducteurs de traîneau sont plusieurs à proposer une initiation à la conduite d'attelage. A la voix et à la force des bras, ils guident leurs chiens, poussent le traîneau dans les montées, le freinent dans les descentes. Le musher est le chef de meute, celles-ci sont composées de huskies, de malamuts et d'alaskans.

AUTRES ACTIVITÉS NEIGE

Découvrez une activité nouvelle dans le Queyras, le ski-joering. Dans le Grand Nord, on utilise des chiens de traîneau mais dans le Queyras, les fondeurs sont directement reliés avec une corde aux chevaux des Attelages du Haut-Guil.

En hiver, les cascades se couvrent de glace. Le site de Ceillac est un *spot* réputé qui permet de s'initier en toute sécurité à la cascade de glace, une belle discipline pour givrés.

Essayez la plongée sous glace au lac gelé de Sainte-Anne, à 2 500 m d'altitude.

Enfin, la patinoire naturelle se situe en plein air dans le village d'Abriès.

Les Parcs naturels régionaux : une priorité de la Région en matière d'espaces naturels

Quatre Parcs naturels régionaux, trois Parcs nationaux, une vingtaine de réserves, une soixantaine de sites protégés appartenant au Conservatoire du littoral, et de nombreux projets en cours d'étude ou de réalisation : la Région Provence Alpes Côte d'Azur apparaît sans conteste comme la Région la mieux dotée de France en matière de gestion et de protection des espaces naturels.

Cette situation n'est pas le fruit du hasard mais résulte de la conjonction de deux facteurs déterminants : d'une part un patrimoine naturel et paysager d'une biodiversité exceptionnelle due à l'absence de glaciation sur une partie du territoire, d'autre part des risques et de lourdes menaces qui pèsent sur ce territoire (urbanisation, tourisme, inondations, feux de forêt, etc). La Région souhaite préserver ce patrimoine, capital inestimable, non seulement aujourd'hui pour ses habitants et ses visiteurs, mais également dans l'avenir pour les générations futures.

Dans cet esprit, les Parcs naturels régionaux concilient protection et aménagement, selon les principes du développement durable. Ils associent environnement, économie et social. Ils contribuent à un rééquilibrage du territoire régional en favorisant la valorisation des ressources naturelles et humaines qu'ils protègent. Ils constituent ainsi des territoires d'expérience et d'exemplarité pour les autres espaces de la région. Il est dès lors logique que soient menées sur ces territoires des politiques contractuelles pluriannuelles entre l'Etat, la Région et les Parcs.

Par ailleurs, les Parcs naturels régionaux s'appuient dans leurs missions sur l'information, la pédagogie et la sensibilisation à l'environnement. "On aime ce que l'on connaît" et "on protège ce que l'on aime" : ce guide s'inscrit dans cette logique. Il a été conçu pour faire mieux connaître et aussi mieux comprendre ces territoires par leurs visiteurs.

La Région Provence-Alpes-Côte d'Azur a encouragé cette édition dans le cadre d'une démarche "Inter parcs" qui associe les 4 Parcs naturels régionaux de Provence-Alpes-Côte d'Azur (Camargue, Luberon, Queyras, Verdon) et l'Etat (au travers de la DIREN). Ainsi est-elle la première à s'être dotée de ces guides pour l'ensemble de ses Parcs naturels régionaux.

Puissent ceux-ci mettre en valeur la richesse de notre patrimoine régional et sensibiliser les lecteurs à sa nécessaire protection.

Activités et *sports d'été*

La saison estivale est propice à la découverte. Alors, aiguisez votre curiosité et, tout en marchant, trottant, pédalant, nageant... approchez l'âme et l'histoire du Queyras. L'été offre l'occasion de goûter à des sensations inconnues. Voguez sur toutes les ondes en tentant le raft, le canyoning ou le canoë. Régalez-vous à dévaler les alpages en VTT. Ou, pourquoi pas, profitez de la calèche, du cheval ou des chiens de traîneau pour le simple plaisir d'une balade !

La balade à vélo

La petite reine est un des sports phares du Queyras. Les paysages lunaires et hors du temps du col de l'Izoard et du célèbre site de la Casse déserte ont marqué le Tour de France (voir p. 93 et 92). Le Col Agnel et autres cols du Queyras raviront les amateurs ! Quant aux parcours VTT, doux ou durs aux jambes, ils vous entraînent des bords du Guil au moelleux des alpages, des forêts de mélèzes aux villages typiques. Vous pouvez même emprunter le télésiège avec votre vélo pour grimper vers les cols et les lacs d'altitude. Des fiches détaillées des circuits sont disponibles dans les offices de tourisme.

La balade à cheval ou en compagnie d'animaux de bâts

Galoper sur les traces des chamois et des bouquetins, chevaucher les flancs des montagnes, arpenter les nombreuses pistes forestières... Toutes les vallées du Queyras se parcourent à cheval. On peut même aller de village en village, car la plupart des chemins pédestres sont praticables à cheval. Le must : la randonnée sur plusieurs jours au fil du tour du Queyras ou du tour du Bric Bouchet, balisés pour le cheval. Les ânes et les lamas ne sont pas en reste. Ils vous invitent à des balades en altitude ou des petites promenades à l'heure.

Eaux vives

Rivière de réputation européenne pour la pratique des sports d'eau, le Guil a toutes les qualités d'un torrent ludique. En plus, il est accessible au plus grand nombre. Navigable en toute sécurité, c'est une rivière à la fois assez paisible pour l'initiation au rafting et assez tumultueuse pour permettre aux rafteurs ou kayakistes confirmés d'y dénicher quelques "infranchissables". Il suffit de choisir un tronçon adapté à son niveau. Quand les rouleaux déferlent sur les roches, le parcours se fait plus sauvage, et dans les gorges les bouillons offrent des passages agités de toute beauté. La descente du Guil, c'est avant tout une plongée étonnante dans une nature

De l'eau, de la roche, du soleil... Le paradis pour les kayakistes.

sauvage (voir p. 76). Succession de rapides dans les combes de Château-Queyras et de l'Ange Gardien, triples chutes en amont de la Chapelue.

Le rafting

Ce gros boudin insubmersible est idéal pour vaincre les rivières les plus tumultueuses. Combinaison néoprène, casques, gilets de sauvetages, casque, pagaies... l'équipement est impressionnant et pourtant le raft permet aux néophytes accompagnés d'un bon chef de bord de descendre dans les rouleaux en toute sécurité, même en cas de manœuvres difficiles. Sur le Guil, il existe plusieurs niveaux de parcours, du plus facile aux plus mouvementé (voir p. 76).

Le canyoning

La descente de canyon, c'est de l'eau, de la roche et du soleil ! Cette activité très ludique qui consiste à sauter dans les vasques d'eau, à descendre en rappel une cascade, glisser le long d'une roche ne doit pas faire oublier l'existence d'un certain nombre de risques. Le matériel utilisé est très différent selon le type de canyon. Il ne faut jamais s'élancer seul dans un canyon et les néophytes s'assureront obligatoirement les services d'un guide. Tout l'équipement peut se louer, chaussures de jogging, combinaison en néoprène, casque, sac à dos, baudrier, descendeur... Le matériel est prêté si vous faites l'activité en compagnie de guides spécialisés.

Le kayak

Pour les kayakistes expérimentés, le Guil est un paradis ! Tandis que les débutants s'entraînent sur le plan d'eau d'Abriès, les autres descendent la rivière qui au fil de son cours revêt une allure plus sauvage. Dans les gorges, le Guil se rétrécit et les rouleaux à franchir sont plus impressionnants.

LES ACTIVITÉS "FUN" **Posez un regard aérien sur les beautés du Queyras en volant sur le site de Ceillac qui possède une pente école de parapente réputée pour les débutants.**

La luge d'été, ça vous tente ? Alors rendez-vous à la station de Molines pour une descente infernale.

Autre activité inédite : l'arapho-dog, ou comment se faire tracter en trottinette par des chiens de traîneau.

Enfin, le parc acrobatique doté d'un parcours spécial enfants, enchantera les Indiana Jones de tous âges !

Le cadre grandiose des alpages de Furfande, à plus de 2 000 mètres d'altitude.

La baignade

Enchâssé dans son écrin montagneux, le lac d'Eygliers est tout à fait adapté à la baignade. Sa plage aménagée permet le farniente toute une journée en toute quiétude. Le Guil, quant à lui, alterne rapides et calmes plats. Il offre en certains endroits un visage si paisible que l'on peut y faire trempette sans risques pour peu qu'on reste près de la rive. Le Queyras compte également plusieurs piscines, à Guillestre, Vars et Aiguilles. Cette dernière, en plein air, dispose d'un toboggan aquatique et d'un mini-golf.

La pêche

Plan d'eau, torrent, rivières, lacs... le domaine piscicole du Parc offre un choix considérable de lieux de pêche dans un somptueux décor de haute montagne. Tous les genres de pêche, ou presque, se pratiquent sur l'ensemble des lacs d'altitude du Queyras. Et certains tronçons bien délimités du Guil sont réservés à la pêche à la mouche.

Alpinisme, escalade, *via ferrata*

D'un site pointu aux falaises plus modestes, tout est possible en escalade comme en alpinisme. Les amoureux de haute altitude sont comblés. Le mont Viso, le pic du Rochebrune, le Bric Bouchet et la Fontsancte forment entre autre les grands classiques du Parc. Ils offrent des voies impressionnantes dans une roche exceptionnelle. Pour les débutants, de nombreux sites naturels sont accessibles, comme la Roche Ecroulée (voir p. 28) ou la Chapelue. Le Queyras compte deux fameuses *via ferrata* aménagées dans des sites spectaculaires mais accessibles aux familles, comme au Fort-Queyras (voir p. 79) et à Arvieux.

Que Faire ?

dans le Parc naturel régional du Queyras ?

- Culture / patrimoine
- Nature / sports / détente
- Saveurs / savoir-faire / traditions

Avec les enfants

Durée de l'activité proposée

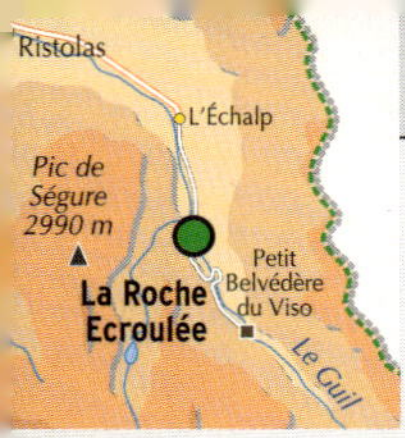

Le site de la Roche Ecroulée se situe au bout de la D947, à 5,5 km au sud de Ristolas, à 2 km au nord de l'Echalp.

Escalader la Roche Ecroulée à bout de bras, à Ristolas

1

Une matinée

La Roche Ecroulée ? Elle est née d'une avalanche, à 1 776 mètres d'altitude, et on y a créé un merveilleux site d'initiation à l'escalade. Ici, la conquête du sommet importe peu, vous montez pour le seul plaisir d'enchaîner les mouvements !

Roche Ecroulée. 9 heures du matin. Vous cherchez à retrouver les pulsions de l'*homo grimpus* qui, depuis toujours, sommeille en vous… Bon, en fait vous débutez. Pour commencer, vos mains prennent contact avec la roche, et tant qu'à faire, vous avez choisi un bloc à la mesure de vos capacités : pas trop élevées. En escalade, les pieds sont le prolongement des mains, dit-on. Pour l'instant, tout va bien puisque les vôtres touchent encore la terre ferme. Il s'agit de trouver une prise pour vous propulser vers le haut. Relâchez-vous, après tout, vous n'êtes pas non plus sur la face nord-est des Drus. Observez les enfants qui grimpent tout autour de vous. Ils ont l'escalade dans la peau, sa gestuelle chevillée au corps, l'esprit de découverte que cette activité exige. Le site de la Roche Ecroulée est parfait pour les débutants. Mais savez-vous que sous la masse du grand pierrier sur lequel vous cherchez votre voie, dorment encore quelques chalets ? Un jour de 1890, les habitants de Ristolas ont entendu un grand boum tandis que se soulevait un immense nuage de poussière. Un bout de roche, et le pierrier qui la dominait, s'étaient détachés d'un flanc du pic des Lauzes culminant à 2 388 m. En se fracassant, les blocs créèrent un formidable site pour les enfants. Et on ouvrit l'école d'escalade. Quant à vous, qui avez trouvé une prise pour chacune de vos mains, vous venez de gagner un bon mètre. Et miracle, vous enchaînez ! Car finalement, pas besoin d'être Rambo pour y arriver : sens de l'équilibre, observation du rocher, souplesse, patience… *homo grimpus* s'est réveillé. Et cela suffit à votre plaisir, quelques mètres au-dessus du sol.

Les écoles d'escalade du Queyras

Vous n'aurez aucun mal à progresser sous la direction d'un moniteur agréé. Il existe des sites adaptés à tous niveaux. Vous trouverez une école d'escalade à Abriès, Ceillac, Molines.

Quand la Roche Ecroulée était habitée

Avant que la montagne ne s'écroule, les Queyrassins appelaient ce lieu : *Lou pas des maisons* (le pied des maisons). C'est ici que les faucheurs lançaient le signal du départ aux champs. Les uns montaient au Pré-Michel, les autres se rendaient sur l'autre flanc de la montagne, dans leurs prairies qu'un immense glissement de terrain a, depuis, fait disparaître.

Continuer en beauté

- Rendez-vous au point information du Parc, situé dans le chalet en bois blotti sous le couvert des arbres, juste à côté de la Roche Ecroulée.
- Avancez de quelques mètres en direction du panneau de départ des sentiers et là, ne bougez plus : vous entendrez le concert des marmottes de la Roche Ecroulée !

[Ecole d'escalade à Abriès (bureau des guides au 04 92 46 72 26), à Ceillac (bureau des guides au 04 92 45 19 12), à Molines/Saint-Véran (bureau des guides au 04 92 45 85 87). Autres contacts : Pascal Giraud (Aiguilles), guide accompagnateur (tél. 04 92 46 77 30), Ancef Maison Gaudissard (Molines), tél. 04 92 45 83 29.]

Depuis le village de Ristolas, rejoindre le site de la Roche Ecroulée par la D947 et se garer au parking. Prendre la direction du grand belvédère du mont Viso.

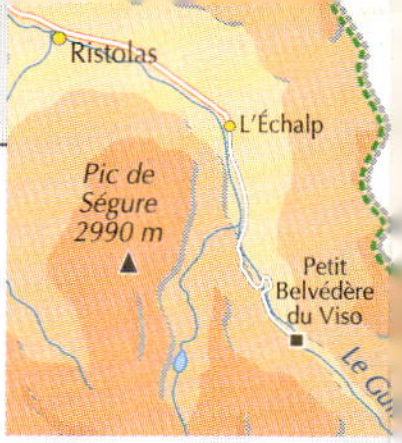

Tutoyer les bouquetins au col de la Traversette

Une journée

2

Ils se reposent au pied des névés, se baladent tranquillement au bord des précipices... Bienvenue au royaume des bouquetins, à près de 3 000 m ! En partant tôt, vous allez forcément les voir en sentinelle sur leurs hauteurs. Ils posent sur vous un regard bienveillant.

Le bruit de leurs cornes résonne dans la montagne ! Les bouquetins du Queyras sont bien au rendez-vous, en cette fin de nuit. Fin de nuit ? C'est votre guide qui en a décidé ainsi. Marcher aux premières lueurs de l'aube, quel meilleur moment pour surprendre les bouquetins ? Vous approchez du fameux tunnel de la Traversette, une galerie de 75 m, sur le chemin qui rejoint le Val de Pô. Au Moyen Age c'était la grande voie commerciale entre la France et l'Italie ! Au milieu du petit cirque de la Traversette, vous scrutez les pentes rocheuses autour de vous. Des bouquets de fleurs de montagne dans les rochers, une corniche herbeuse… Un paysage tout en roche et herbe, les deux composantes fondamentales de la vie du bouquetin ! Au col de la Traversette, votre sentier débouche à la borne frontière : fleur de lys pour le royaume de France, croix de Savoie pour le Piémont italien. Tout un symbole, même pour la survie des bouquetins : suivant l'exemple de nos voisins italiens, après deux siècles d'absence le bouquetin est, en 1995, réintroduit dans le secteur du mont Viso. Le 23 mai très précisément, sur le site de la Roche Ecroulée, les habitants purent assister à un premier lâcher de douze animaux équipés de colliers émetteurs. Au milieu des rochers, une silhouette se détache. Puis une autre… Toute une famille vous observe maintenant ! Les bouquetins ont le regard tendre, leur présence est rassurante. D'un tempérament paisible, le mâle peut même se laisser approcher à quelques mètres. Le bouquetin reste un emblème, un trait d'union majestueux entre les communautés montagnardes. Il témoigne aussi de la volonté des hommes de protéger à tout prix la nature.

Continuer en beauté

- Depuis le sentier du col de la Traversette, rejoindre le lac Lestio à 2 510 m, superbe paysage.
- Pénétrez dans le tunnel de la Traversette, percé à la fin du XVe siècle à l'initiative de Louis XI.

Répartition géographique

Les zones fréquentées par les bouquetins varient selon la saison. Dans la vallée du Haut-Guil, ils descendent à 1 200 m en hiver pour remonter jusqu'à plus de 3 300 m en été et en automne.
Les deux sexes vivent séparément une grande partie de l'année, ne se réunissant que pour la période des amours.

Carte d'identité

Un bouquetin mâle pèse jusqu'à 100 kg, et peut atteindre de 75 à 90 cm au garrot. Ses cornes mesurent jusqu'à 1 m.
La femelle est plus petite et moins lourde. Après 165 jours de gestation, elle met bas, généralement à un seul petit. Son plus dangereux prédateur ? L'aigle royal !

[Depuis le site de la Roche Ecroulée, à pied ou en calèche rejoindre par la route goudronnée le grand belvédère du mont Viso. De là, emprunter le sentier du col de la Traversette. Comptez quatre heures pour la montée et au moins deux pour la descente.]

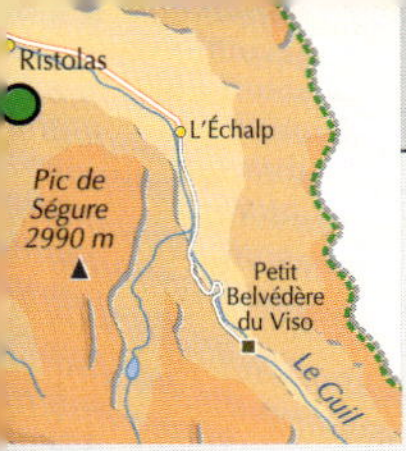

A Ristolas qui se trouve sur la D947, garer la voiture au parking.

3

3h

Se prendre pour un aigle royal en plein vol

Deux œufs. Deux seulement ! Pondus sur une corniche à des centaines de mètres au-dessus du vide. Une pratique presque courante dans les falaises du Queyras ! Vous ne rêvez pas, l'aigle royal, espèce ultra protégée, plane joyeusement sur les alpages.

Fermez les yeux et imaginez : une haute falaise rocheuse, un nid étalé sur la corniche qui se fond dans l'immensité de la montagne, et enfin un aigle, au corps massif, au bec puissant et crochu, posté en sentinelle. Le Queyras est un petit paradis pour la plus importante population d'aigles royaux de France, qui reste néanmoins bien fragile. Six couples, répartis dans chacune des vallées, se partagent les 65 000 ha du Parc. Cette espèce rare et hautement protégée ne supporte pas les perturbations de l'environnement. Sur sa falaise, ce robuste rapace est résolument dans son domaine privé et ne tolère aucune intrusion. Alors chacun chez soi et pas de parapente sous le bec, d'appareil photo au bord du nid, de chaussons d'escalade dans les œufs ! En raison d'un taux de reproduction très faible (moins d'un jeune par an), la nidification constitue la période la plus sensible. Dans un rayon de 700 mètres autour d'une aire occupée, vous êtes dans la chambre "nuptiale" du rapace. Trop perturbée, la reproduction risque d'échouer. Si la passion des aigles vous dévore, ne jouez pas les intrus. Dans la vallée du Haut-Guil, depuis la limite supérieure de la forêt jusqu'aux crêtes, à la faveur d'une randonnée peut-être aurez-vous la chance d'en suivre un des yeux lors d'impressionnantes démonstrations aériennes. Scrutez les falaises du côté du grand belvédère du Viso, du col de la Traversette ou même du pic de Ségure, le territoire des aigles est compris entre 70 et 120 km. Leur vol puissant se joue des courants aériens, offrant aux ornithologues de tout poil, un spectacle d'exception.

La chasse, l'activité favorite

Pour chasser, l'aigle royal commence par monter assez haut avant de glisser dans un vol plané épousant crêtes, parois et prairies, et de fondre sur sa proie, bien souvent une marmotte, qu'il capture vivante. En piqué, l'aigle peut atteindre la vitesse de 200 km/h !

La nidification du grand rapace

***Aquila chrysaetos*, l'aigle royal pèse jusqu'à 5 kilos pour 2,10 m d'envergure ! Il se construit un nid de branchages à la fin de l'automne et au début de l'hiver, la ponte (deux œufs un fois par an) a lieu dans la foulée, la couvaison au printemps et l'élevage des jeunes en été.**

Continuer en beauté

- Rejoignez le col d'Urine (2 525 m), au départ du village de Valpreveyre (1 850 m), en 2h30 de montée. Vous traverserez de beaux alpages dominés par la pyramide de la tête du Pelvas.
- Ralliez en skis de fond le refuge du Viso (2 463 m) depuis le village de La Monta (1 661 m) : 10 kilomètres dans un paysage enneigé magnifique, 4 à 6 h de balade.

[Les aigles royaux sont réfractaires à toute intrusion de mars à mai et de juin à juillet. On repère les aires de reproduction par les traces de fientes sur les parois rocheuses. Les nids sont construits plus bas que le territoire de chasse.]

Echalp se trouve à 3 km au sud de Ristolas sur la D 947. Garer la voiture au parking,
uis emprunter le pont sur le Guil, en direction du Chalet de la Médille.

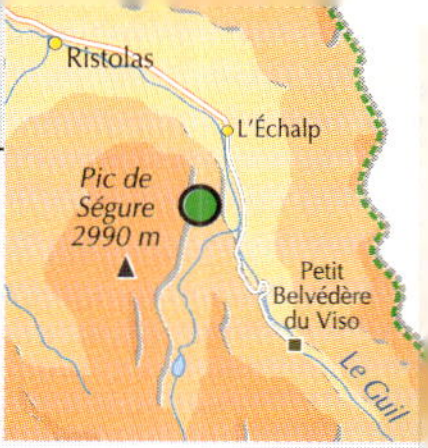

Danser avec le chamois du côté de la Médille, Ristolas

4h

4

Majestueux chamois qui use ses sabots sur les affleurements rocheux. Venez danser avec cet équilibriste des parois qui apprécie aussi le couvert de la forêt. Suivez le sentier empierré qui file sous les mélèzes. Ca monte, ça monte... mais quel spectacle !

Vous avez garé la voiture au parking de l'Echalp. Les berges défoncées du Guil forment un lit de caillasse sur lequel vous marchez avant de rejoindre le petit pont passant le torrent. A peine entrez vous dans le sous-bois que la pente se fait sentir. Quittant le couvert des arbres, vous débouchez sur un replat appelé Chalet de la Médille. Ici, le mont Viso à la crête dentelée prend des airs intimidants. Vous continuez de monter, l'œil en alerte. Qui sait si derrière ces quelques arbres ne se cache pas un chamois prêt à bondir ? S'il n'est pas dérangé, le chamois s'installe volontiers à des altitudes très basses, dès 1 000 mètres, mais il peut grimper jusqu'à 3 000, à la limite des neiges éternelles. Il apprécie la forêt montagnarde et les reliefs accidentés. Les estives déroulent bientôt leur tapis moelleux. Vous poursuivez votre progression quand soudain, quelques mètres au-dessus de vos têtes, vous en apercevez un, campé là au milieu du décor. L'instant est extraordinaire. Le chamois est farouche, très sauvage, et qui ne joue pas le grand jeu de l'intimidation. C'est un curieux stressé, un indomptable qui à la moindre alerte file aux abris ! Pour ne pas le troubler, vous vous immobilisez. Les cornes noires sont fines et en crochets, la robe d'été est claire, la fameuse écharpe, très visible chez le mâle, est formée de deux bandes sombres qui partent de la base des oreilles et filent jusqu'aux pattes. Mais on ne sait plus qui guette qui. Du coin de l'œil, le chamois surveille votre progression dans son alpage. Un écart de votre part, et il détalera majestueusement sans demander son reste.

Continuer en beauté

- Prenez votre VTT pour suivre le circuit du Haut-Guil, en 1h30 de balade depuis Ristolas. Vous filez jusqu'à l'Echalp, entre forêts et chemins agricoles, pour observer la faune sauvage.
- Montez au col Lacroix (2 299 m), depuis l'Echalp : 2h15 de montée. C'est la grande route historique du Piémont. Juste avant le col, vous voyez les ruines d'un des cinq refuges Napoléon (1858), bâtis en pierre de taille.

Un sportif au grand cœur

Avec 130 cm pour 40 kilos, le chamois dispose d'une agilité à toute épreuve. Et d'un cœur gros comme ça, abondamment oxygéné par un sang très riche en globules rouges, qui lui permet de soutenir des efforts intenses et violents. Les chamois vivent 25 ans en moyenne.

Le chamois, au naturel

Le chamois des Alpes est ainsi nommé car il peuple naturellement le massif. On dénombre aujourd'hui environ 80 000 individus. Dès le mois d'octobre, peuvent s'observer de grands rassemblements où se joignent les mâles d'habitude solitaires. Commencé dès novembre, le rut se termine vers la mi-décembre.

Guettez les chamois en montant vers le Chalet de la Médille, un replat d'où l'on peut observer le mont Viso. Comptez 2 km de montée depuis l'Echalp. Vous pouvez ensuite continuer vers les lacs Egorgeou (2 394 m) et Foréant (2 518 m), comptez trois heures de montée pour l'ensemble.

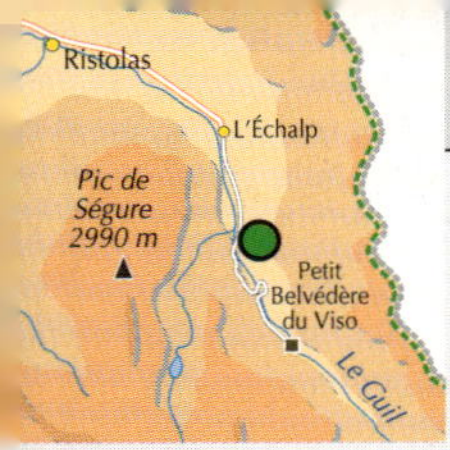

Le lieu de départ des Attelages du Haut-Guil se trouve à la Roche Ecroulée, à 3 kilomètres au sud de Ristolas sur la D 947.

5

1h

Rejoindre le petit belvédère du mont Viso en calèche

***Clop, clop... clop, clop...* Les sabots martèlent le chemin qui mène au petit belvédère du mont Viso. Vous êtes assis dans un break wagonnette hippomobile. Vos impressions ? Voilà un moyen de locomotion original et sympathique !**

Kandy et Image, 800 kilos chacun, filent un train de sénateur le long du Guil. Assis dans le break wagonnette intérieur cuir, vous cahotez tout en goûtant au spectacle de la nature. Car vous ne battrez pas des records de vitesse sur cette petite route goudronnée qui mène tout en douceur au belvédère. L'allure, débonnaire, offre à votre regard la pleine mesure des paysages alentour. Vous vous rapprochez de l'Italie, de la face nord du puissant mont Viso (3 841 m) qui se dresse au loin. Il domine de plus de 500 mètres ses proches voisins et surplombe l'immense plaine du Pô. De gigantesques glaciers ont modelé ses flancs, dessinant cuvettes et plateaux dans lesquels se nichent une vingtaine de lacs. Dans cette vallée silencieuse et reculée, votre attelage pittoresque ne passe pas inaperçu ! Au départ de la Roche Ecroulée, vous longez d'abord le chaos de rochers qui recouvre le lit du Guil. Bientôt, les pentes de la montagne tapissées de fleurs sauvages distraient votre regard. Au fil de la montée, le décor se fait de plus en plus verdoyant. Les changements d'allure sont propices aux culbutes et aux éclats de rire et obligent les plus jeunes à se cramponner ! Tout au long de l'itinéraire, Pierre Stephan, votre guide d'attelage, accompagnateur et conteur vous brosse une fresque minutieuse du monde qui vous entoure. Vous entendez les marmottes, vous repérez un rapace dans le ciel, un nid d'aigle sur la falaise…

La pause contemplative

Après 30 minutes de balade, l'attelage débouche au petit belvédère du mont Viso. Une pause d'un quart d'heure permet de mettre pied à terre avant la redescente. L'occasion d'en apprendre un peu plus sur les espèces végétales et animales (gentianes, génépi, marmottes, mouflons, tétras-lyre...)

Le cob normand

Les attelages du Haut-Guil possèdent trois chevaux superbes, des cobs normands d'environ 800 kg. Très élégant cheval de trait malgré sa lourde silhouette, le cob normand tirait autrefois les fiacres. Il s'est reconverti dans le tourisme et fait des merveilles dans la conduite d'attelage !

Continuer en beauté

• Cet hiver, découvrez le "ski joëring" nordique, un moyen de transport traditionnel du Grand Nord. Le cheval tire cinq personnes dont le meneur. Une sorte de ski nautique sur neige ! Renseignements au 06 30 91 54 04.

• Poursuivre la balade à pied vers le grand belvédère du mont Viso, franchir le pertuis du Viso, tunnel de 75 mètres creusé en 1480 à plus de 2 915 mètres d'altitude, et déboucher sur le versant italien. Vous pouvez alors rejoindre le refuge Giacoletti, chaleureux au possible.

Deux possibilités : soit la balade traditionnelle d'une heure pour le petit belvédère (départ à 9h de la Roche Ecroulée), soit le transport en navette. Celle-ci démarre à 8h30 de la Roche Ecroulée et revient vous chercher à 17h. Renseignements : Pierre Stephan, les Attelages du Haut-Guil, 05460 Ristolas. Tél. 06 30 91 54 04.

istolas se trouve sur la D947 à 3 km au sud d'Abriès. Parking à l'entrée du village.

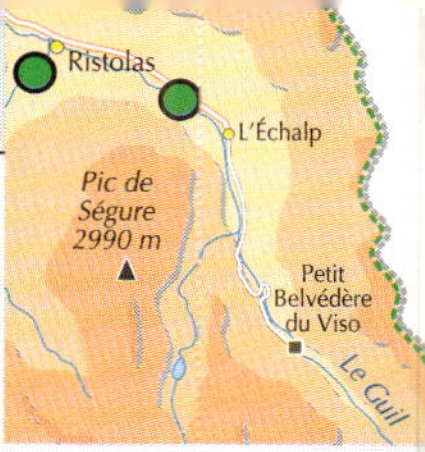

Se promener le long du Guil entre Ristolas et La Monta

2h 6

Offrez-vous une balade paisible et délicieuse le long du Guil quand s'éveille le petit matin. Eprouvez la respiration du torrent, découvrez le paysage à ses côtés, épousez ses courbes. Pendant une heure, laissez-vous porter par son cours décidé.

Depuis quelques minutes déjà, le Guil vous prend par les sentiments. Ses rives sont inondées de fleurs rares, d'arbustes graciles et de couleurs illuminées. Son lit défait où gisent des milliers de galets agglutinés qui affleurent de manière complètement anarchique sur les bords ou au milieu, raconte une histoire qui n'a rien d'un cliché de carte postale. Car quand il est en furie, le Guil capricieux marque le paysage en maître. Combien de fois le village de Ristolas, surnommé *Rivus Tollens* (ruisseau destructeur) n'a-t-il pas disparu sous les eaux dévastatrices ? 1370, en une seule nuit le torrent arrache dix-sept ponts ! 1469, le village est englouti. 13 juin 1957, le Guil, ses affluents et tout ce que le Queyras compte de ruisseaux et de torrents dévalent le pays. Ristolas n'est plus qu'un océan de vase. Alors, les Queyrassins maudissent leur torrent. Mais sous le soleil, avec la transparence de ces eaux pures, le doux chant de son courant rapide, le Guil vous semble riant, lumineux, et même généreux. Après trois-quarts d'heure sous le couvert du bois de Preynas, vous débouchez à La Monta, un ancien village qui fut, tout comme Ristolas, complètement détruit par les bombardements de 1944, et jamais reconstruit. Au pied de la colline, seuls subsistent la petite église Saint-Laurent et le gîte d'étape de La Monta. Vous passez le pont. Le panorama s'ouvre et vous voyez serpenter le Guil. Il sinue joyeusement depuis sa source au lac Lestio (2 510 m) au pied du Viso à la Durance (890 m), après un parcours enchanteur de 56 kilomètres !

Continuer en beauté

- Faites une pause déjeuner au Gîte de la Monta, installé dans la seule maison du hameau disparu. Le gîte se trouve à côté de l'église, un peu en retrait de la route. Tél. 04 92 46 71 35.
- Essayez cet hiver le tout nouveau parcours en raquettes le long du Guil entre Ville-Vieille et la Roche-Ecroulée. Plan à l'office de tourisme d'Abriès (04 92 46 72 26).

Le Guil, un torrent en éruption

Le tempérament du Guil rappelle celui d'un volcan. A la fois protecteur et destructeur, il est là pour le meilleur et pour le pire. Ses rives verdoyantes sont bordées de mélèzes. Autrefois, les clairières étaient même cultivées. Elles accueillent désormais un tapis de fleurs colorées.

Une flore d'exception

En juillet, le long du chemin au bord du Guil, les lys Martagon déploient leurs fleurs violettes. Cette plante protégée, qui apprécie les endroits frais et riches en humus, se rencontre dans les bois et dans les prairies jusqu'à 2 000 m. Elle fleurit en juillet-août.

Voir accès.

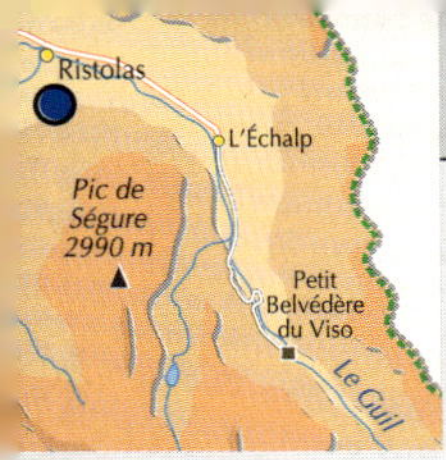

Ristolas est situé sur la D947 à 3,5 km au sud d'Abriès.
La Maison de la nature se trouve à l'entrée du village.

7

3h

Ecouter et observer à la Maison de la nature

Ristolas vit à l'heure de la Maison de la Nature. Cette ancienne ferme restaurée abrite un immense espace pédagogique. En y pénétrant, vous avez l'impression que toutes les richesses du Queyras sont à portée de regard. Suivez le parcours...

D'abord, il y a la bâtisse : blanche, lumineuse, rayonnante, boisée, aérée… Elle date de l'après-guerre et fut entièrement restaurée par les gens du pays. A l'intérieur, vous empruntez l'imposant escalier en mélèze, gravissant chaque marche en vous demandant ce que vous allez trouver là-haut dans les étages. Il était une fois… Un petit bout de phrase mille fois répété. Il était une fois… la géologie. Vous suivez des yeux les panneaux explicatifs. La formation du massif alpin n'a plus aucun secret pour vous ! A l'ouest de Château-Queyras pointe le Queyras calcaire où dominent falaises calcaires et dolomitiques. A l'est, le Queyras schisteux avec ses roches sédimentaires. Vous poursuivez votre leçon. Le Queyras : marmite de vie ! Ensoleillement, altitude, pluviométrie, tous ces paramètres essentiels au développement de la vie marquent l'introduction à l'espace faunistique de l'exposition. Périodes de floraison ou de mise bas, terrains propices au développement vous sont présentés de manière claire et concise. Votre tête se penche vers les papillons mis sous verre. Vous lisez : *grand collier argenté, militée orangée, flambé…* Tous ces lépidoptères, et bien d'autres insectes, s'étalent en planches devant vous. Au centre de l'espace, des chaises sont disposées pour regarder des extraits de films animaliers. Installez-vous et choisissez votre programme. En levant les yeux, vous apercevez au plafond, un projecteur qui roule sur un bras articulé. Un système des plus sophistiqués qui va vous permettre dans quelques minutes de regarder un autre film depuis le balcon ! En attendant, vous empruntez un petit escalier qui conduit au second étage. Vous pénétrez dans l'univers de l'homme et décou-

L'espace bibliothèque

Rares sont ceux qui peuvent se targuer de posséder un tel espace bibliothèque dans leur commune. La Maison de la Nature n'a pas lésiné sur l'atmosphère, le confort. Tout incite à la lecture. Des salles de travaux pratiques ont également été aménagées.

Des papillons mis sous verre s'étalent en planche devant vous.

vrez la façon dont il s'est, au fil du temps, approprié cette belle nature. Un coude sur la gauche et vous voilà planté au milieu d'un patrimoine remarquable. Vous touchez les engins agricoles, les vieux wagonnets de la mine de Saint-Véran. Comme un hommage à la force des hommes face aux rudesses de l'existence. Attention, une nouvelle animation va commencer. Les coudes sur la balustrade, les yeux baissés, vous regardez le film qui se déroule devant vous à même le sol. Ce film retrace les grands principes du développement durable. A l'aide d'images chocs, le Parc cherche à vous sensibiliser à la sauvegarde de notre planète. Lentement votre visite se termine, sur de grands projets : la réserve naturelle du Haut-Guil, la réserve transfrontalière de biosphère, les actions de l'Office national de la chasse…

Le développement durable

Biodiversité, géologie, histoire, culture, moyens de protection... Par la masse d'informations offerte sur les problèmes environnementaux, la maison de la nature est devenue un outil de sensibilisation au concept de développement durable

Continuer en beauté

• Offrez-vous une randonnée pédestre avec un accompagnateur. Sur plusieurs jours ou à la journée. Guides sur Ristolas : Nicolas Crunchant (04 92 46 83 44), Bruno Martin (04 92 46 76 07), Stéphane Simiand (04 92 46 84 84).

La Maison de la Nature, 05460 Ristolas. Tél. 04 92 46 86 29.
E-mail : pnrq.ristolas@wanadoo.fr Ouvert toute l'année. Début des visites à heure fixe : 10h, 11h, 15h, 16h, 17h, 18h.

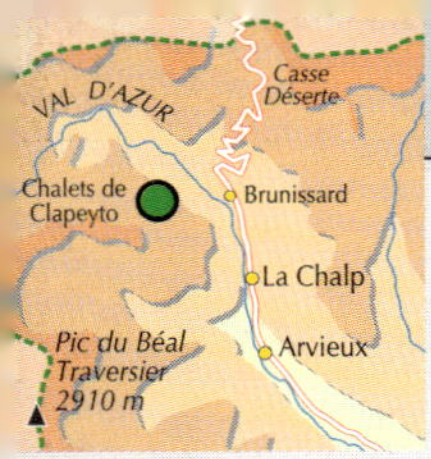

Au Pra-Premier, vers les chalets de Clapeyto. Depuis Arvieux, rejoindre Brunissard par la D902 puis prendre à gauche la direction du camping du Planet, et se garer au parking.

8 2h

Jouer les funambules au Pra-Premier (Clapeyto)

Une falaise de 120 mètres, équipée pour que même des enfants puissent y jouer des pieds et des mains ! Vous êtes sur la "voie ferrée" ou *via ferrata* de Clapeyto, réputée facile. Suivez la main courante, au bout on débouche sur un autre monde !

Une falaise triangulaire, bien caractéristique, domine le Pra-Premier. Elle se prête parfaitement à l'équipement d'une *via ferrata* d'initiation. Vous laissez votre voiture au parking et, en cinq minutes de marche sur le plat, vous êtes à pied d'œuvre. Echelles, câbles, mains courantes… jalonnent l'itinéraire. Tout en observant le spectacle de cette falaise aménagée, vous intégrez la principale consigne de sécurité : être toujours relié au câble. Dans ce morceau de falaise égaré sur l'alpage, un étroit sentier se faufile. Il vous faut enfiler le baudrier et le casque, vérifier les cordes, longes et mousquetons avant de gagner le début de la voie. C'est fait ? Il ne vous reste plus qu'à suivre la main courante. 250 mètres de câbles, 300 marches et 180 broches font parler vos sensations. Plus vous grimpez en altitude, plus le vide se fait sentir. Mais c'est sans risque, et sans danger. Aucun. A mi-parcours, après une heure de "crapahut", vous vous octroyez une pause. Pour la beauté du regard. Le temps d'admirer le verdoyant vallon de Clapeyto en contrebas et vous remettez le cap vers le sommet de la falaise. Aucun passage ne se fait à la force des bras, et vous enchaînez facilement mètre après mètre. Vous avancez de plus en plus haut sur la paroi, au-dessus de la prairie d'altitude et des cabanes de bergers. Le faîte est en vue. Votre petite escalade fait place à une marche pour l'atteindre. Le vide dégringole soudain de part et d'autre. Léger frisson de vertige.

Via ferrata sportive

Dans le vallon de Clapeyto, une deuxième falaise pourrait être aménagée, à la crête de l'Alpaliar. La très belle paroi du pic de Beaudouis, 200 m de verticale en calcaire compact, offrirait une *via ferrata* sportive et aérienne dans un cadre somptueux.

La poussée "ferroviiste"

Dans le massif du Queyras, les *vias ferratas* correspondent à une réelle demande. Cette activité connaît ici un essor considérable. On dénombre plus de 10 000 personnes sur certains itinéraires, et de plus en plus de pratiquants en ont fait leur activité favorite pour les vacances

Continuer en beauté

• Visitez l'église paroissiale du XVIe siècle d'Arvieux, classée Monument historique. A l'intérieur, plusieurs tableaux intéressants, des XVIe, XVIIe et XVIIIe siècles, sont à voir.
• Poussez la porte des artisans du bois d'Arvieux : à la Chalp, Claudie et Yann Jézéquel (04 92 46 72 99), Robert Philip (04 92 46 70 92) et Jean Philippe (04 92 46 72 76).

Départ près du lac au parking de Pra-Premier, à Clapeyto. Dénivelé : 120 m. Longueur totale de l'itinéraire : 250 m. Ascension : 1 à 2 h. Retour 30 mn. Orientation : est. Renseignements : office du tourisme d'Arvieux, tél. 04 92 46 75 76. Location de matériel : Intersport La Chalp à Arvieux, tél. 04 92 46 77 59. Bureau des guides Molines-Saint-Véran, tél. 04 92 45 85 87. Bureau de montagne de Gaudissard, tél. 04 92 45 83 29. Guides Aiguilles-Abriès, tél. 04 92 46 72 26.

Abriès se situe sur la D947 à 4 km au nord d'Aiguilles. Les écuries d'Abriès se trouvent à 300 m du village dans le quartier de la Garcine, en direction de Ristolas juste en face de l'hôtel Serre Lara.

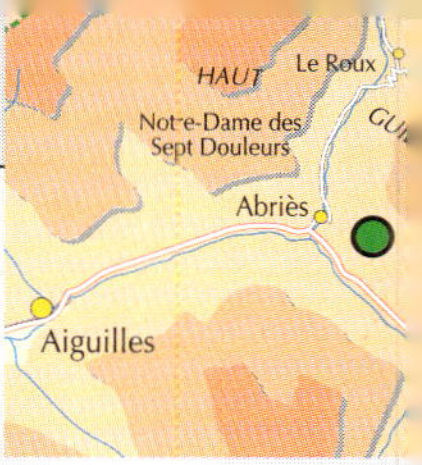

Chevaucher en poney, à cheval ou avec des ânes

Demi journée

9

Vous aimez les grandes chevauchées sauvages. Au confluent du Guil et du torrent du Bouchet, chevaux et poneys des Ecuries d'Abriès vous attendent pour de pittoresques promenades dans un camaïeu de verts.

La forêt de Marassan offre un frais et verdoyant cordon vert entre les villages d'Abriès et d'Aiguilles. Vous avancez vers des chevaux libres comme le vent, se régalant d'un îlot de pâturages nichés au pied des résineux. Avec sa belle robe couleur acajou tachetée de blanc, Caramel sait user de ses charmes et vous invite à grimper à cru, histoire de vous familiariser avec lui. Seulement, à peine avez-vous fait quelques pas qu'un poney, haut comme trois pommes mais fier comme Artaban, déboule dans vos jambes l'air à peine effrayé. C'est Rocky, l'ami des tout-petits. Soulevez donc votre petit dernier et mettez-le en selle. En l'espace de quelques secondes, il aura compris comment manœuvrer. Si vous êtes amateur de randonnée équestre, si vos enfants ne sont pas plus impressionnés que ça, partez deux, trois heures en balade. Et qu'importe si votre tenue n'est pas académique, ici on fait avec ce qu'on a : ainsi, un casque de VTT sera toujours le bienvenu ; et sinon, on vous prête le matériel. Attendez ! avant de taquiner le trot, consentez un petit détour du côté des brosses et des cure-sabots. Votre compagnon n'en ira que mieux. N'oubliez jamais qu'il supporte les deux tiers du poids (lui… et vous) sur ses seuls postérieurs. Mettez le cap sur le chemin ombragé qui lézarde dans la forêt de Marassan : une perle de promenade, un itinéraire facile tout au long duquel vous entendrez craquer les sapins. Un dernier conseil : n'oubliez pas d'emporter de l'eau.

Continuer en beauté

• Essayez la rando d'âne, si amusante.
A portée de sabots s'offre un vaste choix de balades : du côté de Saint-Véran, c'est l'âne du berger qui vous fera marcher !
A Queyr'âne, au chalet-auberge de l'Estolies, on vous loue des ânes à la journée ou plus.
• Effectuez le tour du Bric Bouchet à cheval, une randonnée de six jours entre France et Italie sur des routes forestières, sentiers muletiers et sentiers de montagne.
Une carte détaillée de l'itinéraire est disponible dans les maisons d'information du Parc et dans les offices de tourisme.

Les règles de base

Si vous êtes débutants, partez avec un moniteur : Surtout ne surestimez jamais vos forces ni celles de vos enfants. Evitez les chaussures légères, style sandalettes. Le long d'un sentier escarpé, mettez-vous toujours côté montagne. Et avant de partir, expliquez votre projet d'itinéraire.

Comprendre son animal

Il faut habituer les animaux à vous. Sachez que là où chevaux et poneys adorent franchir les torrents peu profonds, sans trop de courant, bien souvent les ânes répugnent à avancer ! Des petits rites de comportement qu'élucideront vos guides avant le départ.

[Les écuries d'Abriès, tél. 04 92 46 84 89. Poney-club tlj 9h-19h. Randonnées à cheval sur réservation : 1/2 journée les lu, ma, ve ; circuit de 2 jours tous les me et je. La Ferme équestre de l'Edelweiss (Arvieux), tél. 04 92 46 76 64. Lou Viadge à Molines, tél. 06 22 71 36 05. Ancef Chalet Vie Sauvage (Château-Ville-Vieille), tél. : 04 92 46 71 72. Queyr'âne, Auberge l'Estoilies, Le Raux, (Saint-Véran), tél. 04 92 45 82 65, www.estoilies.com.]

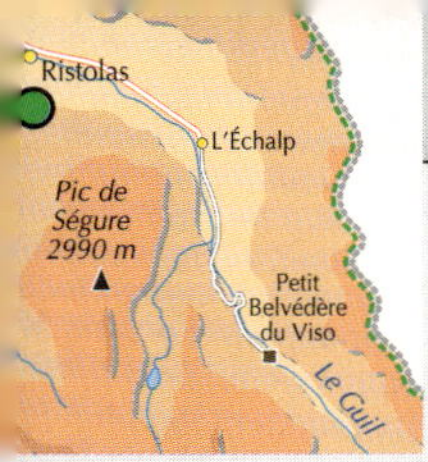

Ristolas se trouve sur la D947 à 3,5 km au sud d'Abriès.
Se renseigner à l'hôtel-gîte le Quey'r de l'Ours, à l'entrée de Ristolas.

10 — 2h

Randonner en compagnie des lamas de Ristolas

Aujourd'hui vous allez faire une belle surprise à vos enfants. Faites-les rêver à une aventure inédite, en compagnie d'animaux très très spéciaux. Mais restez évasif... dites-leur simplement qu'ils vont marcher au bord d'une rivière, comme de vrais explorateurs.

Il règne un petit air d'*altiplano* sur les bords du Guil à Ristolas. Vous n'avez jamais vu de lamas, si ce n'est dans Tintin, au cinéma ou dans les zoos ? Et bien, prenez la route du plus petit village du Queyras en nombre d'habitants, mais aussi du plus vaste puisque son territoire s'étend jusqu'aux contreforts du mont Viso. Et pas le moins original puisqu'il abrite une drôle de ferme : la ferme des lamas. Vous ne pouvez pas la manquer, elle est ouverte à tous les vents du pâturage, juste avant d'entrer dans le village. Léo, 3 ans aux prunes, n'a jamais rien vu de pareil. Julie non plus d'ailleurs, qui peigne sa bête avec toute la force de ces cinq ans. C'est la première fois qu'ils vont marcher une longe à la main, aux côtés de ces sympathiques camélidés. “On dirait de gros caniches. Ils ont l'habitude de marcher avec des enfants. Parfois, ils s'arrêtent, fixent le lointain, poussent un petit cri. Et vous voyez apparaître un bouquetin, là, à cinq mètres, qui vient flairer le lama qui vient de l'appeler.” Vous sortez avec Bruno, guide expérimenté de Côté Viso, et propriétaire de la ferme. Toutes les balades en lamas, et notamment les excursions de plusieurs jours, sont encadrées par un professionnel. Bruno les aime, ses lamas, et il les connaît tous sur le bout des oreilles : leurs origines, leurs manies, leur caractère... Le lama est parfaitement adapté à la marche en montagne. Equipé de coussinets, il progresse sur les phalanges, comme une danseuse. Son talon à lui est

Des animaux de bât

Dans le Queyras, les lamas bâtés portent jusqu'à 35 kilos. Ils montent en température comme un radiateur et quand ils n'en peuvent plus, accablés de chaleur, ils se couchent. La solution ? Tondre leur long manteau de laine avant de partir en randonnée.

Les lamas ont l'habitude de marche au rythme lent des enfants

La ferme des lamas en pleine nature à l'entrée du village de Ristolas.

par-devant ! A l'arrière, il se hausse sur la pointe des pattes, surtout pour franchir les éboulis de pierre. Léo n'en mène pas large, et ses petits doigts serrent fortement la longe. Il n'a pourtant aucun souci à se faire, ce seul geste suffit à rassurer l'animal. Il marche derrière l'enfant, devenu pour un temps son petit maître, la tête fièrement dressée, scrutant l'horizon. De plus, votre guide veille à tout, qui connaît les réflexes et caprices de ses bêtes. Le large chemin qui longe le Guil offre un terrain d'invention parfaitement sûr aux néophytes que vous êtes. En sorte que vous avez toute liberté pour vous prendre au jeu : vous franchissez précautionneusement éboulis et torrents, comme autant de passages périlleux offerts à vos enfants. Bien qu'il n'y ait en réalité aucun danger ! Cette petite mise en jambes en fond de vallée, sur un sentier facile, vous donne le goût d'autres aventures. Vous fixez avec insistance la rivière qui poursuit son cours depuis le mont Viso. Vous voilà à pied d'œuvre pour affronter la haute montagne, les bivouacs au bord du lac, les soirées contes et légendes au coin du feu : une aventure idéale pour les enfants accompagnés de leurs parents.

Continuer en beauté

- Partez avec Côté Viso faire le tour du Viso avec les lamas, emblème frontalier du Val Pellice (Italie) et de la vallée du Haut-Guil en Queyras.
- Essayez cet hiver le tout nouveau parcours en raquettes, le long du Guil entre Ville-Vieille et la Roche-Ecroulée. Plan à l'office de tourisme d'Abriès (tél. 04 92 46 72 26).

Doux comme un lama

Le caractère du lama s'apparente à celui du chat. Il ne fait rien par obligation, mais tout par habitude ou pour son propre plaisir. Véritable animal de compagnie, le lama vit en troupeau, et se laisse mourir s'il se retrouve seul.

[Côté Viso, Village de Ristolas, 05460 Ristolas. Tél. 04 92 46 76 07. www.cote-viso.com, e-mail : cote-viso@dial.oleane.com. Vous pouvez gratuitement voir les lamas au repos dans la ferme. Côté Viso dispose d'un catalogue de randonnées disponible à l'hôtel-gîte le Quey'r de l'Ours.]

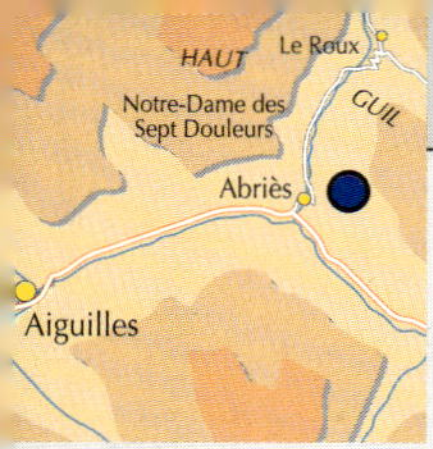

L'église d'Abriès est au centre du village, et celle de Saint-Véran, dans la rue principale. L'église Saint-Romain de Molines se situe entre le hameau de la Rua et celui du Serres.

Admirer les églises baroques du Parc

11

1/2 journée

Etonner, éblouir... entre exaltation et originalité, le baroque fait scintiller l'art religieux. Découvrez ce style, né en Italie et qui passa la frontière au tournant des XVIIe et XVIIIe siècles, en visitant les églises du Queyras.

A tout seigneur, tout honneur ! Commencez votre petit périple en terre d'abondance artistique par la plus ancienne église du Queyras : celle d'Abriès, édifiée en 1501. Vous y entrez par une porte en plein cintre encadrée de colonnettes. Levez les yeux : Abriès, c'est avant tout une vision ! Celle de son dôme, quand le soleil darde ses rayons sur les vitraux. Vers midi, il vous saute aux yeux. Un éblouissement que l'on doit à un maître d'œuvre italien qui illustra le cycle des saisons en les associant chacune à un évangéliste et un animal. Et le soleil de jouer les éclairagistes de luxe. Au fil du temps qui s'égrène, chaque vitrail sort de l'ombre. Avancez vers le fond de l'église, et détaillez la fresque exubérante. La feuille de vigne symbolise la vérité et la rédemption, le raisin, le sang du Seigneur. Joie et ivresse sont aussi présentes. Le haut du tableau est orné par le soleil (vie et jour), les chardons (tristesse et désolation, maladie, mort) et les épis de blés (le pain et la résurrection). Les émotions sont exagérées, le style est éclatant et fantaisiste. Regardez bien les autels, ils sont en marbre d'Italie ! Dans les églises baroques, rien n'est trop beau pour Dieu ! C'est un festival de passions, de sensations. En bois peint et colonnes torses sculptées, le retable du XIXe siècle et la chaire en bois du XVIIIe siècle attirent aussi votre attention. Vous retrouvez les mêmes pièces à Molines et Saint-Véran, également d'influence italienne. Là aussi, l'ampleur du décor baroque, surtout à Molines, comble les amateurs !

Le baroque, un style

On trouve peu d'églises baroques en France sauf dans les régions voisines de l'Italie. Cette architecture qui naît entre le XVIIe et le XVIIIe siècle, est dominée par l'éclat des marbres, des dorures, des peintures en trompe-l'œil.

Le trompe-l'œil d'Abriès

Sous la rosace de l'église d'Abriès, trône le plus gros trompe-l'œil des églises du Queyras. L'orgue que vous voyez n'en est pas un : comme ils ne pouvaient s'offrir cela, les habitants décidèrent de faire comme si... à l'aide de tubes de bois !

Continuer en beauté

- Visitez l'exposition de photos "Abriès autrefois", à droite de l'église, en plein air.
- Entrez dans la maison qui jouxte l'église d'Abriès. Elle abrite un minuscule musée sur les pompes à incendie, comme l'atteste l'inscription au-dessus de la porte.

[En été, l'église Saint-Pierre d'Abriès est ouverte tous les jours ; elle est fermée en hiver. Pour voir l'intérieur de l'église de Molines, passez à l'office de tourisme (tél. 04 92 45 83 22) : on vous en donnera la clé. L'accès de l'église de Saint-Véran est libre.]

briès se situe sur la D947 à 4 km au nord d'Aiguilles. La charcuterie se trouve dans le centre
u hameau en direction de Ristolas.

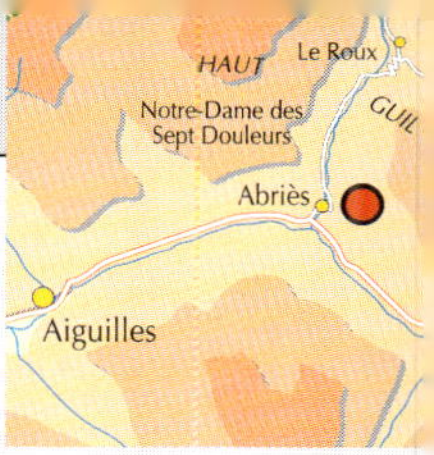

Assiéger une terrine aux pignons de génépi des Alpes à Abriès

1h

12

Une boutique qui ne paye pas de mine, assise au fond d'une cour. Une devanture fleurie. Une appellation : *Poivre & Sel.* Rien de plus ? Entrez donc, car des charcuteries de montagne comme celle-ci, vous n'êtes pas prêt d'en revoir !

Aie, aie, aie, aie, aie… Des jambons de montagne en guirlande au-dessus de votre tête, des saucissons, des pâtés en croûte, des caillettes qui tiennent compagnie à un assortiment de terrines… voilà cinq bonnes minutes que vous salivez devant l'étalage de la charcuterie Poivre & Sel d'Abriès. Le lieu de toutes les tentations. Vos yeux se portent sur une terrine de chevreuil à l'orange, puis sur une terrine de lièvre aux olives, pour se figer sur la terrine pur porc aux pignons de génépi des Alpes ! Par quoi allez-vous vous laisser tenter ? Et si vous essayiez le saucisson d'âne ? Non, décidément, non, vous n'allez pas pouvoir vous jeter sur tous ces délices en même temps. Votre penchant pour la terrine de génépi l'emporte. Ingrédients ? Maigre et gras de porc, pignons, génépi, sel, épices, salpêtre. Vous êtes ici dans une vraie charcuterie artisanale de montagne, comme on n'en fait plus. Tout est fabriqué à l'ancienne. Le saucisson sèche un mois durant dans une saumure parfumée. Les jambons ! Ah, les jambons, goûtez cette belle tranche, un pur produit des vallées queyrassines. Ils reposent des semaines durant, pendus dans leurs sacs de toile. Pour retrouver les saveurs d'antan, on les a préparés à l'ancienne, en prenant le temps, et selon une recette très personnelle. *Ploc…* le couvercle de votre terrine à l'ancienne vient de s'écarter. Enfin, votre couteau se fraye un chemin dans le pot. Délicatement, vous humez la chose avant de la laisser fondre sur la langue. Quinze autres variétés, sans compter le fois gras, attendent votre verdict !

Continuer en beauté

• Cet hiver, prenez vos quartiers au gîte Rando'Plume Le Villard : il se situe à 300 m du départ des pistes de ski. Possibilité de randonnées en raquettes avec accompagnatrice. Tél. : 04 92 46 71 14.
• Du côté d'Abriès, de nombreux sites d'escalade sont accessibles à tous. Contactez le bureau des guides au 04 92 46 71 09.

La fête au cochon

Dans le cochon tout est bon, dit la formule. Autrefois, la viande se faisait rare et le porc constituait la principale source d'approvisionnement. Sa préparation est une véritable fête… De l'abattage au début de l'hiver, dans chacune des maisons à tour de rôle, à la préparation des morceaux, (jambon, épaules, boyaux), la charcuterie apportait à la communauté de quoi se nourrir pour l'année.

Du saucisson à foison

Durant toute l'intersaison, Pierre Matthieu, jeune propriétaire de la charcuterie Poivre & Sel, concocte ses petits délices dans la plus pure tradition : saucissons au bleu du Queyras, à l'âne, au chèvre, saucisses aux olives, aux poireaux, nature…

Poivre & Sel, charcuterie artisanale de montagne, 05460 Abriès. Tél. : 04 92 46 83 71.

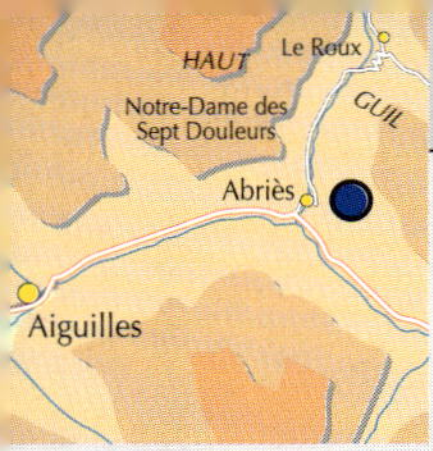

Abriès se situe sur la D947, à 4 km au nord d'Aiguilles. Départ du circuit aux halles d'Abriès, qui abritent l'office de tourisme.

13 2h

Découvrir l'histoire d'Abriès en écoutant les pierres bavardes

Partez à la découverte d'un des plus précieux témoignages de l'histoire du Queyras : ses pierres inscrites. Vous les repérez au cœur du village, enchâssées dans les murs, les piliers, les arcades mais aussi au détour des sentiers de randonnées !

Ouvrez grand les yeux et ne soyez pas trop pressé d'en découdre avec l'histoire d'Abriès. Observez les piliers des arcades des halles, point de départ de ce circuit de découverte. Au-dessus de vous, trois pierres inscrites. Quoiqu'à peine lisibles parce que trop hautes et usées par le temps, vous les déchiffrez quand même avec l'aide du livret-guide du Parc. Grâce à elles, les murs d'ici se font témoins : pierres poétiques et pierres politiques, récits amoureux et sentences bibliques se côtoient. Tout heureux de votre trouvaille, vous entamez la traduction de la première : "*Un seul Dieu tu adoreras, et tu aimeras parfaitement ton prochain comme toi-même*... (1609)". Sur sa voisine, deux dauphins symbolisant le Dauphiné, rappellent que la monarchie était de droit divin. La troisième, datée de 1509 (M : mille, D : cinq cents, C : cent, IX : neuf) fait partie des pierres à maxime dont le but est de vous remettre dans le droit chemin ou de vous rappeler à la tolérance : "*Ce que vous voudriez que les hommes vous fassent, faites-le*". Une question vous brûle les lèvres : mais d'où proviennent ces écrits pétrifiés ? Petit précis d'histoire locale... Pendant des siècles, le Queyras fut un refuge protestant, en particulier durant les guerres de religion. Contrairement aux catholiques, les protestants, devaient savoir lire la Bible. Très tôt, les Queyrassins, du plus pauvre au plus riche, surent ainsi manier lecture et écriture. Un peu sculpteurs, un peu graveurs, ils semèrent aux quatre coins de leur village et même au-delà, leurs pierres écrites... Prenez maintenant la direction de la place du Glacis. Sur le mur, de l'autre côté de la rue, cette sage proclamation : "*Vive la Loi*". Vous rejoignez la place du Glacis. En 1849, la diligence relie

Les pierres des drames

Les pierres écrites témoignent aussi des drames et des catastrophes. Ainsi, des inondations (les "ruines") qui emportent maisons et villages. D'autres paraissent dialoguer : questions sur l'une, réponses sur l'autre.

Fontaine traditionnelle à l'entrée du village d'Abriès.

Sur un des piliers des arcades des halles à Abriès, une pierre écrite datant de 1609.

enfin Abriès à Guillestre, le village n'est plus coupé du monde. Continuez vers le pont. Penchez-vous pour observer l'endroit où les femmes lavaient le linge. Plus loin sur la gauche, vous apercevez l'un des premiers poteaux électriques des campagnes françaises. Le transport d'électricité a été inventé en 1883. Revenez sur vos pas et empruntez la route de Ristolas. Marchez jusqu'à la chapelle Saint-Roch, puis prenez la ruelle entre la chapelle et la fontaine. Peu après, vous débouchez dans la rue des écritures ! Concentrez-vous, scrutez les murs, la plupart accueillent des pierres, datées ou non. Vous observez les deux techniques : martelage grossier ou gravure plus fine. Marchant tantôt le nez en l'air, tantôt plongé dans votre livret, votre attention finit par vous donner le tournis. Vous voudriez un coup de pouce ? Savez-vous où se cache la doyenne des pierres bavardes ? Dans l'église. Allez-y, et cherchez bien…

La tradition

Traditionnellement, chaque façade du Queyras porte une pierre gravée mentionnant la date de construction de la maison et les initiales de son premier propriétaire.

Continuer en beauté

- Poursuivez la découverte des pierres écrites à travers tout le Queyras, en 6 jours de randonnée itinérante d'hôtel en hôtel, avec Nicolas Crunchant, accompagnatrice spécialisée. Destination Queyras, tél. 04 92 45 04 29.
- Cet été, prenez le télésiège d'Abriès pour vous balader à travers la montagne à VTT. Plusieurs circuits possibles, plan détaillé à l'office de tourisme d'Abriès. Ouverture télésiège 9h10-12h15 et 13h30-17h.

Vous pouvez découvrir les pierres écrites grâce au livret *Circuit de découverte du village d'Abriès*, édité par le Parc, ou en compagnie d'un guide chaque mercredi. Renseignements à l'office de tourisme, 05460 Abriès (tél. 04 92 46 72 26) ou à l'Office de Promotion du Tourisme en Queyras, Maison du Queyras, 05470 Aiguilles, tél. 04 92 46 76 18, e-mail : office.promotion@queyras.com.

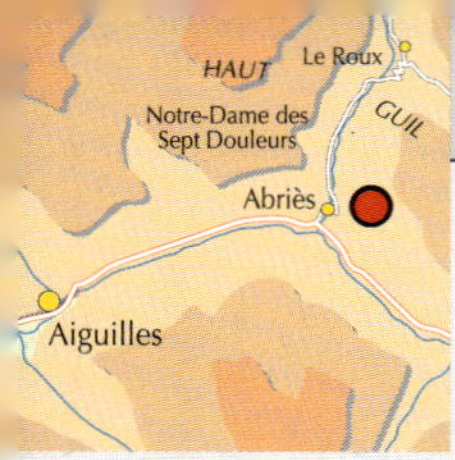

Abriès se situe sur la D947, à 4 km au nord d'Aiguilles. L'exposition se tient dans la chapelle de la Confrérie des Pénitents à côté de l'église d'Abriès, au centre du village.

14

2h

S'habiller à la mode des temps jadis dans le Queyras

Soyez le bienvenu dans la ronde des costumes du Queyras : coiffes typiques, robes de nuit, caleçons, godillots, pièces d'étoffe... Grâce à quelques passionnées, la région a découvert qu'elle recelait un fabuleux trésor.

"La femme du Queyras au costume fidèle. Porte en toute saison une antique gounelle. Dont les plis, à l'entour, relevés de coussins. Grossissant les côtés, se prolongent aux reins." Voilà ce que poétisait un fonctionnaire en 1816. La *gounelle*, ou robe de dessus, était alors la pièce maîtresse du costume des Queyrassines. Arborant fièrement cette robe en drap de laine du pays, un mannequin semble vous défier de parvenir à la porter avec autant d'élégance. Il faut dire que l'habit pèse son poids : 3 kilos ! *"Et là, ici, c'est ce qu'on appelle le faux-cul... Elles n'étaient pas bien grosses à l'époque !"* A l'intonation de la voix, vous avez l'impression que votre guide rend visite à des amis. Il faut dire que dans cette chapelle des Pénitents qui accueille le Musée du Costume, la mise en scène est parfaite. Assis à une table dîne un paysan, tandis que sa femme, debout, s'apprête à lui verser de l'eau. Dans une resserre plus intime sont exposées les "petites tenues" de l'époque. La culotte fendue de Monsieur, aussi appelée "Pisse vite" indique notre cicerone, fait glousser les visiteurs. Quant aux chemises de nuit de ces dames, elles sont bien loin des nuisettes actuelles ! *"Les femmes gardaient leur chemise nuit et jour. La plus ancienne est dite à "listo", elle était à manche longue... et en chanvre !"* Une irrésistible envie de vous gratter vous saisit. Par-dessus cette chemise, les Queyrassines portaient le *chemisoun*, un jupon-

Les colporteurs

Franchissant les cols à pied, ces marchands ambulants passaient une fois par an proposer châles, dentelles, rubans, boutons et toiles fines ! Ce qui permettait aux habitants et aux tisserands d'égayer des vêtements assez austères.

Une des plus ancienne robe d Queyras réalisée dans un tissu très épai

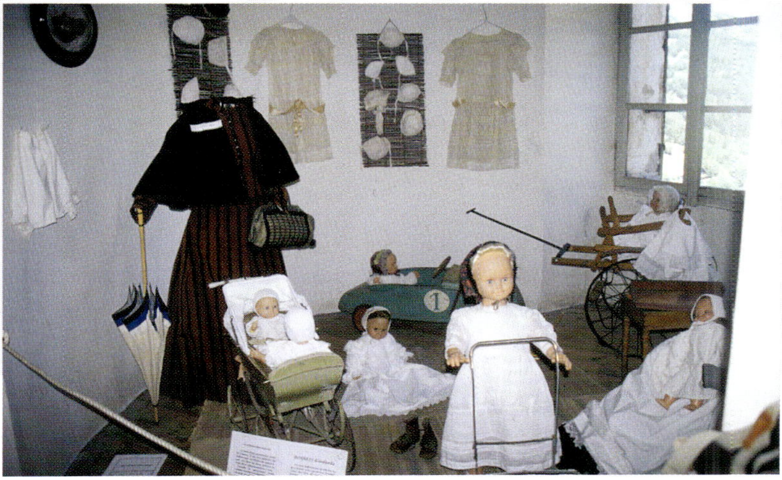

A l'époque, les vêtements d'enfants étaient particulièrement élégants et travaillés.

corsage, sorte de robe sans manche réalisée dans un tissu très épais. Vous venez de découvrir l'ancêtre de la petite culotte ! Vous apprenez ainsi que sous ses jupons, la femme du peuple ne portait rien. Seules les dames de la haute société enfilaient un caleçon, devenu pantalon au XIXe siècle, et petite culotte vers 1920. Au diable froufrous et chichis ! Un peu plus loin, deux galoches sont exposées. A l'époque, les souliers étaient bien souvent unisexes. D'ailleurs, on fabriquait la galoche à la maison, à l'aide de tiges de vieux souliers. Au rayon coiffes, vous n'avez que l'embarras du choix. Variées et pittoresques, elles changent avec les vallées et évoluent avec les époques. A Ceillac, jusque dans les années 1850, le maire rend obligatoire le port du tricorne. A Abriès, on portait la *scuffie*, coiffe typique de la vallée du Haut-Guil. La coiffe d'Arvieux était très souvent noire… Coiffes pour le travail, coiffes des jours de fêtes, bonnets multicolores pour les enfants… Pans de cornettes "tendance", ruban de tulle travaillé… Mieux qu'un musée du costume d'autrefois, la Chapelle des Pénitents vient de vous offrir un très bucolique voyage dans le temps.

Continuer en beauté

- Vous avez froid ? Cherchez l'Ourson Polaire dans le bourg d'Abriès. Eté comme hiver, on y trouve un grand choix de fourrures polaires. Fabrication locale garantie !
- En hiver chaussez les patins, devant les gîtes Saint-Laurent une patinoire naturelle vous attend (patinage de 16h à 20h).

Les tissus d'autrefois

La laine provenait des bêtes de la maison. Lavée, cardée et filée sur place, elle était ensuite apportée au tisserand du village, lequel tissait la pièce de drap. Parfois, on échangeait la toison à la filature Blanchard de Briançon contre du "drap fin".

Association du Costume d'Autrefois, Chapelle de la Confrérie des Pénitents, 05460 Abriès.
Ouvert juin-fin sept 14h-19h. Entrée : 1 €, gratuit pour les enfants.

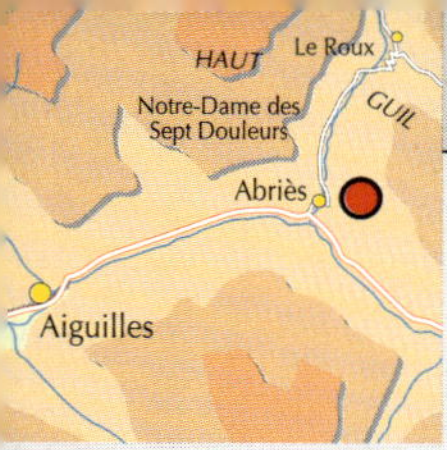

Abriès se trouve sur la D947 à 4 km au nord d'Aiguilles. Les stages ont lieu dans la chapelle de la Confrérie des Pénitents à côté de l'église d'Abriès.

15

2h

S'emmêler les fuseaux à Abriès

Initiez-vous à la technique de la dentelle au fuseau sur tambour ! Retrouvez les gestes des dentellières Queyrassines parant les coiffes de l'époque. Et découvrez un savoir-faire amusant, qui ne manque pas de piquant !

"Vas-y, croise. Tu as croisé, là ? Tu travailles d'abord ces deux paires et tu mets l'épingle après." Concentré, vous entamez votre premier exercice de dentelle au fuseau sur tambour. Entre vos mains maladroites, 8 fuseaux dansent au-dessus du tambour. La première fois, c'est comme ça, il faut bien avouer que la technique vous échappe. Et certains sont plus doués que d'autres ! Mais rien de tel qu'un stage pour apprendre. Les membres de l'Association du Musée du Costume possèdent des doigts de fées et une bouche d'or. Elles ont mis tant de cœur à l'ouvrage pour retrouver les gestes des dentellières d'antan, qu'elles peuvent aujourd'hui transmettre leur savoir-faire. C'est Jean-Paul Farfantoli, un passionné qui leur a inoculé son amour de la dentelle du Queyras. Metteur en carte, il a recréé des cartons anciens en se basant sur les dentelles exposées au Musée Dauphinois. 16, 18, 20, 22… Plus vous progressez, plus vous manipulez de fuseaux. "Pointon simple trois torsions sur deux cordes de deux parallèles", "pied à coudre avec mât particulier de quatre fils" : plus vous manipulez de fuseaux, plus votre vocabulaire s'enrichit. Avec un peu de pratique, vous allez même pouvoir vous attaquer à l'épreuve reine : la cornette. Cette coiffe blanche, portée par les femmes, apparaît à Saint-Véran au XVIe siècle. De chaque côté de la coiffe se déroule une bande de toile ordinairement repliée, sauf en cas de deuil où les "ailes" sont pendantes. Alors, bon courage ! et qu'on se le dise : en matière de dentelle, le Queyras n'a rien à envier à la Bretagne !

La petite histoire

Les premiers tambours à dentelle sont apparus vers 1658. Il faudra attendre 1910, et Hippolyte Mulher, pour que soit relancée cette activité économique à Saint-Véran. Le savoir-faire ayant disparu, il fera venir une dentellière de Grenoble pour créer un atelier.

Les tambours

Les tambours, de forme cylindrique, sont bourrés au crin de cheval. Ils sont pourvus d'une petite cavité à l'intérieur de laquelle la dentellière rangeait ses bobines de fils et ses fuseaux.

Continuer en beauté

- Filez d'Abriès en télésiège pour rejoindre La Colette de Gilly (2 366 m).
- Montez au village de Valpreveyre (1 847 m) pour y voir les chapelles Saint-Roch et Saint-Bernardin. (D441 en direction du Roux, et à droite avant l'entrée du village).

L'Association du Musée du Costume d'Autrefois, 05460 Abriès. Stages de dentelle deux fois par an, d'une durée de 3 ou 4 jours. Contact au 04 92 46 75 81. Vous pouvez visiter l'atelier, même lorsqu'il n'y a pas de stage.

riès se situe sur la D947 à 4 km au nord d'Aiguilles. La pâtisserie La Tarte Queyrassine trouve à l'entrée du hameau quand on vient d'Aiguilles.

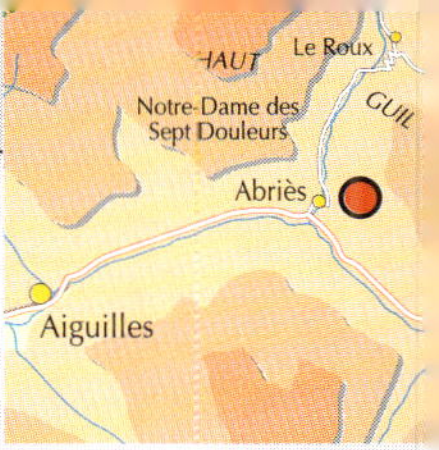

Se délecter d'une tarte queyrassine à Abriès

1h

16

A l'entrée du village d'Abriès, juste avant le pont sur le torrent du Bouchet, une petite pancarte indique "La Tarte Queyrassine". Etendre au rouleau, piquer, appliquer, dérouler, poser, cuire, refroidir... et goûter ! Ne salivez plus, c'est ouvert, alors entrez !

Vous pénétrez religieusement dans la pâtisserie. Le décor est sobre, raffiné, appétissant ! Une odeur à l'ancienne, inoubliable, subtil mélange de fruits chauds, caramel, chocolat, vous monte aux narines. Vous appréciez du regard la boutique bien approvisionnée, les étalages emplis de pâtisseries "maison". Tous ces sablés, ces pâtes de fruits, ces chocolats, ces tartes qui dansent autour de vous, c'est presque insoutenable. Par quelles gourmandises allez-vous bien pouvoir attaquer ? Vous vous accordez un temps de réflexion. On dit qu'ici les portes s'ouvrent toujours sur un sourire. Et à la Tarte Queyrassine, c'est bien vrai. Le pâtissier lui-même, Bruno Pellerin, vient à votre rencontre. Décontracté et tout en pudeur, il emmène ses clients en promenade au pays de ses tartes. La tarte queyrassine aux myrtilles et framboises locales est un classique du genre dans le Queyras, même si on doit en attribuer la paternité à la vallée du Champsaur. Mais la fierté de la maison, c'est la tarte queyrassine aux noix. Une invention toute personnelle concoctée par votre hôte. Une pâtisserie à la saveur inimitable ! Du miel que l'on fait bouillir pour que s'en évapore toute humidité, des cerneaux de noix que l'on dépose amoureusement sur une pâte sablée. Une idée toute simple pour un pâtissier bien modeste. Son secret de fabrication ? Il se cache dans l'intimité de l'arrière-boutique, dans le tour de main de la pâte, dans le savant dosage des ingrédients. A tomber par terre, on vous dit !

Continuer en beauté

- Goûtez la poêlée queyrassine du chalet-auberge de l'Edelweiss à Abriès, au bord du torrent du Bouchet, et d'autres spécialités. Tél. 04 92 46 80 43.
- Faites une grande boucle de 6 heures depuis le téléski d'Abriès. Vous rejoignez la Colette de Gilly (2 355 m), et passez par ses pelouses fleuries avant de redescendre sur Abriès par le bois noir et le bois de la brune. Sportif mais superbe !

Pas de tarte queyrassine sans pâte sablée

Ingrédients : sel (une pincée), beurre (150 g), farine (250 g), 1 œuf entier, sucre (80 g), vanille...
Mélanger farine et beurre pour obtenir une pâte granuleuse et sableuse. Ajouter le sucre et le sel et mélanger de nouveau. Ajouter l'œuf et la vanille. Laisser refroidir. C'est prêt !

Les autres spécialités de la maison

Dans ce pays où il fait bon marcher, les randonneurs n'auront que l'embarras du choix pour se requinquer à la Tarte Queyrassine : barres énergétiques du terroir, pâtes de fruits maison, chocolat aux pignons, noix et amandes...

La Tarte Queyrassine, 05460 Abriès. Tél. 04 92 46 77 67. Une pancarte sur la porte indique si c'est ouvert ou fermé.

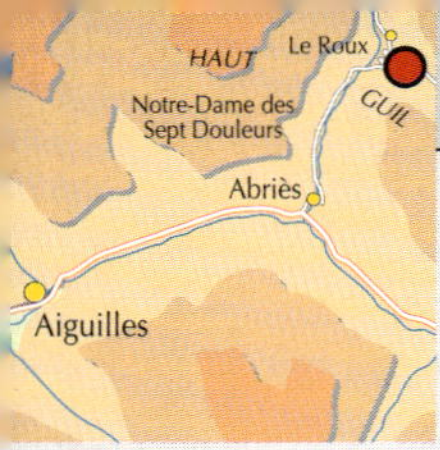

Le village du Roux se trouve à environ 4 km d'Abriès, sur la D441.

Partir à la rencontre des artisans du village du Roux

17

2h

Au village du Roux, de nombreux artisans ont trouvé le cadre idéal pour laisser libre cours à leur passion. Ebéniste, sculpteur sur serpentine, fabriquant de liqueur... vous ouvrent grand les portes d'ateliers étagés sur la pente.

On ne s'ennuie guère au Roux d'Abriès. Suspendu sur un flanc ensoleillé de la montagne, le hameau jouit d'un quotidien bien rempli. Vous y accédez par une route à larges virages après avoir, depuis Abriès, suivi au plus près, le cours du torrent du Bouchet. Garez votre voiture à l'entrée du village. C'est à la force du mollet que vous allez remonter la rue principale de ce hameau discret, livrée aux rires des uns, aux discussions des autres, aux rencontres de pas de porte… Vous appréciez le va-et-vient. A votre gauche, une pancarte indique un atelier de sculpture. C'est ouvert, vous entrez, c'est fermé, vous sonnez. Il n'y a pas d'heure précise pour pénétrer dans l'antre de Jean-Pierre Bélicard. Comme tous les artistes-artisans réfugiés ici, il fait varier ses horaires au gré du travail en cours ou de ses humeurs. Plus loin, vous osez une incursion au Rucher de Bessarote. Vous goûtez le miel, le pain d'épices, le pollen, et autres délices sucrés… Vous continuez votre flânerie. Devant vous, un petit torrent file le long d'une maison à arcades. Un bruit sourd traverse les murs. Vous découvrez l'atelier de meubles sculptés de Patricia et Maurice. Dans la menuiserie en face, on débite des planches. Vous observez l'artisan, qui sculpte dans le pin, à l'Opinel, la traditionnelle rosace du Queyras. Une dernière côte à affronter, et vous atteignez le haut du village. Bientôt une pancarte : "Le Plantivore, produits naturels" se dresse devant vos yeux. Montez encore, et poussez la porte. Là, tout n'est qu'histoire d'Amour, à la gentiane, à la pêche, à la fraise… Au parfum que vous voudrez.

Petite histoire du Roux

Le hameau du Roux n'a pas connu les terribles inondations de 1733, quand le torrent du Bouchet, qui n'était pas endigué, a tout emporté des rues d'Abriès. Il a vu tout ça de haut. Par contre, en 1944, il n'échappera pas à l'incendie provoqué par les Allemands.

La route du Roux

Pour accéder en hiver au hameau, les habitants déneigeaient eux-mêmes la route avec un chasse-neige en bois qui fonctionna jusqu'en 1945. Il était tiré par un attelage d'une dizaine de mulets. Il fallait plusieurs jours pour déneiger jusqu'à Abriès.

Continuer en beauté

- Jetez un œil sur la chapelle Saint-Barthélemy, juste avant la montée au Roux, à côté du pont, isolée dans les prés.
- Gagnez le col Saint-Martin ou col d'Abriès (2 657 m) en 3h au départ du Roux. Peu après la place, suivre le sentier du Pré Roubaud à main droite. Une superbe balade !

Les artisans du village du Roux : Patricia et Maurice Chave, meubles sculptés et non sculptés, tél. 04 92 46 73 12. Jean-Pierre Belicard, sculpteur, exposition-atelier, tél. 04 92 46 73 12. Le Plantivore, liqueurs, apéritifs, produits naturels, tél. 04 92 46 76 54. Le Rucher de Bessarote, Bernadette Lamber, Yves Goïc, tél. 04 92 46 77 45. Fromages de vache du Roux, tél. 04 92 46 75 30. Gilles Krupka, cuir, création réparations, tél. 04 92 46 84 89.

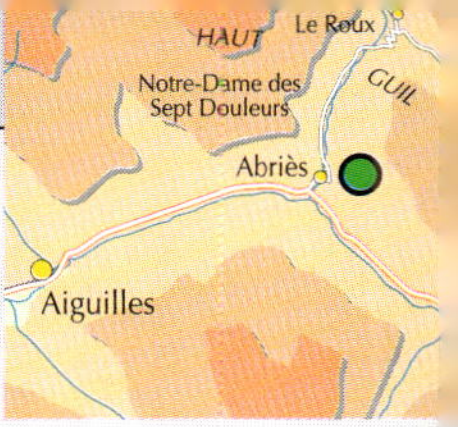

Monter à la chapelle des 7 douleurs par le chemin des oratoires

1h

18

Vous en comptez quatorze. Quatorze oratoires perchés sur les hauteurs d'Abriès, qui balisent la pente comme autant de bornes massives fichées dans le sol. Suivez-les sans crainte pour vous offrir un bucolique chemin de croix vers la chapelle des sept douleurs.

Il y a ceux qui montent en suant et ceux qui descendent en dévalant joyeusement. Pour l'heure, vous faites partie des premiers. Oh, rien de bien méchant ! Comptez à peine un quart d'heure pour la montée, même en vous ménageant quatorze pauses contemplatives au fil des oratoires. Dans ce quartier de l'Adroit en rive droite du Bouchet, reconstruit après les inondations de 1957, on avait érigé au XIIIe siècle, à 200 m au-dessus du torrent, une chapelle. Aujourd'hui encore, elle trône à flanc de montagne, au-dessus du village, avec sa traîne de mégalithes régulièrement espacés. Vous avancez d'un pas leste sur le chemin, entre caillasses et fouillis végétal. Dès le premier lacet, vos pas dérapent dans la boue et vous glissez au pied du premier oratoire, tourné en sentinelle vers le village qu'il domine comme un phare bienveillant. Une petite croix est incrustée dans la pierre. L'oratoire abrite un écusson sur lequel on a peint une scène de la vie du Christ. Le tout est clos par un grillage. Vous poursuivez votre ascension, en ayant toujours en point de mire le clocher de la chapelle. Lien entre le village et l'adret cultivé, des siècles durant ce chemin a vu peiner hommes et bêtes. Le laboureur montait, chargé d'outils ou de fumier, le berger emportait de quoi tenir plusieurs jours, le colporteur colportait… et les fidèles allaient tout là-haut à la messe, le jour de la Sainte-Catherine. Des fidèles plutôt gaillards ! Et vous ? Votre ascension vous découvre un joli panorama sur Abriès. La chapelle est ouverte. Un peu de fraîcheur, ça vous tente ?

Continuer en beauté

- Découvrez "l'échauguette", une fondue au génépi avec fromage aux trois laits et charcuterie sur lit de salade verte. Irrésistible. Lou Goustaroun, quartier de la Chaillolle, tél. 04 92 45 76 47.
- En redescendant de la chapelle aux oratoires, prenez la petite route qui file à gauche, vers les ruines du Villard, et cherchez les murets enfouis dans la végétation.

Clocher et calvaire

Typique des églises dauphinoises, avec sa flèche, ses pyramidions, ses petites lucarnes, le clocher de la Chapelle des Sept Douleurs ressemble à celui d'Arvieux, de Ceillac ou de Château Ville-Vieille. Là-haut, le calvaire a été restauré en 1976.

Des cultures en terrasses

Grâce à l'ensoleillement de l'adret, les paysans y ont établi des cultures en terrasses, inventant un incroyable réseau de canaux d'arrosage. Ces canaux, qui arrivent dans les prés en haut du versant, captent l'eau 4 km plus loin dans le vallon de Malrif.

Pour trouver le départ du chemin de croix depuis la place du cimetière à Abriès, passer la passerelle sur le Bouchet, puis gravir la série d'escaliers juste en face : elle mène au pied du chemin.

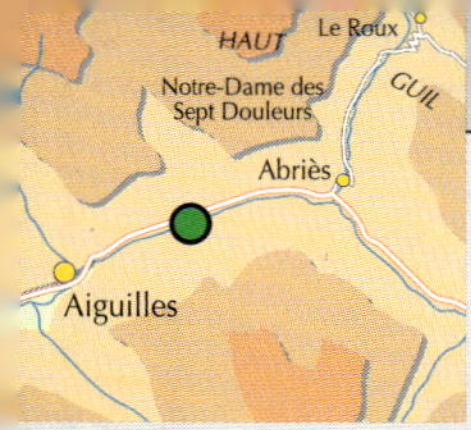

Le chenil de Ben se trouve entre Aiguilles et Abriès. Après le camping du Gouret, quitter la D947 et tourner à droite, puis suivre la pancarte "Chiens de traîneau".

Caresser les chiens de traîneau dans leur enclos à Abriès

19 — 1h15

Au cœur de la forêt d'Abriès, revivez les récits de Jack London en entrant chez Ben, le *musher.* Vous y êtes accueilli par un concert de battements de queues et de jappements démonstratifs. Et vous aurez bien du mal à en partir. Suivez le chef de meute...

A l'intérieur de l'enclos, Ben reste le chef de meute. Avec 17 ans de complicité avec ses chiens, leur relation est exemplaire. Avant de pénétrer, vous aussi, dans l'espace réservé aux chiens nordiques, écoutez attentivement ses recommandations : surtout ne jamais approcher votre visage de la gueule d'un chien, il pourrait penser que vous allez le mordre. Car, nés d'un croisement entre le chacal domestique et le loup Arctique, ils se comportent à 90 % comme le loup. Mais si le loup craint l'homme, le chien de traîneau, lui, est très câlin. Ben ouvre la porte de l'enclos. Instantanément, les chiens se taisent et s'approchent dans un silence monacal. Vous êtes impressionné par ce changement d'atmosphère : "*On ne peut pas utiliser un nordique comme chien de garde, ça n'est pas leur problème.*" Le vieux chef, Tamok, pointe le premier le bout du museau. Les autres, quoique plus robustes, baissent la queue, couchent les oreilles en signe de soumission. Personne n'oserait bousculer l'ancien ! Mowgli, surnommé le bandit, est le plus prompt à s'approcher. Il agrippe un peu votre pantalon. Un étrange ballet que votre guide décode. "*Il veut jouer. Vous pouvez mettre votre main dans la gamelle d'un chien de traîneau, même s'il ne vous connaît pas, jamais il ne vous mordra.*" Après quelques minutes, tout le monde finit par s'habituer. Les moins curieux sont déjà retournés à leur trou, creusé dans la terre pour lutter contre la chaleur. D'autres poursuivent des jeux de rôles amusants et très hiérarchisés. Et les plus affectueux ne vous quittent pas d'une semelle. Pour toujours plus de caresses.

La nature fait bien les choses

Froids ? Eux ? Jamais ! Les poils de leurs oreilles leur font comme un bonnet. Ils balancent leur grosse queue touffue jusque sur leur truffe pour se protéger du froid. Leurs pattes sont comme des raquettes : les doigts s'écartent au contact de la neige et les poils remplissent les espaces.

Les différentes races

Le husky de Sibérie, reconnaissable à ses yeux bleus, est rapide et maître en orientation. Le samoyède, tout blanc, est obéissant et agile. Le groenlandais est aussi véloce que puissant. Quant au malamute d'Alaska, s'il est puissant, c'est le moins véloce des quatre.

Continuer en beauté

- Partez en traîneau avec Ben cet hiver, à travers la montagne queyrassine : il est aussi spécialiste du loup et conférencier.
- Découvrez l'*arapho dog* avec Valérie Perrot. *L'arapho,* c'est une patinette tout terrain tractée par deux chiens. Une discipline très ludique. Tél. 04 92 46 76 44.

Chenil de chiens de traîneau, Ben, tél. 04 92 46 81 05. Visite à 18h, les lundi, mercredi et vendredi.
Tarif : 3 €, enfants 1,5 €.

plan d'eau d'Aiguille est situé entre Aiguilles et Abriès. Quitter la D947 et traverser camping du Gouret. Le plan d'eau se trouve au bout du camping.

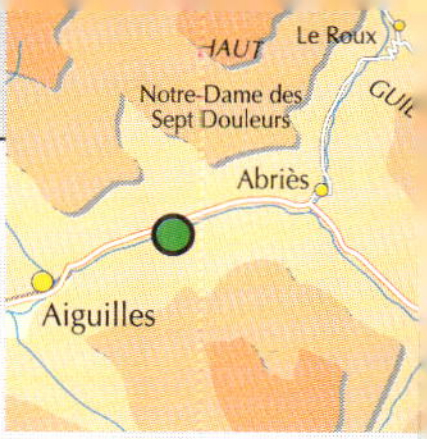

Pagayer sur le plan d'eau d'Aiguille

3h

20

S'initier au canoë en dehors des eaux tumultueuses du Guil ? C'est possible, grâce au plan d'eau aménagé en bordure du torrent, entre Aiguilles et Abriès. Vous apprenez à manier l'embarcation et, après quelques conseils de base, à vous la liberté !

Le plan d'eau d'Aiguille se réveille. Dans la magie de l'aurore, la lumière limpide baigne le petit lac d'une douce lumière. La montagne plonge ses reflets dans les eaux vertes. Les canoës déchirent les flots assagis. Une vraie carte postale du bout du monde ! Vous observez les lieux, détendu et tranquille. Il faut dire que la surface de l'eau n'a pas une ride et que, vu la taille modeste du lac, vous ne risquez pas de perdre la rive du regard. Ultime précaution : vous avez pris soin d'enfiler un gilet de sauvetage avant d'embarquer, sans gestes brusques. Parez à la manœuvre ! Vous plongez la pagaie dans l'eau et la relevez pour éclabousser votre voisin. Fini de se prélasser, il est temps d'assimiler quelques règles de base. Vous allez voir, l'initiation est rapide, il suffit bien souvent de quelques minutes d'adaptation pour tout intégrer. L'important pour diriger un canoë biplace, c'est la coordination avec votre compagnon de bordée. Inutile de s'embarrasser de longs discours : devant vous pagayez, derrière vous dirigez. Et pour filer droit, il faut juste un peu de bons sens… et de coordination. Les eaux calmes et basses du plan d'eau d'Abriès sont sans danger. Votre canoë est large, stable et lourd. En quelques heures, vous vous appropriez la technique. Un apprentissage en douceur qui va vous permettre d'affronter ensuite un autre fabuleux torrent d'émotion : le Guil !

Continuer en beauté

• Vivez des émotions fortes en tentant la descente du Guil en canoë avec Arc-Boutant. Les kayakistes confirmés se jettent seuls à l'eau, mais si vous êtes débutant(s) ne tentez surtout pas le diable ! (voir informations pratiques).

• Depuis Abriès, rejoignez le lac du Grand Laus. Une superbe immersion au pays des lacs à 2 430 m d'altitude ! Partez de bonne heure, comptez 4-5h de montée !

Le matériel

Sur le modeste plan d'eau d'Abriès, le gilet de sauvetage pourrait paraître inutile, pourtant il est vivement conseillé. Il est d'une couleur voyante fort utile en cas d'immersion. Pour une randonnée de plusieurs jours, vous emporterez en plus des bidons étanches afin d'y garder vos provisions.

Le code du pratiquant

Soyez toujours attentif au milieu naturel aquatique dans lequel vous évoluez. Les rives peuvent abriter des sites de nidification. Alors débarquez aux endroits prévus, et respectez toujours les autres usagers du plan, en particulier les pêcheurs.

Arc-Boutant queyrassin, sports-service, 05470 Aiguilles. Tél. 04 92 46 75 11.
Réservation sur place ou à Sport Service à Aiguilles. Cours collectifs lu-ve 11h-13 h : 8 € la séance, 30 € les 4.

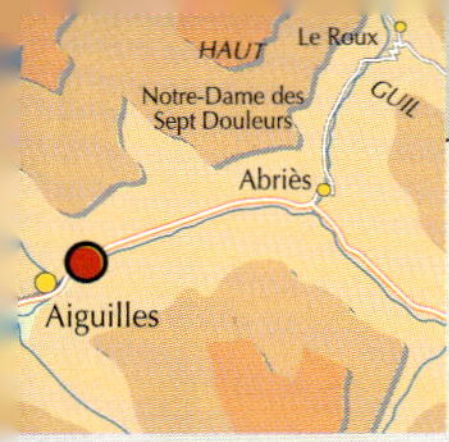

Le village d'Aiguilles se situe sur la D947, entre Ville-Vieille et Abriès. La miellerie est à la sor
du village, vers le haut.

21

1h

Rencontrer les abeilles d'Aiguilles sans se faire piquer !

On dit que le miel du Queyras est d'une finesse à nulle autre pareille. Suivant à la trace les fleurs de montagne, les abeilles noires locales butinent une flore incomparable qui distille des arômes délicats. Laissez-vous guider au cœur des ruches !

"*Vous sentez la bonne odeur du miel. Hum, c'est bon de respirer ça ! Le mieux, c'est que nous allions au plus près des ruches. C'est plus impressionnant.*" Oui… Heu… Tu es sûr, Michel ? Que… nous ne risquons rien ? Au-dessus d'Aiguilles, bercées par le clapotis du torrent du Lombard, les ruches de Michel Collombon, de la Miellerie d'Aiguilles brillent au soleil couchant. Elles claquent aux yeux des visiteurs à la manière d'un cri de joie : "les voilà !" Michel a trouvé son petit coin de paradis : une clairière entourée de mélèzes et de feuillus. Apparaissent les ruches, alignées en rangs serrés. Au-dessus, un tourbillon intense. A cette époque de l'année, au cœur de la saison des fleurs, les abeilles ont de l'appétit. Pleines d'énergie, elles tournent comme des toupies. "*Il n'y a aucun problème pour s'en approcher mais il faut être étanche.*" Etanche ? "*Cela signifie qu'aucun centimètre de peau ne doit être exposé.*" Vous enfilez le camail, sorte de combinaison blanche, les gants, un chapeau avec voilage… "*Pchtt, pchtt, pchtt*", l'apiculteur tente d'amadouer les abeilles à coup de luzerne déshydratée et de graines. Avec son soufflet, il envoie un nuage de fumée pour faire descendre nos amies bourdonnantes au fond de la ruche. "*Là, si j'ouvre une ruche sans l'avoir aspergée de fumée, on se fait piquer !*" Autour de vous, le bourdonnement est incessant. Trop affairées, les abeilles vous dédaignent heureusement. "*Leur trafic a l'air désordonné mais tout est, au contraire, très*

Chaque abeille reconnaît sa ruc
et se repère avec le sole

Des abeilles voyageuses

Dans le Queyras, les ruches doivent transhumer. Même si en dessous de 14°C, les abeilles ne sortent plus, l'hiver est trop sévère. Les ruches hibernent plus au sud et les apiculteurs les ramènent en Queyras à la saison des fleurs.

A la vie, à la mort

On compte une reine par ruche. Elle vit trois ou quatre ans, et pond jusqu'à 2 000 œufs par jour en pleine saison des fleurs. L'ouvrière, elle, vit une quarantaine de jours. Durant la dernière partie de sa vie, elle butine et bien souvent meurt dans la foulée.

Chercher la reine ? Son abdomen est plus long que celui des autres abeilles.

organisé. Chacune reconnaît sa ruche. Elles se repèrent avec le soleil." Premier réflexe de Michel : inspecter chaque ruche pour voir si ses abeilles ont bien travaillé aujourd'hui. Il ôte un couvercle. C'est amusant comme ce simple geste vous pousse à reculer d'un pas. Il attrape un cadre. Le miel coule d'abondance. Michel est ravi. Il faut dire que les conditions sont idéales : chaleur le jour, orage le soir… Le nectar des fleurs est forcément excellent. Quelques butineuses restent accrochées à leur cadre : elles sont en train d'emplir les alvéoles. Cela fait, d'autres abeilles les obturent en y déposant un mince couvercle de cire. Quand tous les alvéoles sont operculés, la récolte est imminente. "*Regarde la reine, elle monte sur les autres. Son abdomen est plus long. Oh là, elles attaquent, on va les ranger.*" Oui, on préfère ! Après toutes ces émotions, c'est l'heure du réconfort. Retour au magasin. Derrière les rangées de pots de miel se dissimule le "laboratoire". Le miel y repose dans une immense cuve afin de se purifier avant la mise en pot : la récompense des apiculteurs !

Continuer en beauté

• Offrez-vous une balade hivernale en raquettes ou une randonnée d'été avec Michel Collombon, apiculteur mais aussi accompagnateur en montagne.
• Prévoyez deux heures pour monter au lac du Malrif. Une randonnée incontournable au départ du Lombard (près d'Aiguilles).

Mielleries du Queyras

Miellerie du Haut-Queyras, chalet du Miel, famille Allaix, route de Saint-Véran, Molines-en-Queyras, tél. 04 92 45 81 73.

Miellerie Denis Bellons, Molines-en-Queyras, tél. 06 70 23 72 49

Apiculteur à Molines, le Val d'Azur, Didier Prosper, tél. 04 92 45 86 15.

Le Rucher de Bessarote, Le Roux d'Abriès. Yves Goïc et Bernadette Lambert, tél. 04 92 46 77 45.

Mielleries à Ceillac : Robert Fournier, tél. 04 92 45 02 07 Joseph Marchis, tél. 04 92 45 06 42 J.-P. Reynaud, tél. 04 92 45 11 92

Miellerie de la Vignette à Aiguilles, Danielle et Michel Collombon. Tél. 04 92 46 77 97. Ouvert tlj.
Si la miellerie est fermée, sonnez.
Musée du miel : espace de découverte du monde des abeilles. Ouvert en haute saison, sur réservation pour les groupes en hors saison. Romain Allaix, apiculteur. 05350 Molines-en-Queyras. Tél. 06 03 11 21 80.

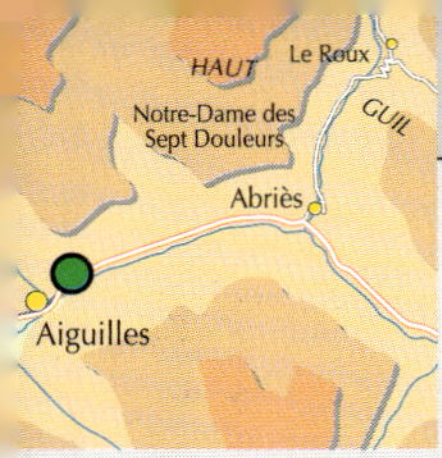

Le village d'Aiguilles se situe sur la D947, entre Ville-Vieille et Abriès. Le sentier d'interprétati des fourmis démarre à La Condamine, tout en haut d'Aiguilles.

Entrer dans le monde merveilleux des fourmis à Aiguilles

22

2h

Vous êtes suspendu à l'aplomb du village d'Aiguilles. A vos pieds, une dizaine de fourmis détalent sur le sentier, escaladant les caillasses pour s'échapper dans la verdure. Après deux heures de marche, la fourmilière géante vous livre tous les secrets de son royaume.

Elles vivent en colonies dans des logements super luxe, bâtissent des mondes souterrains complexes. On dit quelles sont maniaques, cartésiennes, toujours d'humeur égale, et pourtant il leur arrive aussi de se montrer irritables et désœuvrées. Un désordre naturel ? Une apparence ? Mais qui sont-elles vraiment, ces fourmis des bois ? Ne soyez pas surpris si le sentier d'interprétation des fourmis démarre avec des panneaux marqués de lièvres blancs. C'est de l'humour. Les hauts d'Aiguilles serpentent abruptement. Existe-t-il plus beau panorama sur ce village de montagne implanté au dessus de la plaine des Ribes ? La sente accrochée à la pente s'éloigne progressivement du bourg. 1 860 m d'altitude. Vous atteignez une clairière ensoleillée ; ici et là, des tumulus de mélèzes et de brindilles. Regardez à vos pieds. Tiens, des fourmis ! D'un mouvement brusque, vous reculez, tout en suivant des yeux le manège des ouvrières. Elles se faufilent sous un monticule végétal. Sous un aspect désordonné, ce dernier cache un système complexe de chambres et galeries agencé sur quatre niveaux. Les divers quartiers sont situés un mètre sous le sol et peuvent héberger jusqu'à un million d'individus. Bien souvent, l'habitat s'organise autour d'une vieille souche sur laquelle les ouvrières ont déplacé des branches, sous laquelle elles ont creusé des salles. Ce cœur de la fourmilière est soigneusement thermorégulé, il y fait entre 20 et 27°C en été. Vous suivez ce monde miniature avec plaisir et amusement. Quoi de plus agréable qu'une leçon de choses à ciel ouvert ?

Indispensable à la forêt

La fourmi des bois est l'un des agents les plus actifs et les plus utiles de la forêt subalpine. Ainsi les colonies sont-elles sévèrement protégées en Europe Centrale et les scientifiques les ont même introduites au Canada pour lutter contre les parasites des forêts.

Les super-colonies

Une colonie peut couvrir plusieurs hectares et utiliser des dizaines de kilomètres de pistes pour rallier des dizaines de fourmilières regroupant des centaines de millions de fourmis coordonnant leur activité. Ouf ! Et chacun des nids héberge plusieurs reines qui cohabitent sans dissension. Un monde super-parfait !

Continuer en beauté

- Rendez-vous à la P'tite Auberge (gîte-restaurant), une maison de village rénovée tenue par deux sœurs qui vous proposent de bons et solides petits plats ! Tél. 04 92 46 81 60.
- Montez voir Saint-Jean-Baptiste. Le clocher en pierre de tuf de cette église, typique de la région, date du XVIIe siècle. Joli panorama sur Aiguilles depuis le cimetière.

Prendre la direction des hôtels Bellevue et Les Balcons de Combes Rousset, passer devant la pancarte Soulier, et poursuivre jusqu'au bout de la route pour déboucher à l'entrée du sentier. L'office de tourisme d'Aiguilles dispose d'un descriptif de la randonnée, avec carte. Bureau municipal du tourisme d'Aiguilles, 05470 Aiguilles. Tél. 04 92 46 70 34. www.aiguilles.com, e-mail : officedutourisme@aiguilles.com.

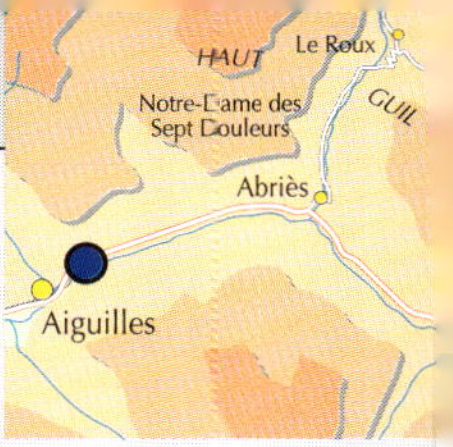

Flâner à rebrousse-temps dans le village d'Aiguilles

2h

23

Aiguilles n'est-il qu'un modeste village de montagne qui ronronne au pied des pentes ? Ce chef-lieu de canton de 400 âmes trompe bien son monde ! Ecoutez ses habitants aux ancêtres explorateurs et laissez-vous porter par le tourbillon de l'Histoire...

Vous attaquez la rue principale d'Aiguilles. D'emblée, vous êtes un peu surpris par l'originalité des constructions. Alors que dans tous les villages du Queyras, le bois domine, ici, la diversité est de mise : pierre, marbre, fer forgé, maçonnerie… alternent d'une rue à l'autre. Vous débouchez place Jean Léa et l'hôtel de ville annonce la couleur. Il n'y a qu'à observer son allure plus que bourgeoise pour comprendre que ce bourg apparemment sans histoire en a peut-être une ! 1408 et 1431, le Guil et le Lombard sortent de leur lit. Aiguilles est dévasté. Le village aura beaucoup de mal à s'en remettre, surtout qu'après ces drames, les incendies se succèdent : 1629, 1746, 1829, 1889… Autant de désastres qui provoquent le départ des habitants. La plupart mettent le cap sur l'Amérique latine ! Une échappée belle, pleine de promesses. Les Queyrassins d'Aiguilles s'installent en Argentine, au Brésil, en Colombie ou au Chili, des pays jeunes, neufs, dans lesquels ils font surtout du commerce d'exportation. Ils créent des liens, réussissent, font venir amis et parents. Mais ils ont l'âme bien née, et le mal du pays les incite à y revenir pendant leurs congés, ou après avoir fait fortune. Une fois rentrés, les colons construisent de grosses maisons d'inspiration sud-américaine, qui donnent un cachet sans pareil à leur village. Longez les ruelles, et débusquez ces villas. Certaines, façades défraîchies et volets clos, semblent renfermer à jamais les fastes d'une époque. D'autres ont fait peau neuve. Badigeonnées à la chaux, elles habillent de couleurs chatoyantes un village qui gagne à être connu.

Continuer en beauté

• Entrez dans la librairie du dynamique Nassire Hadjout, place Jean Léa. Nombreux livres de montagne et sur le Queyras.

• Rejoignez le Collet, puis Eygliers, par le sentier du Collet. 4 heures de marche depuis le pont du Lombard, somptueux panorama sur le Guil. Dépliant disponible au bureau municipal du tourisme.

Un village 1900

Avec ses fontaines et ses maisons bourgeoises, Aiguilles montre un visage plus citadin que les communes environnantes. Parmi les imposantes résidences construites à l'époque, le château de Lauche (1890) et le Grand Hôtel (1905).

La Maison Eiffel

Conçue par Gustave Eiffel, montrée en 1895 à l'exposition internationale de Bordeaux, cette élégante demeure fut rachetée par un riche queyrassin de retour d'Amérique Latine, et reconstruite sur place à Aiguilles. On peut l'apercevoir, noyée dans les arbres à proximité du torrent du Lombard !

Bureau Municipal du Tourisme, 05470 Aiguilles. Tél. 04 92 46 70 34. www.aiguilles.com, e-mail : officedutourisme@aiguilles.com. Ouvert 9h-12h et 15h-18h, toute l'année. Office de promotion du Tourisme en Queyras, Maison du Queyras, 05470 Aiguilles. Tél. 04 92 46 76 18. www.queyras.com. Ouvert tlj 8h30-12h30 et 13h30-18h30.

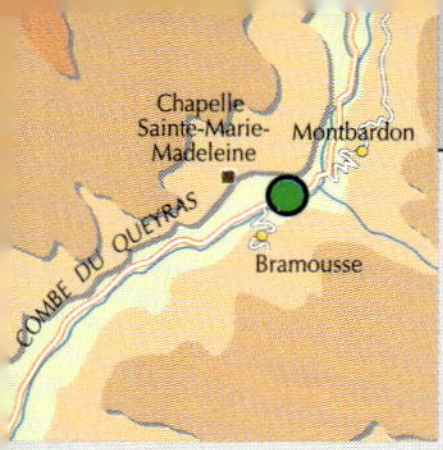

Vous trouverez une zone de pêche réservée à la mouche entre le pont du Veyer et le pont de Montbardon sur la D902 à environ 5 km de la Maison du Roy en venant de Guillestre.

24

4h

Taquiner la truite dans le Guil

Entendez-vous l'appel de la truite vagabonde qui frétille dans le Guil ? Le torrent, qui prend sa source près de la frontière italienne et se gonfle d'une multitude de cours d'eau, offre aux pêcheurs de truites des sites de premier choix. Mais soyez beaux joueurs, relâchez vos prises !

Quel amateur de pêche pourrait refuser une telle invite ? Libre comme l'air, au soleil, laisser couler le temps au milieu d'une rivière léchant les montagnes… Vous approchez à pas de loup du bord du torrent, pour ne pas déranger les "moucheurs" déjà en place. Les uns mouillent les bottes sur la rive. Les autres sont partis appâter au cœur des remous. Entre le pont du Veyer et le pont de Montbardon, sur environ un kilomètre, le décor est somptueux et la pêche exclusivement réservée à la mouche. Une pêche sportive par excellence, plus particulièrement réservée aux rivières qui bougent, celles dites de première catégorie, comme le Guil. L'accès au site est facile, et le courant sur fond rocailleux s'avère très rapide. Mais ici, votre bourriche restera pratiquement vide : le nombre de prises autorisées se limite à cinq. C'est donc une pêche plaisir qui vous attend. Les farios apprécient le Guil. Ces salmonidés solitaires se régalent en eau vive. Pour les attraper, chacun cultive son style et son penchant naturel pour telle ou telle technique de pêche à la mouche. Vous rejoignez la rive. Vous prospectez le fond de l'eau. Votre canne est courte, trois mètres, légère, et équipée d'un moulinet. D'un ample et souple mouvement, vous lancez la soie dans le courant. Votre mouche, leurre de plumes et fil, se balade à fleur d'eau. Vous y êtes. Pris par le jeu. Et quand le plaisir ne tient qu'à un fil, vous y passez des heures sans que plus rien d'autre n'existe.

La carte de pêche

Elle est obligatoire et permet de pêcher dans toutes les Hautes-Alpes, en domaine public ou privé. En acquittant cette cotisation (sous forme de timbre fiscal), on adhère à une association tout en contribuant à la préservation des milieux aquatiques.

A l'ouverture de la pêche

Sur le Guil, entre le pont de Veyer et le pont de Montbardon, la pêche est ouverte du 8 mars au 5 octobre. Par arrêté préfectoral du 18 février 2002, la pêche est interdite sur certains tronçons du Guil (pancartes à respecter) et sur la totalité du torrent du Bouchet. On peut pêcher sur l'ensemble des lacs d'altitude du Queyras.

Continuer en beauté

• Arrêtez-vous à la Maison du Roy, pour le panorama sur les gorges et le lac artificiel, ou pour une pause-déjeuner à l'hôtel-restaurant. Cuisine traditionnelle de qualité. Tél. 04 92 45 08 34.

• Suivez le circuit VTT au départ de Guillestre qui, sur 10 km, vous entraîne dans la forêt de Combe Chauve. Une boucle assez longue avec quelques belles montées, qui passe au pied de la carrière de marbre rose. Topo-guide *Promenades VTT dans le Queyras* (édité par l'Office de Promotion Touristique du Queyras).

Achetez votre carte de pêche à la librairie d'Aiguilles, place Jean-Léa. Suivez bien les panneaux d'interdiction de pêche ou les zones spécifiques de pêche à la mouche indiquées par des pancartes bleues.

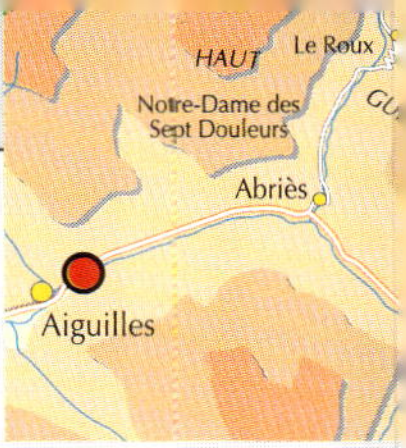

Rencontrer les sculpteurs de serpentine du Guil

1h

25

Porte-stylos, cendriers, soliflores, sculptures originales... le tout en serpentine du Guil ! Entrez dans l'univers à part des sculpteurs de pierre queyrassins. Sobres, élégantes, sensuelles, leurs œuvres vous étonneront, tout comme leur fabrication.

Au centre de la pièce, un petit buste tourne sur lui-même comme une star au milieu des variolites, des barytes, des opales… Ce flacon de parfum creusé dans la serpentine est une merveille de pureté. L'auteur de ce petit joyau, Laurent Bergues, laisse toujours grande ouverte la porte de son magasin à Aiguilles. Il a l'air dans les nuages, bien à l'abri dans ses rêves de passionné. Et pourtant, c'est un puits de savoir géologique. “*Je ne sais pas si mon métier porte réellement un nom. Je vais chercher des pierres brutes dans la montagne. Il y a de bons filons dans le Queyras. Et je les façonne. Depuis tout petit, je collectionne les pierres. J'ai appris la géologie pour savoir sur quel type de terrain on trouvait telle pierre…*” Sa voix chante comme une musique : la verte malachite est un minerai de cuivre, l'améthyste pourpre est considérée comme une pierre semi précieuse, les ammonites fossiles se trouvaient à l'ouest des Hautes-Alpes, il y a 150 millions d'années. Le plancher des océans était alors couvert de variolites et de serpentines… Le bruit cadencé de la scie sur la pierre étouffe un peu sa voix. Assis sur son tabouret, concentré, il effleure la serpentine si tendre à sculpter. Il la modèle lentement, finement, avec élégance. A-t-il un but ? Un verre de génépi ? Vous n'en saurez pas plus. Mais vous restez un long moment à contempler le sculpteur de serpentine dans son délire minéral.

Continuer en beauté

- Golfeur ou pas, essayez le parcours de *swing* des “Ribes” à Aiguilles. Il compte 6 trous, de 75 m à 155 m, par 3 ou 4 coups. Départ près des tennis.
- Randonnez deux heures sur le sentier du Preyt pour découvrir la flore des sous-bois de mélézin et la grassette, une zone humide à tuf et à plantes carnivores. Description de l'itinéraire disponible à l'office de tourisme d'Aiguilles (voir informations pratiques).

Le sculpteur du Roux

Des masques sculptés pareils à des visages ornent l'entrée de l'atelier de Jean-Pierre Bélicard au village du Roux d'Abriès. Cet artiste sculpte avec volupté dans les pierres du pays des œuvres à voir absolument. Voir p. 48.

Les techniques de taille

Pour travailler la pierre, le sculpteur utilise une scie diamantée qui tourne dans l'eau, ou d'autres tournant à sec dans un abominable nuage de poussière ! Une fois la pierre dégrossie, il se sert d'un disque de diamant à sec et de différents types de papiers abrasifs pour donner sa forme définitive à la pièce.

[Lazuli, Laurent Bergues, place Jean-Léa, 05470 Aiguilles. Tél. 06 03 37 48 99. Ouvert tlj 9h30-12h30 et 13h30-19h30. Bureau municipal du tourisme, 05470 Aiguilles. Tél. 04 92 46 70 34. www.aiguilles.com, e-mail : officedutourisme@aiguilles.com. Ouvert 9h-12h et 15h-18h, toute l'année.]

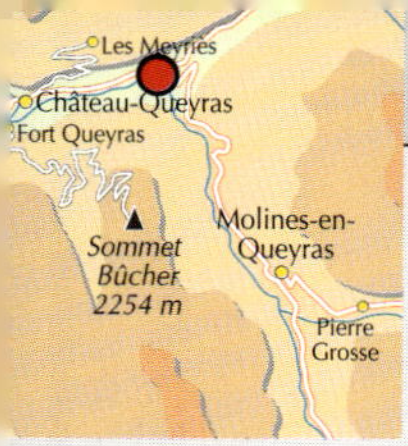

Ville-Vieille se trouve sur la D947 à 2,5 km au nord de Fort-Queyras et à 4,5 km d'Aiguilles. La Maison de l'Artisanat est située sur la place, au rond-point avant d'entrer dans le village.

26

2h

Humer l'odeur du bois à la Maison de l'Artisanat

A la Maison de l'Artisanat se bousculent des pâtisseries, des fromages, du miel ou des liqueurs, mais aussi des jouets en bois, des céramiques, ou encore des meubles en bois sculpté. Tout un florilège d'objets qui chantent l'artisanat du Queyras !

Les savons, couleur tendance, sont sagement ordonnés sur le présentoir, tandis que les liqueurs "d'Amour" se régalent à vous tenter et que la délicieuse purée de "Gratte-cul" à base d'églantine sauvage (ou cynorhodon), fait toujours office de boute-en-train… On pressent comme un délicieux parfum de terroir à La Maison de l'Artisanat. Pas moins de 400 m^2 consacrés à une trentaine d'artisans, tous Queyrassins, tous passionnés, qui fabriquent et vendent dans les huit communes du Parc. C'est donc un concentré de l'identité artisanale du pays qui vous est proposé. A l'origine du projet, le Parc Naturel Régional du Queyras, qui marque sa volonté de préserver, mettre en valeur et transmettre les savoir-faire ancestraux. L'exposition se divise en deux salles. D'un côté la coopérative artisanale du Queyras et son éventail de productions domestiques, cosmétiques ou de bouche, de l'autre le Syndicat des artisans d'art et leurs meubles et objets sculptés. Les senteurs envahissent vos narines. Tel un gourmet, vous vous dirigez à la source de cet élixir envoûtant. Et vous tombez sur des petits sachets colorés parfumés à l'odeur… du Queyras ! Une décoction de fleurs, de fruits rouges et d'herbes, des plus originales. Vous pouvez, en en versant quelques gouttes directement sur le tissu, raviver à volonté le parfum. De bougies décorées en herbier à faire soi-même, de sacs de cuir en pots émaillés, de verre de génépi taillé dans la serpentine en puzzle en bois coloré, vous vous émerveillez de tant de choses qui fleurent bon le terroir des vallées queyrassines. Vous vous amusez de la diversité, vous honorez cette évocation gourmande des productions agricoles et, mine de rien, vous vous faites admiratif. Armoires de berger, meubles "ponts", confituriers

Le choix des arbres

Les artisans se servaient du mélèze, bois noble mais fibreux et cassant, et du pin cembro qu'ils privilégient aujourd'hui. Bois blanc rosé, homogène et léger, le pin cembro se rencontre en altitude.

Parmi les incontournables, le gratte-cul, confiture à base de cynorhodons.

Des savons à volonté... Aux senteurs des fleurs du Queyras !

en bois massif, sculptés à la main, assemblés traditionnellement, estampillés au fer rouge par une marque garantissant leur origine et qualité : vous entrez dans l'univers du Syndicat des artisans d'art en meubles et objets sculptés du Queyras. De tout temps les Queyrassins ont travaillé le bois. De l'accessoire de table (salière traditionnelle) à l'aménagement d'intérieur (salle à manger), vous déambulez dans cette menuiserie spontanée où chaque meuble, ouvragé au couteau ou sculpté à la gouge, est une invite à la contemplation. De tous les métiers d'autrefois, l'artisanat du bois correspond le mieux aux ressources locales, à la claustration d'un long hiver, et aux besoins domestiques. Aujourd'hui comme hier, le mobilier du Queyras est bichonné, on lui prodigue des soins attentifs tant au niveau de la préparation du bois que de la finition. Alors comment ne pas ressentir le "cœur battant" de toute une région qui promène, au fil de son artisanat, l'amour du métier et la grande fierté de continuer à vivre au pays.

Continuer en beauté

- Allez à l'Astragale de Ville-Vieille goûter un bon petit plat. Ambiance familiale dans ce gîte plein de ressources : étape ou séjour, chambres d'hôtes... et, pour les amateurs de livres de montagne, bibliothèque incontournable. Tél. 04 92 46 70 82.
- Dénichez les cabanes pastorales du secteur de Péas : la cabane de l'Ouragan et la bergerie du Chalvets de Borels. Suivez le sentier des Astragales jusqu'à la pierre fiche puis empruntez le diverticule.

Un peu d'histoire

Le Syndicat des artisans en meubles et objets sculptés du Queyras a vu le jour en 1968. Son objectif est de promouvoir et de vendre l'artisanat traditionnel des meubles sculptés au couteau. Avant que la Maison de l'Artisanat n'ouvre ses portes il y a quatre ans, une exposition se tenait chaque été dans le village d'Aiguilles.

[Syndicats des artisans d'art en meubles et objets sculptés du Queyras, Maison de l'Artisanat, 05350 Ville-Vieille.
Tél. 04 92 46 75 06. www.artisanat.com/queyras-meubles, e-mail : Queyras-meubles@artisanat.com.
Exposition-vente ouverte pendant les vacances, tlj 10h-19h, hors vacances 14h30-19h.
Queyras Artisanat, 05350 Château-Ville-Vieille. Tél. 04 92 46 80 29. Ouvert juil-août 10h-19h, hors saison 14h30-19h.]

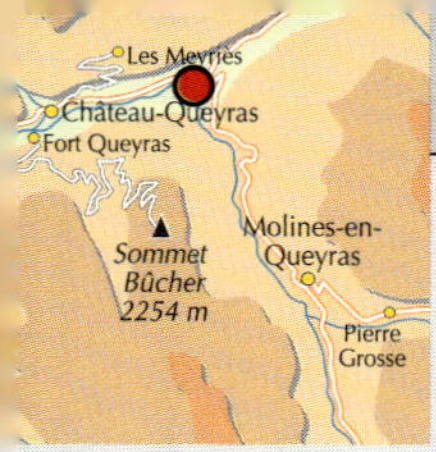

Ville-Vieille se situe sur la D947, 2,5 km après Château-Queyras.
Le Plantivore se trouve au rond-point avant l'entrée du village.

27

1h

Siroter une liqueur de plantes à Ville-Vieille

Des "Amours" au naturel, des confits de pétales de fleurs, des élixirs floraux pour soigner tous les maux... Attendez l'heure de l'apéro et allez au Plantivore, le bien nommé. Prudence, même les liqueurs sans sucre ni colorant sont à consommer avec modération !

Laissez macérer dans un litre d'alcool de fruits durant un mois et demi environ. Filtrez, sucrez au miel ou au sucre selon votre goût personnel. Bouchez hermétiquement et laissez vieillir 3 ou 4 mois. Voilà, vous venez de concocter vous-même une liqueur de génépi suivant une recette ancestrale et ultra naturelle ! La patience n'est pas votre fort ? Alors pour étancher votre soif de dégustation, faites confiance au Plantivore. Dans le magasin, les liqueurs aux plantes de montagne sont à portée de bouche. Ne résistez surtout pas à l'envie de goûter à ces apéritifs nature. Les plantes sont choisies sur les sites sauvages dans lesquelles elles croissent naturellement, loin de toute présence animale ou humaine. L'équipe du Plantivore part à la cueillette très tôt le matin, afin de ramasser les fleurs avant 9 heures : elles sont cueillies à l'apogée de leur floraison avec une rigueur et une minutie liées au calendrier bio dynamique ! Un "Amour de génépi" descend tout doucement dans votre gosier. Plutôt corsé comme arôme, non ? Au Plantivore, les amours n'ont ni sucre ni colorant. Mais ça ne veut pas dire qu'ils n'ont pas de saveur, loin de là. A la place des vins rouges et blancs que vous utilisez généralement pour faire les vins de liqueur, le Plantivore se sert de raisin. Ces raisins ont longtemps mûri au soleil et sont chargés de sucre naturel. Ils ont un goût très "muscaté" car une fois le pressage fini, la fermentation est arrêtée très tôt, à deux degrés, et stabilisée par de l'alcool de raisin. En plus de posséder mille et une vertus, les liqueurs de vin accompagneront joyeusement votre fin de matinée !

Le génépi à la cueillette périlleuse !

Trois espèces de génépi poussent en quantité restreinte dans les Alpes entre 1 800 et 3 000 mètres d'altitude dans des zones rocheuses d'accès difficile et souvent dangereuses. C'est pourquoi la cueillette du génépi est réglementée et sa culture délicate très préconisée.

Les élixirs aux fleurs de Bach

Du lilas contre le mal de dos jusqu'au pissenlit pour les muscles, le Plantivore concocte également des élixirs floraux qui agissent sur les états d'âme, suivant les préceptes d'un médecin anglais, le docteur Bach, qui a découvert l'influence de certaines fleurs pour gérer les problèmes émotionnels les plus fréquents.

Continuer en beauté

- Montez aux hameaux de Prats-Bas, puis de Prats-Hauts, entourés de mélèzes. Là-haut, vue imprenable sur les demoiselles coiffées ou le sommet Bûcher.
- Cet hiver, appréciez la petite station familiale de Château-Ville-Vieille avec ses deux téléskis au cœur des mélèzes et ses nombreux itinéraires de ski de fond.

Magasin du Plantivore (liqueurs, apéritifs, confitures...) à Ville-Vieille, au rond-point avant d'entrer dans le hameau et au Roux d'Abriès (petites expositions de produits et siège social). Tél/fax 04 92 46 76 54.
Aucun horaire précis... tout est fonction de la cueillette !

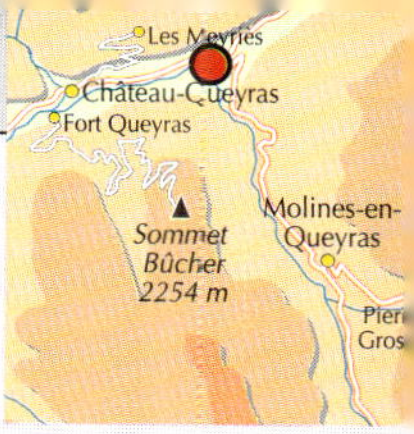

Observer sans ciller la machine à papilloter les bonbons

1h

28

A Ville-Vieille, une machine extraordinaire survit aux révolutions électro-informatiques. Charlie Chaplin ou Léonard de Vinci auraient pu l'inventer. Elle tousse, elle pousse, elle se met en colère. Vous n'avez certainement jamais rien vu de pareil !

Aujourd'hui, comme chaque jour, Bernadette Lambert, la patronne de la Ruche de Maïa, est fidèle au poste. Les bonbons n'attendent pas. *"La recette ? Du sucre, du glucose et du miel ! Lorsque le mélange arrive à maturité, vous basculez la pâte sur la table froide. Elle est ensuite pétrie pour obtenir un gros caramel qui pèse 25 kilos."* Avec ses doigts de fée, et à l'aide des rouleaux et du laminoir, Marie-Ange se charge de donner forme aux bonbons. Pendant ce temps, Bernadette s'est installée devant sa drôle de machine. Là où vous ne voyez qu'un assemblage de mécanismes anarchiques, votre hôte, elle, en comprend le moindre des soubresauts. Elle plonge ses mains dans ses entrailles, fouille, farfouille. Soudain, la machine éructe, et branle de toutes parts. Vous ne vous entendez presque plus parler ! Les bonbons arrivent doucement. Comme pour les saluer, la vieille dame vibre de plus belle. *"La force centrifuge les pousse vers l'extérieur et comme la forme du mécanisme est hélicoïdale, le bonbon monte en colimaçon."* La suite sort tout droit du cerveau d'un savant fou… ou d'un inventeur de génie. Un palpeur repère le bonbon. Une pince le saisit, une autre tire le papier. Un minuscule "ciseau" coupe le papier. Un "doigt" monte alors pour attraper le bonbon par-dessous, tandis qu'un autre descend pour le pincer. Une palette lui applique une partie du papier. Le bonbon monte à nouveau, se frotte de plus belle le long de la palette. *"Et crac ! il est enveloppé"*, conclut Bernadette : *"deux petites pinces le font tourner en bourrique, et le voilà sous papillote."*

Continuer en beauté

• Entrez à La Croquette du Queyras, à côté de la Ruche de Maïa, pour y déguster une spécialité locale à base d'amandes, de miel, de noisettes ou de chocolat fabriquée artisanalement depuis des générations (04 92 46 80 30).
• Marchez jusqu'au village de Meyriès depuis Ville-Vieille, pour le joli panorama sur Ville-Vieille (4 km A/R).

Les origines de la machine

Un ingénieux amateur de sucreries avait imaginé cette machine dans les années 50. Tout aussi passionné par ces vieux mécanismes, son petit-fils a réparé l'engin afin qu'il puisse être remis en service quelque 50 ans plus tard !

Les gourmandises de Maïa

Apicultrice, Bernadette Lambert a créé sa petite entreprise de bonbons et nougats au miel. Tous les jours, à partir de 9h vous pouvez assister à leur fabrication selon un savoir-faire ancestral.

La Ruche de Maïa, Bernadette Lambert, 05350. Château-Ville-Vieille. Tél. 04 92 46 84 04. Ouvert tlj en saison, 9h-19h. Hors saison, contacter la Ruche de Maïa par téléphone.

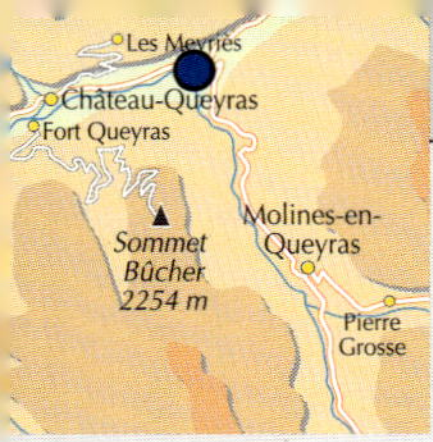

Ville-Vieille se situe sur la D947 à 2,5 km à l'est de Fort-Queyras et 4,5 km à l'ouest d'Aiguilles

29

1h

Admirer la porte de l'Armoire aux Escartons à Ville-Vieille

Le village de Ville-Vieille dispose d'un fabuleux trésor : une armoire. Vous allez dire "quoi de plus banal ?". Mais attendez... Elle possède huit serrures et autant de clefs. Alors approchez-vous sans déranger ce symbole de l'histoire des Escartons du Queyras.

Vous êtes le 19 juin 1349. Le Queyras signe la charte des libertés avec le dauphin Humbert II. L'Escarton du Queyras vient de voir le jour, il est constitué de sept communes : Arvieux, Abriès, Aiguilles, Château-Ville-Vieille, Molines, Ristolas et Saint-Véran. L'Escarton reste sous l'autorité du dauphin mais, moyennant le versement d'une rente annuelle, il s'affranchit des redevances foncières et des impôts, est libre de se réunir quand bon lui semble et prend ses propres décisions. A Ville-Vieille, siège de l'Escarton du Queyras, montez l'escalier qui mène au symbole de cette libre organisation communautaire : la fameuse armoire aux "huit clefs". Au bout du couloir, vous apercevez une pièce peinte en blanc. A l'intérieur, trône une immense table et, contre le mur, un magnifique meuble sculpté en bois doré : l'armoire dite "garde-robe" qui renfermait les archives de la vallée du Queyras. Vous découvrez ses huit serrures, une par communauté plus une huitième destinée au secrétaire général de l'Escarton. Elles se déclinent les unes sous les autres. Appréciez le travail de J. Sibille, ébéniste de Saint-Véran, qui réalisa le meuble en 1773 ! Un écusson de cuivre apposé à chaque serrure mentionne le nom de la commune. A l'intérieur, vous ne voyez plus les registres dans lesquels étaient inscrites les délibérations des consuls. Mais vous sentez vibrer la pièce quand montait l'ambiance des grands rendez-vous. Vous entendez presque les voix des hommes et des femmes assemblés, et puis, soudain, ce grand silence quand, en présence de l'ensemble des huit porteurs de clefs, chaque serrure s'ouvrait à tour de rôle.

L'ordre de préséance

L'ordre de préséance était déterminé par l'importance de la contribution de chaque village aux charges fiscales collectives. Il se retrouve dans l'ordre des serrures de l'armoire : Molines, Arvieux, Château-Ville-Vieille, Abriès, Aiguilles, Saint-Véran, Ristolas, Secrétaire général.

Le rôle des consuls

Ils représentaient chaque commune et leurs rôles étaient multiples : collecte des impôts, vie des soldats, bon déroulement de la vie collective (entretien des chemins, des canaux, coupes de bois...). Cinq Escartons, dont celui du Queyras, formaient le Grand Escarton du Briançonnais.

Continuer en beauté

- Demandez Jeanine ou Chantal, guides de pays, elles vous feront visiter les villages et les hameaux du pays comme personne. Tél. 04 92 46 76 53.
- Entrez dans l'atelier d'art de Michel Huet à Ville-Vieille. Vous déambulez entre cadrans solaires et céramiques décoratives ou utilitaires. Tél. 04 92 46 83 51.

[L'armoire aux Escartons se trouve dans la maison située à gauche du presbytère à Ville-Vieille. Soyez discrets, c'est une maison privée avec plusieurs logements. Poussez la porte d'entrée et montez l'escalier. L'armoire est visible au bout à gauche, derrière une porte à barreaux bien fermée. Avant d'y aller, rendez-vous au bureau du tourisme de Château-Ville-Vieille, tél. 04 92 46 86 89.

.e départ du sentier pour rejoindre la "Demoiselle Coiffée" se trouve sur la D5, à environ 3 km le Ville-Vieille en direction de Molines.

Ville-Vieille, Molines

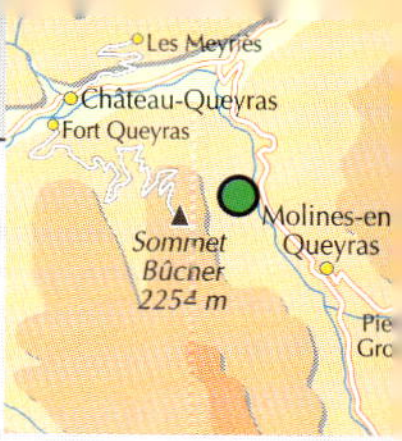

Rejoindre à pied la "Demoiselle Coiffée"

2h

30

Vous la voyez depuis la route qui mène de Ville-Vieille à Molines. Sa tête surgit littéralement de la forêt, sur l'autre versant du torrent de l'Aigue-Agnelle. Pour rejoindre cette demoiselle très chic à la posture singulière, et pour connaître son histoire, suivez la pancarte...

Une colonne de sable et de graviers transportée par un glacier, modelée par les siècles, chapeautée telle une vieille Anglaise distinguée, voici celle que l'on surnomme la "Demoiselle Coiffée", ou "Cheminée des Fées". Un bloc erratique d'une dizaine de mètres perché sur la moraine glaciaire. Son maître-sculpteur ? La pluie et les eaux de fonte, qui ont façonné sa silhouette par la double action du ruissellement et de l'érosion. Mais contrairement aux cinq autres colonnes qui l'entouraient et qui ont disparu voici un siècle, la demoiselle porte une coiffe. Ce chapeau de pierre, assez large et suffisamment coriace, reste insensible à la déferlante des eaux au fil du temps, sauvant du même coup, le corps de la belle d'un inexorable effondrement. Certes il suffit de passer en voiture pour l'observer de loin mais c'est à pied que vous allez vous immiscer progressivement et prudemment dans le site. Au début de la marche, tout va bien. Vous suivez le chemin indiqué docilement. Mais passé le pont sur le torrent de l'Aigue-Blanche quand vous entamez la remontée sur le versant opposé, sous le couvert de la forêt, soyez prudent et concentré. Le spectacle est magnifique. Vous passez au-dessus d'une gorge impressionnante et c'est là que votre chemin joue les excentriques. Concentrez-vous, il y a quelques passages délicats, et quelques signes d'effondrement de terrain. Au pied de la demoiselle, vous faites dans l'infiniment modeste. Ce que vous observez n'est pas qu'un vulgaire caillou découpé, aux formes singulières. C'est l'œuvre du temps, de l'eau, de la nature dans toute sa démesure. Alors respect !

Continuer en beauté

- Rejoignez Ville-Vieille à pied depuis la "Demoiselle Coiffée" et continuez tout droit la descente sous le couvert végétal. (1,5 km).
- Cet hiver, installez-vous à Molines dans la Maison de Gaudissard, un gîte d'étape à l'ambiance sportive et conviviale, l'un des premiers centres de ski de fond installé dans le Queyras. Tél. 04 92 45 83 29.

D'autres blocs arrondis

On peut apercevoir d'autres cailloux de toutes dimensions à proximité de la "Demoiselle Coiffée", mais aussi sur l'autre versant – côté route départementale – et même dans d'autres vallées, comme celle du Cristillan. Ils prouvent la taille gigantesque du glacier de l'Aigue-Blanche il y a 15 000 ans.

La tête coupée ?

Rien n'est éternel, même les demoiselles. Comme d'autres colonnes avant elle, dans quelques années la "Demoiselle Coiffée", autrefois surnommée Baromé "l'homme puissant", perdra sous l'action de l'eau son chapeau de roche verte et finira par se déliter.

Comptez une heure aller-retour pour cette balade. Garez votre voiture sur le petit parking le long de la D5. Départ du sentier à la pancarte, il suffit de suivre le chemin jusqu'à la colonne puis de revenir sur ses pas.

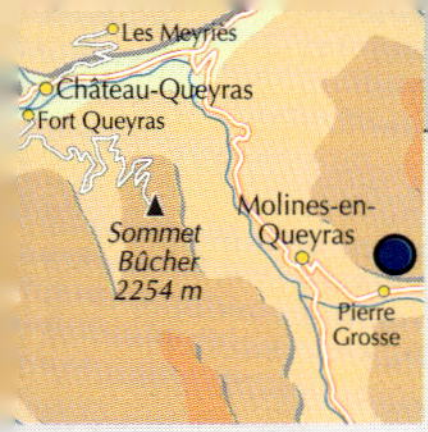

Le hameau de Pierre-Grosse se situe à environ 1,5 km de Molines-en-Queyras sur la D205.

31

1h30

Détailler les fustes de Pierre-Grosse

Construites en fûts de mélèze, bardées de planches, couvertes de bardeaux, jalonnées de galerie de circulation... les maisons de bois du Queyras étonnent plus d'un curieux. Venez les découvrir à Pierre-Grosse, un village qui a su conserver la mémoire du passé.

L'originalité des *fustes* de Pierre-Grosse ?

Vous rencontrez dans le village de Pierre-Grosse des particularités que l'on ne retrouve pas à Saint-Véran, pourtant tout proche. Vous y verrez, entre autres, des passages couverts qui filent d'une maison à l'autre et des stocks de bois et de fourrage empilés sur le versant nord des édifices.

Elles font la fierté et l'orgueil des Queyrassins. Il faut dire qu'elles en imposent, leurs *fustes*. Surtout à Pierre-Grosse, un village qui a conservé presque intact son aspect rural. Votre voyage au royaume des maisons de bois débute à 1 926 mètres d'altitude au milieu des champs, des cultures et des blocs erratiques du quaternaire. Une particularité qui a donné son nom au village. Comment vivait-on autrefois, à ces altitudes exceptionnelles, dans ces vallées reculées ? Les montagnards queyrassins ont, depuis des temps immémoriaux, utilisé le bois pour construire leurs maisons. Le choix des volumes, de la densité du bois, du revêtement de la façade, varie d'une vallée à l'autre. Il est bien moins lié à la typographie des lieux qu'à l'histoire même des villages. Vous ne savez que dire en observant de près votre première façade ! Un empilage de madriers de mélèze, une succession de balcons coiffés de bardeaux. Ni tout à fait chalet, ni tout à fait cabane, c'est à la fois charmant et austère. Vous sentez comme l'ensemble respire la tradition mais, à vrai dire, la fonction de chacun des volumes vous échappe. Et qu'en est-il de cette fragilité qui se dégage de la construction ! Au premier abord, vous éprouvez la désagréable sensation qu'elle pourrait vous tomber tout de go sur la tête. Mais rassurez-vous, tout fut orchestré avec brio, par des paysans de montagne qui surent troquer leurs casquettes de cultivateurs ou d'éleveurs pour celles d'architectes de génie. Car si hommes et animaux cohabitaient sous le même toit et, jusque dans les années 50, parfois dans la même pièce, toutes les maisons queyrassines se composent de trois espaces bien déterminés : la grange, le logis, l'étable. L'étable-logis occupe le rez-de-chaussée. Construite en maçonnerie, cette pièce principale a pour plafond des planches sur poutres.

La fuste ? Un empilage de madriers de mélèzes parfaitement étudié.

En haut de la fuste, la grange nourrit son monde.

Au-dessus, la grange nourrit généreusement son monde. Plus ou moins volumineuse suivant les maisons, elle est constituée d'un empilage de madriers de mélèze, et se nomme *fuste*. Au premier niveau de la grange, ou *méane*, les paysans entreposent les foins. Au deuxième, le solide plancher, l'*outagno*, sert d'aire à battre et de grenier. Levez les yeux, plus haut encore : c'est volontairement que tous ces planchers (les *plancs*) superposés, ceux-là même que vous trouviez un peu branlants, ont été construits à claire-voie. Ils servent à sécher les gerbes de céréales et à stocker la paille. Alors, vous voilà rassuré ? Quant aux nombreux balcons de bois courant dans les étages, ils servent aussi au séchage. Seul la *lobio*, ou balcon inférieur, a été conçu pour le passage des hommes. Des hommes, des braves, qui n'ont pas hésité à reconstruire encore et encore des villages entiers, détruits par les avalanches, les crues ou les incendies.

Continuer en beauté

• Retrouvez l'observatoire astronomique de Châteaurenard, près du pic de Châteaurenard (2 989 m) sur les pentes des pistes de ski. Des stages y sont organisés. Renseignements à l'office de tourisme de Saint-Véran.

• Poussez jusqu'au village de Fontgillarde, dernier hameau avant le col Agnel, 2 km après Pierre-Grosse, sur la même route. Il est précédé des cimetières, catholique et protestant. Faites un tour du côté du temple orné d'un cadran solaire en retrait de la route. A côté, une stèle rappelle la destruction du temple en 1664.

Un emplacement privilégié

Regroupées, les maisons s'accrochent à une pente ensoleillée que suivent leurs faîtages.
Le village a gardé quelques bâtiments flanqués de pierres gravées du XVIIIe siècle.

Bureau du tourisme de Saint-Véran, 05350 Saint-Véran. Tél. 04 92 45 82 21. Ouvert juil-août tous les jours 9h-12h et 14h-18h, le reste du temps tous les jours sauf les samedi inter-saison 9h-12h et 13h30-17h30.

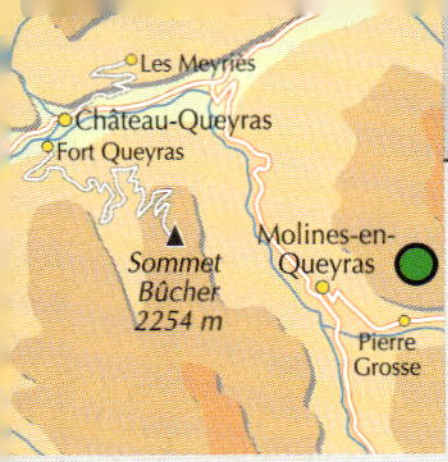

Molines-en-Queyras se situe à 5 km de Ville-Vieille sur la D5, en direction de Saint-Véran. Le parc acrobatique se trouve au sommet du Bois des amoureux.

32 — 3h

Sauter d'arbre en arbre comme un acrobate

Pour sauter d'arbre en arbre, de branche en branche, se faufiler dans des tonneaux suspendus au-dessus du vide, allez donc faire un tour au Parc Acrobatique. Il est dispersé un peu partout dans le Bois des amoureux. Tout un programme !

Non, vous n'êtes pas en pleine forêt amazonienne ! Quoique ? Le Parc Aventure de Molines qui déroule ses différents parcours acrobatiques à travers la forêt d'épicéas en a bien la saveur. En tendant l'oreille, vous pourriez presque entendre se gausser les singes dans les grands arbres. Pour l'heure, vous vous sentez perdu, et vous vous tenez au bord du vide. Vous ne savez toujours pas pourquoi vous êtes grimpé si haut dans cet arbre. Sans doute pour tester vos qualités d'agilité ou votre audace. A moins que ce ne soit pour ne pas décevoir vos enfants, pris d'une crise de fous rires en contrebas. C'est étrange, mais vous tremblez, là. Devant vous s'allonge une rangée de cordes tendues. Sous lesquelles pendouillent, dans l'abîme ! d'autres cordes au bout desquelles vos pieds hésitants trouvent des étriers, comme sur un cheval. Le but : d'étrier en étrier rejoindre un autre arbre, pardi ! Et avec le sourire encore ! Un guide du Parc Aventure vous encourage. Il vous explique l'art et la manière d'y aller. L'entente est parfaite entre vous. Ouf ! Vous voilà de l'autre côté. Mais vous décidez de ne pas vous attarder là, et jetez votre dévolu sur… le pont de singes. Pendant ce temps, vos enfants, encadrés par les moniteurs, vivent en parallèle une aventure à leur échelle et à leur rythme. Le pont franchi comme dans un rêve, vous filez direct à la tyrolienne. Cette simple corde de 80 mètres, magnifiquement jetée entre deux arbres, vous promet de sacrées sensations. Au début, vous fermez les yeux. Une fois lancé, alors que vos pieds ne touchent plus terre, c'est votre tête qui s'envole !

L'aventure en pleine nature

Les 70 ateliers que propose le Parc Aventure, du plus difficile au plus aventureux, ont été réalisés avec des matériaux comme le bois ou la corde et s'intègrent parfaitement à l'environnement du mélézin du Bois des amoureux.

Encadrement assuré

Certains ateliers exigent du matériel (mousquetons, cordes…), alors ne vous aventurez pas seul dans le Parc. Les guides de Queyr'aventure sont à votre disposition pour vous diriger en fonction de votre niveau ou de vos envies et pour vous encadrer.

Continuer en beauté

- Prévoyez une halte à La Lobio, un hôtel-restaurant aménagé dans une vieille ferme queyrassine remontant à 1699. Superbe vue sur les vallées de Molines et du col Agnel. Tél. 04 92 45 82 06.
- En logeant à l'hôtel Le Cognarel à Molines, vous pourrez acheter vos forfaits de ski. L'hôtel propose également randonnées pédestres ou en raquettes, et école de montagne. Tél. 04 92 45 81 03.

Queyr'aventure (Molines, Saint-Véran), tél. 06 17 72 70 30. Ouvert juil-août 9h30-16h.

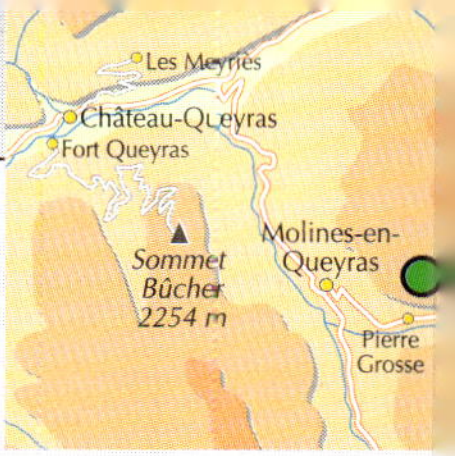

Devenir sentimental en traversant le Bois des amoureux

2h30

33

Atmosphère, atmosphère… Le Bois des amoureux, entre Pierre-Grosse et Saint-Véran, est un bonheur pour les flâneurs ! L'endroit baigne dans une absolue quiétude. Vous y marchez à deux. Toujours. Et tout au bout du grand bois, vous atteignez les songes !

Vous avez choisi votre soupirant/e ? Alors, que commence votre romance à l'ombre des mélèzes. Après le pont des moulins qui enjambe le torrent de l'Aigue-Agnelle, le chemin épouse un instant la route pour mieux s'en éloigner. Vous avancez à ciel ouvert le temps de vous mettre en jambes. Vous vous sentez léger, enjoué, enivré par l'odeur des pins. 1 940 mètres d'altitude, vous suivez le chemin qui s'enfonce tout droit dans une végétation plus fournie. Vous tombez sous le charme du seigneur des lieux, le mélèze, un vrai dur qui résiste au temps. Il vous offre son bois durable et vous accompagne toujours plus haut. Vous voilà conquis. Le mélèze n'est-il pas finalement le meilleur des partis ? Il supporte l'air sec, ne cherche que la lumière et le sol humide et peut vivre jusqu'à 700 ans ! Au fil de la marche, vous vous laissez étourdir par l'ambiance romantique de cette forêt de montagne. Avec la caresse des fougères, le reflet du soleil, vous effleurez les fleurs des sous-bois, flattez l'écorce d'un arbre. Puis, vous parvenez à l'orée du Bois des amoureux. Votre cœur palpite après l'effort. Mine de rien, vous tutoyez presque les 2 000 mètres. Vous apercevez alors l'accueillante terrasse du chalet également dit "des amoureux". Vous reviennent en tête les vers d'Aragon, que vous lancez en l'air à qui voudra bien entendre :

"Je suis à tout jamais ta scène et ton théâtre.
Où le rideau d'aimer s'envole n'importe où.
L'étoile neige en moi
son éternel mois d'août.
Rien n'a calmé ce cœur
en te voyant de battre.
Il me fait mal à force et
rien ne m'est si doux."

Continuer en beauté

• Asseyez-vous sur la terrasse du Chalet des amoureux pour vous offrir un petit réconfort après l'effort.
• Poussez votre balade à pied jusqu'à Saint-Véran (2 km) et offrez-vous une superbe promenade vers le plus haut village d'Europe.

La vigueur du mélèze

Depuis des temps immémoriaux, son bois, résistant à la pourriture, est très prisé pour faire les tuiles dont on recouvre les chalets. Son épaisse écorce le protège et attire plusieurs espèces de lichens. Certains forment de minuscules buissons dont se régalent les chamois durant l'hiver.

Les nids de fourmis

Durant votre promenade à travers le Bois des amoureux, vous croiserez des pupitres d'interprétation sur les mélèzes et les fourmis. Résistez à l'envie d'éventrer d'un coup de pied les tumulus de branches et de brindilles, ce serait détruire inutilement un nid de fourmis des bois.

Le Bois des amoureux est en accès libre. Le chemin monte progressivement jusqu'au chalet du même nom. Vous pouvez le suivre à pied, ou traverser le bois en voiture en suivant la route en direction de Saint-Véran.

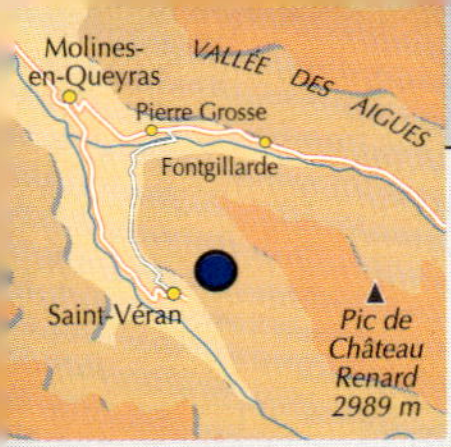

Saint-Véran se trouve sur la D5, à 11 km de Ville-Vieille. L'atelier des Marrou se trouve à l'ent du village dans le quartier des Forannes.

34 1h30

Sculpter le bois avec Christine et Yves Marrou

Ils portent au bout de leurs doigts l'âme du Queyras. Ses traditions, son histoire, ses symboles. En toute humilité, les Marrou se considèrent comme des artisans enracinés dans une culture montagnarde. Vous, vous voyez des artistes, accomplis et généreux.

Rodin disait *"Un art qui a de la vie ne reproduit pas le passé ; il le continue"*. Christine Marrou suit le motif de la rosace avec sa gouge. Elle enfonce son ciseau dans le pin cembro avec autant de force que de délicatesse. Christine et Yves Marrou sont sculpteurs sur bois. Ils décorent le mobilier et les objets domestiques comme autrefois faisaient les Queyrassins durant les longues saisons d'hiver, tandis que la neige bloquait toute activité extérieure. Vous observez le travail méticuleux, la concentration et la dextérité avec laquelle cette jeune femme répète des gestes ancestraux. Car les Marrou reproduisent fidèlement des motifs d'autrefois, en relief. Cela s'appelle le style Renaissance, lequel s'oppose au style gothique le plus souvent composé de figures géométriques en creux. Les meubles sculptés s'ancrent profondément dans la tradition du Queyras. Christine délaisse son ouvrage et se dirige vers une armoire dont elle a reproduit une rosace, la fameuse rosace du Queyras en réseau circulaire, issue probablement de ce culte antique du soleil, très répandu à travers les Alpes. Elle se tourne ensuite vers un coffre portant une autre rosace, à dix rais celle-là. Les coffres occupent une place privilégiée dans l'art du bois sculpté. La jeune femme vous explique qu'à partir d'un motif de base, l'artisan est libre de toutes les combinaisons : la rouelle droite à rayon droit, la feuille en frise ou en zigzag, la torsade dite "anneau de mariage". Chez les Marrou, chaque meuble vendu emporte avec lui un peu de l'âme du pays.

Les motifs

Les figures sculptées sur les meubles et objets du Queyras ont des significations diverses. La lentille, la rosace, la feuille ou le soleil font référence à la nature ; la rouelle, au monde matériel ; et les anneaux de mariage, au monde social.

Le style Queyras

Armoires, coffres, lits clos, boîtes de toutes sortes... mais aussi matériel agricole comme le *couyer* (étui en bois porté à la ceinture dans lequel on range la pierre à aiguiser les faux) témoignent de ce style "Queyras", à la facture parfois sommaire, en bois de mélèze ou plus souvent en pin cembro, venant des forêts de la région.

Continuer en beauté

- Participez à une visite guidée du village de Saint-Véran. Tous les mardis à 14h, RV devant la boulangerie, renseignements à l'office de tourisme de Saint-Véran.
- Visitez l'Ecurie, une boutique présentant l'artisanat local et des produits du terroir. Dans le quartier du Châtelet.

Christine et Yves Marrou, Les Fontettes, 05350 Saint-Véran. Tél. 04 92 45 86 45.
Trois autres sculpteurs sur bois exercent leur art à Saint-Véran, et seront ravis de vous accueillir : Jean-Sébastien Brunet (tél. 04 92 45 82 40), Pierre Brunet (tél. 04 92 45 82 68) et Claudine Jouve (tél. 04 92 45 82 14).

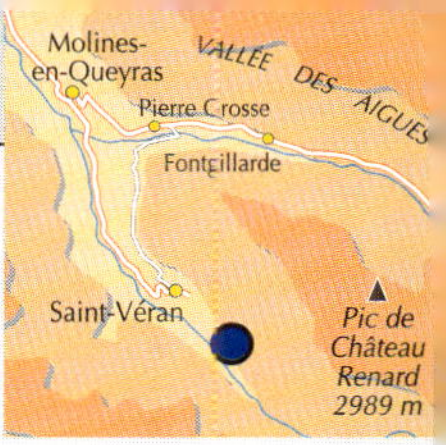

Revivre l'épopée de la mine à Saint-Véran

2h

35

Dans la haute vallée de l'Aigue-Blanche, le gisement de cuivre de Saint-Véran n'attire plus aujourd'hui que les touristes. C'est un site exceptionnel, à l'histoire exemplaire ! L'histoire des mineurs de Saint-Véran, des héros au grand cœur dont vous allez suivre l'épopée.

La mine de cuivre de Saint-Véran se trouve à cinq kilomètres du village, au milieu d'alpages à 2 500 m d'altitude, sur le chemin qui mène à la chapelle de Clausis. Il fallait aux hommes une heure de marche pour la rejoindre. A l'époque, ils extrayaient le cuivre en grattant le sol comme des bêtes, là où le filon affleure la montagne. Depuis dix ans, des campagnes de fouilles archéologiques font émerger progressivement ce patrimoine exceptionnel. Il s'agit d'une des plus anciennes mines de cuivre connues en France. Elle date du début de l'âge des métaux. Vous commencez votre visite par l'exposition qui se tient dans la rue principale de Saint-Véran, au four du quartier des Forannes. Vous entrez. Deux wagonnets servent de décor et donnent l'ambiance. Dans cette toute petite pièce, les murs racontent une belle histoire… mais vous en sortez presque frustré. Il vous en faut plus. Pourquoi ne pas emboîter le pas des mineurs, ces fameux “diables verts” ? Sur le chemin de la vallée de l'Aigue-Blanche, vous êtes tout excité. Bientôt, vous allez découvrir les vestiges de surface de la mine de cuivre de Saint-Véran : la laverie, l'atelier de flottaison, les wagonnets, des moteurs, des broyeurs… Dans le sous-sol, encore interdit à toute visite, d'autres trésors sommeillent : toute la chaîne opératoire, de l'extraction par tranchée jusqu'au traitement du minerai. Outils de pierre et d'os, torches et planchers de bois, tuyères, vases en céramique, autant de trouvailles attestant des différentes périodes d'exploitation.

Continuer en beauté

- Visitez l'atelier d'herborisation et de dentelle de la Fontaine des Forannes, chez Dominique Breton. Pour jeter un coup d'œil ou faire un stage, tél. 04 92 45 81 56.
- Ne manquez pas de boire un verre au restaurant rustique La Marmotte, pour sa terrasse (vue exceptionnelle) et sa décoration originale. Dans la rue principale de Saint-Véran. Cherchez, vous allez forcément tomber dessus !

Albert, le découvreur

La redécouverte du gisement de cuivre de Saint-Véran peut être attribuée à Albert, garde-mine nommé par l'administration pour la région de Briançon lors d'une mission de prospection en 1842. Sans soulever l'enthousiasme, sa trouvaille encourage quelques habitants motivés à entreprendre des travaux…

Un travail harassant

… La richesse du gisement est reconnue. Et, au fil des années, les techniques s'améliorent. En 1913, 200 kilos sont traités chaque jour mais il faut descendre le produit mis en sacs à dos d'homme puis à dos d'âne jusqu'à Saint-Véran avant de l'acheminer en charrette jusqu'à Guillestre !

L'exposition sur l'ancienne mine de cuivre a lieu au four du quartier des Forannes. Visite libre et gratuite.
Pour rejoindre à pied le site de la mine de cuivre : au carrefour du quartier du Villard, prendre la route de la chapelle de Clausis (à pied ou navette payante). Après 5 km, vous trouvez les vestiges de l'exploitation de la mine.
Attention: il n'existe pas de visite organisée du four et de la mine.

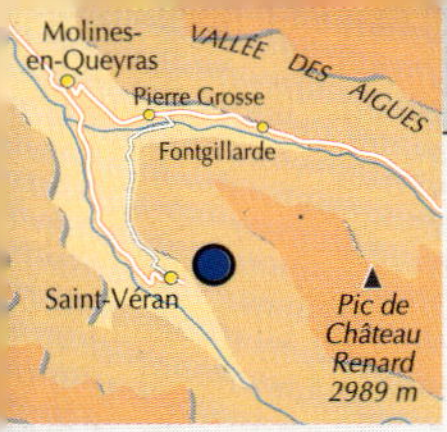

Saint-Véran se trouve sur la D5, à 11 km au sud-est de Ville-Vieille. Le musée du Soum est situ
dans le quartier dit des Forannes, à l'extrémité nord du village.

36

1h30

Pénétrer dans le musée du Soum à Saint-Véran

Entrez, c'est ouvert ! La plus vieille maison du plus haut village d'Europe a été transformée en écomusée. A l'intérieur, le temps s'est arrêté en 1641. Pièces communes, chambres, cuisine, atelier... rien ne manque. Revivez la vie quotidienne des Queyrassins. Tout est authentique.

Les anciens se souviennent du rez-de-chaussée sombre, quand les bêtes vivaient à la maison, quand le lit des hommes et l'étable de la vache étaient si proches qu'ils pouvaient se toucher, quand les récoltes mûrissaient au soleil d'automne à l'étage sur les balcons en troncs de mélèze. Mais vous ? Vous n'avez pas vécu ces années-là. En effet, et comme le disait le philosophe et écrivain Michel Serres, *"plus personne ne vit comme cela. Plus personne ne vivra comme cela. Et pourtant quelques années auparavant, tout le monde vivait comme cela"*. Alors, le Parc a eu la bonne idée de conserver cette vie-là dans un musée, pour transmettre à tous l'histoire et la mémoire de Saint-Véran. Sur la table massive de la pièce à vivre, *lou charreste* ou coupe-pain est fin prêt à la tâche. A côté, vous apercevez un pot à découper la viande, taillé dans une souche de mélèze. La pièce est basse, mal éclairée. Derrière la table à manger, vous trouvez un lit clos permettant de se protéger du froid. Généralement, les lits étaient surélevés et parfois, dessous, on abritait quelques moutons ! Touchant presque le lit, se succèdent les crèches : à chèvres, à veaux, à mulets et à vaches ! A l'époque, les bêtes sont les meilleures sources de chaleur que l'homme puisse utiliser, aussi la cohabitation coule de source. Toujours question de chaleur, les veillées se déroulent alternativement chez les uns et les autres, afin de partager et d' économiser le bois. Grâce aux habitants de Saint-Véran qui se sont pleinement mobilisés, le musée dispose d'objets usuels très anciens. Accroché devant la crèche à veau, l'*estrape* attire votre attention. Le paysan se servait de ce panier en cordage de paille pour descendre le foin de la grange à l'écurie et soigner les bêtes. Vous passez dans la cuisine, ou *fougagno*, où se trouvent les réserves de nourriture et les saloirs à

Au deuxième étage

Sur les balcons, les habitants entreposaient jusqu'à maturité complète les récoltes pas encore mûres à la fin de l'été. Le deuxième étage était également pourvu d'un *caset*, ou grenier de rangement. Dans le grenier à foin, on remarque que le plancher est bien mieux ajusté qu'ailleurs : c'est là que les hommes battaient le grain.

Les vieux queyrassins se souviennent encore des repas pris en compagnie du bétail.

viande. Vos premiers pas à l'étage vous mènent à la resserre à pain. Un lieu sacré, de la plus haute importance, car les miches doivent durer tout l'hiver. Vous faites ensuite un petit tour dans une première chambre à coucher, assez vaste, avec des placards et des coffres sculptés dans lesquels sont rangés le linge et les vêtements. De l'autre côté du palier, vous découvrez une seconde chambre à coucher, plus petite. Une véritable surprise que cette pièce surnommée "chambre Napoléon", entièrement boisée et dont le lit, semi ouvert, est décoré d'images d'Epinal. Enfin, vous ne trouverez pas de cabinet de toilette car les bains n'étaient donnés que sur prescription médicale, et jamais plus d'une fois par mois ! Comme l'explique Céleste Fournier dans son livre *Queyras d'hier et d'aujourd'hui* : "*Evidemment, aucune maison ne possédait le moindre cabinet de toilette*", que personne, mis à part "*quelques excentriques*" venant de la ville, ne jugeait indispensable et même nécessaire. Dans le meilleur monde, on conseillait de prendre un bain "*si le médecin l'ordonne mais toujours avec précaution et jamais plus d'un par mois !*".

Continuer en beauté

- Faites le tour des sculpteurs sur bois, ils ont chacun leur originalité. Suivez les enseignes ! J.-S Brunet, la Fontaine du Cembro (04 92 45 82 40), Valérie et Pierre Brunet, le Chalet de la sculpture (04 92 45 82 68), Christine et Yves Marrou (voir p. 68).
- Rejoignez à pied la chapelle Saint-Simon (2 196 m) depuis la Chalp de Saint-Véran (1 768 m). 2h30 de montée assez raide. Un superbe itinéraire, très varié avec lac, prairie, forêt de mélèzes...

Pourquoi le "Soum"

En patois, *Soum* signifie extrémité. C'est grâce à sa situation excentrée que la plus ancienne maison de Saint-Véran a survécu aux incendies qui ont ravagé la région au fil des siècles. Son architecture est typique de Saint-Véran, encastrée dans la terre côté nord, et façade principale orientée vers le sud.

Musée Le Soum, quartier des Forannes, 05350 Saint-Véran. Tél. 04 92 45 86 42. Ouvert l'été tlj 10h-13h et 14h-18h30.
Le reste de l'année 14h-18h, fermé le lu. Visite guidée sur réservation le matin.
Entrée : 3,80 €, groupes 3,20 €, jeunes de 13 à 16 ans 2,50 €, enfants de 6 à 12 ans 1,80 €.

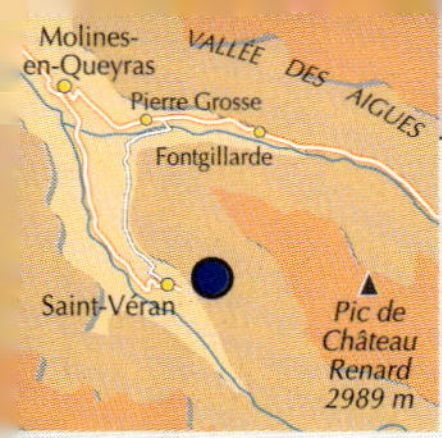

Saint-Véran se trouve sur la D5 à 11 km de Ville-Vieille.

37

2h

Déambulez dans la rue principale de Saint-Véran

Sculpteurs sur bois, fontaines, cadrans solaires, musées, maisons traditionnelles... Avez-vous jamais fait du lèche-vitrines à 2 050 m d'altitude ? Montez donc à Saint-Véran, plus haute commune d'Europe et classée parmi les plus beaux villages de France.

Pas de doute, vous êtes bien à Saint-Véran, la plus haute montagne où l'on mange du pain, le pays où les coqs picorent les étoiles ! Vos premiers pas y sont placés sous le signe de l'air, très vif, et d'un cortège de visiteurs, en effervescence. Dès votre entrée dans la rue principale du village, par la partie est, les Forannes, vous retrouvez le visage paisible des traditionnelles maisons de bois. C'est fou ce qu'une rue peut concentrer comme traces du patrimoine ! Pour le visiteur de passage, Saint-Véran reste un formidable lieu de découverte. C'est un village qui ne cache rien, et dont l'architecture puise aux sources de l'histoire du Queyras. Vous passez devant un étal de cartes postales. A côté, se dressent les bâtons de marche. C'est ici, à Saint-Véran que fut inventé le bâton fourché, qu'on appelle aussi la verge ou baguette de Jacob, dont quelques-uns se servaient autrefois pour trouver trésors, fontaines et minéraux. Echoppes de sculpteurs sur bois, musée du Soum, four banal abritant un petit musée de la mine… n'hésitez pas à découvrir tous ces endroits qui font l'univers de Saint-Véran. Vous montez la côte des Forannes. La fontaine du Châtelet vous rappelle que chaque quartier de Saint-Véran dispose d'une fontaine en bois. La plupart ont été érigées en 1980 dans le style de celles d'antan, à deux bacs. Jadis, les femmes y puisaient l'eau nécessaire aux tâches journalières, aujourd'hui les visiteurs s'y rafraîchissent. Rien n'a vraiment changé ici. Ou si peu. Et ce ne sont pas les lions du porche de l'église qui vous contrediront.

Un village en mutation

Saint-Véran compte aujourd'hui 270 habitants permanents. En hiver, cette station de ski familiale peut accueillir environ 1 800 personnes. Sans renoncer à son identité, le village a su s'adapter à la modernité. La tradition se maintient à travers l'architecture des maisons et l'artisanat du bois, plus que jamais vivant.

Un village, des quartiers...

Saint-Véran compte 5 quartiers : les Forannes, le Châtelet, la Ville, Pierre-Belle et le Villard. Chaque quartier est séparé des autres par des espaces inconstructibles. Ce sont les anciens qui, pour limiter les dégâts en cas d'incendie, avaient choisi de diviser ainsi leur village.

Continuer en beauté

- Allez voir les Croix de la Passion. Vous en trouvez une face à l'église. Au nombre de six, elles furent érigées par les habitants du village en souvenir du passage des missionnaires.
- Offrez-vous des vacances de ski dans les nombreux logements en bois traditionnels, grand confort, du plus haut village d'Europe.

On visite Saint-Véran à pied en laissant sa voiture à l'un des parkings aménagés, en bas ou en haut du village, tout dépend du sens de votre visite.

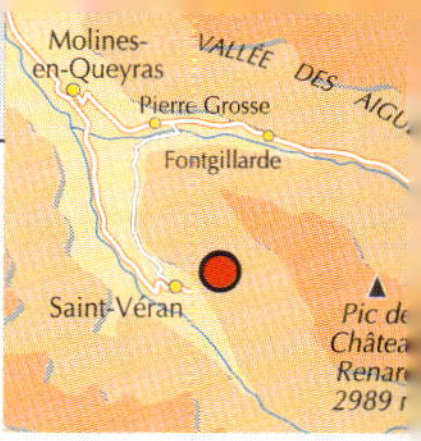

Forger son couteau avec le plus haut coutelier d'Europe

1h

38

Le village de Saint-Véran possède un artisan d'une espèce en voie de disparition, qu'il abrite jalousement dans un petit atelier. Découvrez le plus haut coutelier forgeron d'Europe : il sait forger comme autrefois le "haut-alpin", le couteau des Alpes vraies !

Vous découvrez l'enseigne, puis l'atelier. Vous distinguez nettement un bruit de ponceuse. Vous poussez la porte. Vous êtes accueilli par un nuage de poussière. Au fond, dans la pénombre, vous l'apercevez. Il soulève ses grosses lunettes, vous tend la main et vous lui emboîtez le pas. Un coutelier forgeron ? Vous l'aviez imaginé comme la mémoire du village, le genre d'un âge certain, robuste, convivial, qui se révèle intarissable sur l'histoire du hameau. Et vous êtes face à un jeune homme concentré, passionné, diplômé de l'école d'armurerie de Liège, qui est revenu au pays pour vivre de son artisanat et faire vivre ce dernier. Il fabrique entièrement à la main, de façon artisanale, le haut-alpin, un couteau pliant de pays. Une lame en acier inoxydable, en acier carbone brut, ou brunie ou noircie ou polie… Un manche en mélèze… Chacun de ses couteaux est une création unique ! Vous commandez, Sylvain dispose. Un couteau mesure 200 millimètres et chaque étape de sa fabrication est à elle seule, un savoir-faire. Le secret de sa beauté ? Le coup de main. Une patience infinie. Sylvain s'empare d'un manche de couteau, ses doigts en caressent le bois. L'instrument est chargé de symboles : le bois du pays, le plus vieil outil du montagnard, l'union du beau et de l'utile… *"La lame est le cœur du couteau, et le traitement thermique son esprit"* confie-t-il. Chaque couteau nécessite une cinquantaine d'opérations différentes, dont au moins quinze rien que pour la seule lame. Vous êtes conquis, votre couteau est beau, pratique, solide. Et il a une âme.

Continuer en beauté

• Rendez-vous au Chant de l'Alpe (quartier des Forannes), un gîte qui offre une belle vue sur la montagne, au départ d'un téléski inondé de soleil. Tél. 04 92 45 86 59.

• Promenez-vous à pied l'été, et en raquettes l'hiver, sur l'ancien chemin muletier, de l'oratoire de la Sainte-Vierge à la Chalp. (1 km A/R)

Les étapes de la fabrication

Fabriquer un couteau met en jeu une cinquantaine de savoir-faire ! Traçage puis découpage du profil sur une lame, traitement thermique de la lame avec plusieurs temps de chauffe à 830°c puis 300°C, trempage pour la durcir, réchauffage pour l'assouplir...

L'utilisation de la forge

Sylvain Brunet utilise une forge à gaz. Avec un marteau à "ferrer les lapins", il forge et soude des barres d'acier jusqu'à obtenir la forme souhaitée de la lame. Cette technique de forge remonte à 4 500 ans avant J.-C.

Sylvain Brunet, Pierre-Belle, 05350 Saint-Véran. Tél. 04 92 45 88 31. E-mail : sylvain.brunet10@wanadoo.fr.
Toute réalisation sur demande, restauration d'armes.

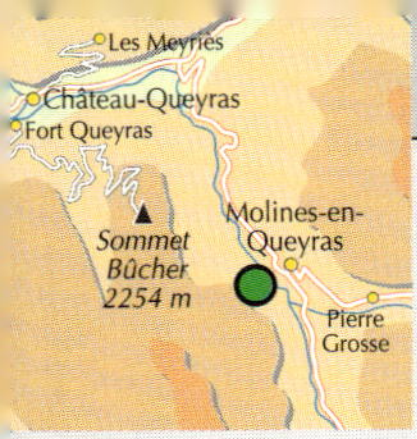

Molines-en-Queyras se situe à 5 km de Ville-Vieille sur la D5, en direction de Saint-Véran. La piste de luge d'été se trouve au niveau de la station de ski de Molines à deux pas de l'office de tourisme

39 — 3h

Vivre une descente infernale en luge à Molines-en-Queyras

Dans la vallée de l'Aigue-Blanche, au pied de la station de ski de Molines, à 1 760 m d'altitude, la piste de luge d'été en fait voir de toutes les couleurs aux visiteurs ! Attachez vos ceintures, c'est parti pour la séquence émotion !

L'effervescence règne au pied du télésiège de la Burge à Molines. Une bonne quinzaine de lugeurs piaffent d'impatience en attendant de monter à bord. Vous ne valez pas mieux. A votre tour de sauter sur le siège dans un élan fougueux, et non sans avoir pris soin de caler vos enfants hilares bien au fond. Soudain, vous voilà propulsé dans les airs. Après cinq minutes en lévitation au-dessus du bois de Chettetive, vous tombez dans les bras d'un gentil animateur-moniteur-livreur de luge d'été. Las ! vous voilà bon pour quelques recommandations d'usage : *"Une distance minimale de dix mètres entre les luges doit être respectée et il est interdit de mettre les mains sur la piste."* Suivies par une initiation éclair : *"les deux mains doivent être placées en permanence sur le levier de conduite. Faites asseoir les enfants devant, les mains posées en haut du levier. Attention aux distances de freinage…"*. Ces conseils sont indispensables car la luge d'été est une véritable activité sportive. Heureusement, grâce aux freins, chacun peut choisir sa vitesse de croisière. La descente est longue de 640 mètres. Les kamikazes mettront une minute, les moins hardis jusqu'à six minutes. Votre luge noire, reluisante, montée sur roulettes et patins, entame sa glissade. Votre voie est toute tracée : une gouttière en fer, pareille à une piste de bobsleigh, qui tourne dans la pente. Virage après virage, vous vous jouez de la vitesse, vous apprivoisez l'engin et vos yeux pleurent de trop de fous rires. Montre en main, vous avez mis 4 minutes. Pas mal pour un débutant !

Respectez le règlement

Le conducteur utilise la luge à ses risques et périls. Il doit respecter scrupuleusement la signalisation. Enfin, l'utilisation d'une luge est interdite aux personnes en état d'ébriété. A bon entendeur…

La piste l'hiver

En hiver, la piste de luge d'été est recouverte d'un grand manteau blanc ! Le télésiège vous immerge dans le domaine skiable de Molines/Saint-Véran qui culmine à 2 800 mètres : 31 pistes de ski alpin dans des paysages splendides !

Continuer en beauté

- Rejoignez le col Agnel, en suivant la D205 depuis Molines et Pierre-Grosse, seul passage vers l'Italie ouvert aux voitures en été. Vous atteignez le refuge Agnel puis le col (2 746 m). Garez votre voiture dans les nombreux parkings aménagés et admirez les paysages de haute montagne !
- Allez voir le four banal de Molines, conservé en l'état (quartier de Serre).

Office de tourisme, 05350 Molines-en-Queyras. Tél. 04 92 45 83 22.
www.molinesenqueyras.com, e-mail : info@molinesenqueyras.com.
Piste de luge d'été ouverte juil-août.

Molines-en-Queyras se situe sur la D205, à environ 5 km au nord de Ville-Vieille par la D5.
L'église Saint-Romain se trouve entre le hameau de la Rua et celui du Serre, sur la D5.

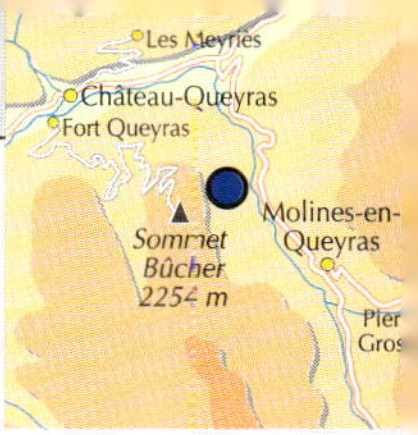

Lever les yeux vers le clocher de l'église de Molines

1h

40

Il est toujours là, ancré dans la terre depuis des lustres ! Du haut de ses 10 mètres, le clocher de Molines vous salue bien ! Venez voir cet ancien fortin que personne ne redoute plus. Il demeure une singularité du Queyras.

Ils en ont fait une drôle de tête, les habitants de Molines, un jour de l'année 1982, quand ils furent réveillés par une nouvelle rocambolesque : le clocher de l'église Saint-Romain (XVe siècle) venait de s'envoler ! Emporté par la tourmente. Ni plus, ni moins. Décapité à jamais. Et ce n'était pas la première fois. Déjà en 1585, durant les guerres de Religion, ceux que l'on surnommait les chapeaux blancs, les réformés queyrassins, s'étaient chargés de lui faire sa fête. Vous poussez la grille d'entrée de l'église. Le clocher, carré, lourd, est si impressionnant que vous l'avez repéré depuis belle lurette dès la route qui va de Molines au hameau de La Rua. Il donne à cette église, classée monument historique, une allure de camp retranché. Vous vous approchez de ses murs vénérables, étonnamment sauvegardés. Sa masse volumineuse semble écraser le cimetière. Et pour cause ! Voilà un édifice à l'histoire bouillonnante ! Erigé hors œuvre, à la manière d'une tour défensive, sans flèche de tuf, il servit de fort en 1575 avant d'être brûlé et ruiné. Les protestants le transformèrent en prison et y enfermèrent le consul, le notaire de Ville-Vieille et les notables de Molines et Abriès, tous accusés d'être de fervents catholiques… ils furent torturés pour leur faire renier leur religion. L'église fut reconstruite entre 1628 et 1637. Levez les yeux vers sa toiture au style si particulier. Admirez la couverture en mélèze posée sur un ouvrage charpenté. Ici le temps semble suspendu… jusqu'à la prochaine tourmente.

Continuer en beauté

- Venez déguster la côte de veau au bleu du Queyras à l'hôtel-restaurant l'Equipe, sur la route de Saint-Véran à Molines. Tél. : 04 92 45 83 20.
- Soyez fou ! Offrez-vous deux lacs dans la journée. Partez du refuge Agnel (2 580 m), après 1 heure de montée débouchez au col Vieux (2 806 m) puis descendez au lac Foréant et continuez la sente jusqu'au lac Egorgéou.

Pour la petite histoire

Pendant les guerres de Religion, lorsque l'église fut détruite les protestants engagèrent des villageois catholiques afin d'exécuter les travaux de démolition. Et lorsqu'elle fut reconstruite au milieu du XVIIe siècle, on y ajouta une travée supplémentaire pour accueillir les nouveaux catholiques en nombre croissant.

Luttes religieuses

Les guerres de Religion sévirent près de 20 ans. Dès 1522, le protestantisme fait son entrée officielle dans les vallées. Bon gré, mal gré, de nombreux Queyrassins se convertissent. La réaction de l'église catholique ne se fait pas attendre et c'est la chasse aux hérétiques. Une armée fond sur Molines pour interdire le prêche de la Réforme !

La porte de l'enceinte de l'église de Molines est ouverte au public. Pour voir l'intérieur de l'église, passez d'abord à l'office du tourisme afin de connaître les possibilités de visite. Tél. 04 92 45 83 22.

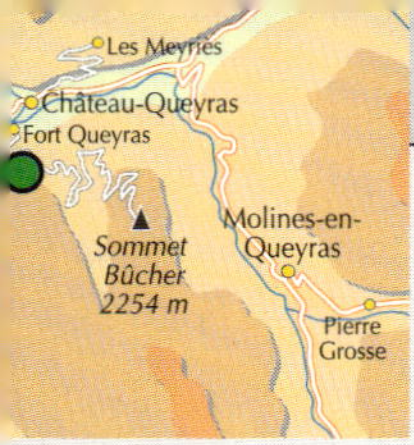

Château-Queyras est à 17 km de Guillestre sur la D902 par les Gorges du Guil. La base de Quey'Raft se trouve au parking en bas du village, peu après la place d'Exiles, au bord du Guil.

Faire son baptême de rafting en descendant le Guil

41 — 1h30

Vous êtes amateur de sensations mouillées ? Alors cette descente en raft du Guil, sur l'un des plus beaux sites d'Europe, est pour vous. Mais que les néophytes se rassurent : lors d'un baptême entre Aiguilles et Château-Queyras, on ne risque pas de boire la tasse !

Le Guil en raft ! Enfin, vous allez prendre la respiration de ce long serpent bleu qui a sculpté la vallée au gré de ses caprices. Avant d'être une aventure sportive, ce baptême du Guil reste un bon moyen de découvrir au plus près les richesses naturelles du torrent. Une seule condition pour participer à la fête : savoir nager ! *"Il y a des gnomes dans la rivière ! Et de temps en temps, ils cherchent à retenir le bateau. Alors, il faut taper des pieds pour les faire lâcher prise."* Les enfants n'en croient pas leurs oreilles. Des gnomes ?! Loin de les effrayer, cette nouvelle assénée par Vincent Lhôte, rafteur émérite et patron de Quey'Raft les excite ô combien. *"Le raft est un mot anglais, qui signifie radeau !"*, cette deuxième information n'a pas le même impact que la précédente. *"Un radeau absolument insubmersible, d'ailleurs !"* Ouf, après ces explications rassurantes, chacun finit de boucler son gilet de sauvetage. Se mettre dans la peau d'un rafteur signifie : enfiler une combinaison de plongée, des chaussettes de plongée, des baskets… de plongée, un casque, un K-way, un gilet de sauvetage, prendre sa pagaie et suivre les consignes. *"Mettez vos pieds dans les footstraps, les sangles qui garnissent le fond du raft. Comme ça, vous ne risquez pas de tomber en pagayant."* Premier réflexe, une fois le raft parti, s'accrocher à la ligne de vie, cette corde tendue tout autour du bateau et qui sert à se maintenir. *"C'est inutile. Ne vous inquiétez pas"*, s'exclame Vincent, *"sur cette partie du parcours, vous ne risquez pas de tomber par-dessus bord. Après, dans les gorges, c'est une autre histoire !"* Très vite, le spectacle est grandiose. Sans aucune appréhension, vous surfez sur les vagues, pagayant de plus belle. Ce bouillonnement joyeux renforce

Trois niveaux de rafting

Vincent Lhôte propose plusieurs formules : "Baptême" dès 8 ans et pour toute la famille ; "Combes du Guil", à travers les gorges, plus sportif ; "Rodéo", au rythme soutenu ; "L'intégrale" qui combine en une journée les trois formules.

Qui a dit que le Guil était un torrent infranchissable ? Même les enfants se régalent.

Dans les gorges, le spectacle est grandiose et sauvage.

paradoxalement l'impression de silence et de paix qui règne sur les rives. *"Regardez ! une bergeronnette des ruisseaux..."* Elégante, bondissante, avec une longue queue très mince, la bergeronnette affectionne les torrents de montagne parsemés de pierres. *"Et là, un cingle plongeur. Lui, il se nourrit d'insectes aquatiques et de larves qu'il capture en plongeant ou en nageant. Il est même capable de marcher au fond de la rivière !"* Au bout d'une heure de raft sur cet exceptionnel ruban d'eau vive, vous en redemandez. Le petit pont de pierre qui marque l'entrée des Combes du Guil indique la fin du baptême. Pour ceux qui veulent continuer, les gorges encaissées apparaissent, et là, c'est une chevauchée fantastique qui s'annonce.

Insubmersible

Les grands rafts mesurent jusqu'à cinq mètres et peuvent emmener 12 personnes. Un gros boudin fait le tour du radeau. Ses compartiments indépendants rendent le raft insubmersible, même si l'un des boudins prenait l'eau.

Continuer en beauté

- Bivouaquez sur le Guil en compagnie des moniteurs de Quey'Raft. Deux jours à la poursuite des plus beaux rapides du torrent. A faire absolument !
- Prenez votre VTT ou louez-en un, pour pédaler en boucle autour de Château-Queyras. Une heure suffit pour rallier Ville-Vieille en longeant le Guil. Un circuit familial.

Quey'Raft, Château-Queyras, 05350 Château-Ville-Vieille. Tél. 06 10 15 13 28. Tél./fax 04 92 46 86 61. www.queyraft.com, e-mail : info@queyraft.com. Saison, du 1er avril au 15 nov ; en juil-août, 3 départs par jour : à 9h, 13h et 16h sur RDV. De 24 à 115 € par personne selon les formules. Age minimum : 8 ans pour le baptême, 14 ans pour le reste. Tous les prix comprennent l'équipement intégral, l'encadrement, le transport retour au lieu de départ.

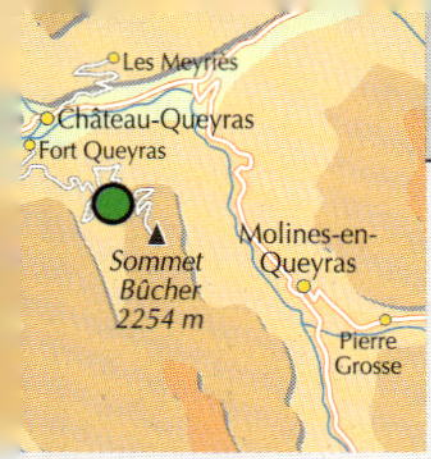

Château-Queyras se situe à 17 km de Guillestre sur la D902 par les Gorges du Guil et la Maison du Roy. Emprunter le pont sur le Guil et suivre la direction Sommet Bûcher.

42

2h

Atteindre le sommet Bûcher depuis Fort-Queyras

La route contourne Fort-Queyras et épouse les courbes du Guil. Dans un paysage verdoyant, elle vous hisse lentement sur les flancs de ce mont boisé. Votre destination ? Le sommet Bûcher, 2 254 m d'altitude pour un panorama à 360° sur le Queyras. Exceptionnel !

Vous n'êtes pas vraiment seul sur la petite route chatoyante qui longe la gorge et mène au sommet Bûcher. Une institution que cette voie ouverte en 1892 par les militaires du général Baron-Berge : étroite, pittoresque, rustique. On y monte comme on découvrirait une collection de cartes postales. Les plus courageux rejoignent le sommet à pied mais la grande majorité circule en voiture, vitres baissées pour le panorama. Vous croisez donc une gent bigarrée qui s'émerveille au fil des grands virages. Vous passez le bois de Gambarel, puis le bois Noir… Vous êtes cahoté, décontenancé par les rétrécissements, mais 25 minutes et dix kilomètres plus tard, la vue ouvre sur l'un des plus beaux panoramas du Queyras ! Vous garez votre voiture au parking. Ce n'est pas sans joie que vous retrouvez vos jambes pour franchir les quelques mètres vous séparant du belvédère. Un banc, une cabane en pierre, une table d'orientation, le tout installé sur une éminence… Prenez place ! Votre regard dégringole littéralement les pentes et s'accroche à l'horizon. Le panorama est époustouflant ! La vue, illimitée ! Et quel spectacle : tout le Queyras est à vos pieds, et, comme figés pour l'éternité, s'y haussent tour à tour des pics, des têtes, des sommets, des crêtes et des cols. Enfin, surgissant dans ce tableau de maître, quelques chefs-d'œuvre de la nature, le mont Viso (3 840 m) et son aiguillette, le Parc des écrins, le petit Rochebrune (3 080 m), l'alpage de Furfande, le pic d'Ailefroide (3 952 m)…

Le Bûcher historique

Durant les guerres de Religion, on allumait là un bûcher pour prévenir les Queyrassins en cas d'invasion. Car ce mont très boisé offrait un splendide poste d'observation des accès au Queyras *via* les vallées du Guil et de l'Aigue-Agnelle.

Tous les chemins mènent au Bûcher

Le sommet Bûcher est au carrefour de tous les sentiers de randonnée. Comme si depuis chacune des vallées du Queyras, il existait un chemin pour le rejoindre. Il faut compter environ 2h30 de marche depuis Château-Queyras, Ville-Vieille ou Molines, un peu plus en venant de Ceillac.

Continuer en beauté

- Continuez depuis le sommet Bûcher par le sentier qui mène, en 500 m environ, au lac des Prés de Fromage (2 146 m).
Encore un peu plus loin, vous tomberez sur la chapelle Saint-Simon.
- Entraînez-vous en VTT sur la boucle de 14 km qui emprunte la route du sommet Bûcher : avant le sommet, bifurquez vers Molines puis revenez sur Ville-Vieille.
Un circuit très varié. Plan détaillé, topoguide *Promenades VTT dans le Queyras*.

[Une seule route en lacets pour atteindre le belvédère du Sommet Bûcher, très encombrée l'été !]

hâteau-Queyras est situé à 17 km de Guillestre sur la D902 par les Gorges du Guil. Le début
la *via ferrata* se trouve après le pont sur le Guil. Suivre la direction du sommet du Bûcher.

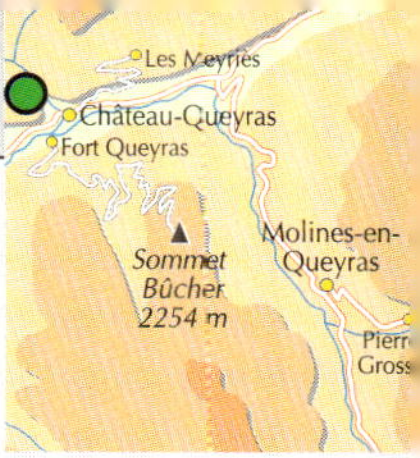

Jouer les Indiana Jones sur la via ferrata de Château-Queyras

3h

43

Baudrier, longes, sangles, casques... Vous voilà paré pour deux heures de lévitation au-dessus des eaux bouillonnantes du Guil. La *via ferrata* de Château-Queyras a tout pour vous séduire : paysages grandioses, doux frisson d'aventure, et sécurité... maximale.

Vous avez l'impression que votre vie ne tient qu'à un fil. En l'occurrence à un câble. En acier trempé. Du gros cordage, pour sûr, du solide, de l'inoxydable, de l'incassable. Vous le savez car vous vous êtes largement renseigné avant de vous élancer sur la *via ferrata* flambant neuve (inaugurée en juin 2003) de Château-Queyras ! Votre guide vous trouve un brin stressé ? En plus du matériel, il dispose de l'argumentaire adéquat pour vous décontracter. Celui-ci se résume en une phrase : même les enfants y arrivent. Ah bon... Presque convaincu, vous entamez votre descente dans les entrailles des gorges du Guil. Au début, vos pieds tâtonnent un peu car il s'agit bien de suivre un itinéraire rocheux qui surplombe le vide. Un câble fixé sur la roche vous accompagne tout au long de l'exercice. Vous y êtes toujours relié ! Vous démarrez rive gauche, directement sur le rocher. L'à-pic est vertigineux. En contrebas, vous apercevez la première passerelle. Vous détachez un mousqueton, puis l'autre, et vous lancez vos jambes sur l'échelle métallique. 15 mètres de long, avis aux amateurs de houle. Cela tangue un peu tandis que sous vos pieds, le Guil, dans un grondement ininterrompu, semble se gausser de votre exploit ! Qu'importe, vous êtes de l'autre côté, rive droite. Après quelques passages un peu sportifs, vous franchissez la deuxième passerelle avec beaucoup plus d'aisance, vous permettant même de jeter un œil sur le paysage. Vous êtes en train d'escalader les flancs du Fort-Queyras. Bientôt, celui-ci (voir p. 82) accueillera vos derniers pas de funambule et votre fierté d'aventurier !

Continuer en beauté

- Rafraîchissez-vous dans la chapelle Saint-Charles-Borromée au hameau du Rouet, typique du XVIIe siècle. A voir : le clocher à arcade décentrée et le tableau représentant saint Charles Borromée.
- Découvrez le "Le Temps de Vivre" au Lou Pignatoun, un restaurant de Château-Queyras dont c'est la spécialité. Tél. 04 92 46 85 43.

Quelques recommandations

Il vous appartient de juger si vous pouvez vous engager seul dans la *via ferrata*. Un conseil, soyez prudent(s), et si vous n'avez aucune expérience de la montagne, utilisez les services d'un guide professionnel.

Le matériel obligatoire

Il faut peu de matériel pour s'engager dans une *via ferrata*, mais celui-ci est obligatoire, indispensable, et doit être de qualité ! Un casque, deux longes avec absorbeurs d'énergie, un harnais, un cuissard, des maillons rapides ou une sangle.

Pour l'encadrement, renseignez-vous auprès du bureau des guides de Molines, Saint-Véran, tél. 04 92 45 85 87. Bureau des guides d'Aiguilles-Abriès, Pascal Giraud, tél. 04 92 46 77 30. Bureau de montagne de Gaudissard, tél. 04 92 45 83 29. Pour la location de matériel : Sport Service, J.-M. Repellin, à Aiguilles, tél. 04 92 46 70 44.

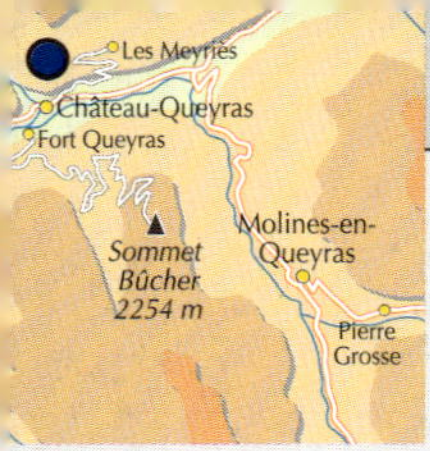

Château-Queyras est situé à 17 km de Guillestre sur la D902. L'Espace géologique se trouve dans la vieille crypte de la chapelle. De la place d'Exiles, remontez la petite rue vers l'église.

44

1h30

Remontez le temps à l'Espace géologique de Château-Queyras

Ecoutez la voix de la terre, pénétrez un univers à la Jules Verne, sentez l'odeur des pierres, marchez sur le feu ! A l'Espace géologique de Château-Queyras, le Parc vous fait revivre la naissance des Alpes.

Une odeur marine

Au cours de l'exposition, vous êtes invité à prendre deux morceaux de pierre et à les frotter l'un contre l'autre. L'odeur sulfurisée qui monte à vos narines est celle d'organismes du fond des mers (algues et plancton), décomposés voilà 170 000 millions d'années.

"Formidable, je suis la terre ! J'avais de plus en plus le sentiment qu'une rencontre entre nous était impossible... On pourrait s'aimer un peu plus. Viens, je t'emmène très loin dans le temps découvrir la naissance des Alpes." Vous retirez votre casque. Dans cette crypte, éclairée ici et là par les modules de l'exposition, vous remontez le temps géologique de manière ludique. Si le langage de la terre est universel, le propos se veut avant tout scientifique. Vous venez d'atterrir à -300 millions d'années. Eprouvez comme l'air est chaud et humide, presque irrespirable. Une chaîne de montagnes déjà ancienne se pare de forêts, marécages et rivières. De temps à autre, argile, sable et galets des eaux en crue recouvrent et conservent à l'abri de l'air des débris de bois et de feuillages destinés à se transformer en charbon. Votre voyage se poursuit : -250 000 millions d'années. Rivières, dunes et plages occupent désormais un continent complètement aplani, et qui commence à s'enfoncer sous la mer. -230 000 millions d'années : sur une immense étendue plate, balayée par les marais, se dépose la vase dolomitique. Prenez la loupe. Oui, là, et regardez de plus près ces algues fossiles. Juste à côté, observez les coraux, animaux primitifs voisins des anémones de mer et des méduses. Des pierres sont dispersées sur le sol, des projecteurs éclairent le passage. Vous êtes invité à marcher sur le pierrier. Ça bouge un peu, non ? -170 000 millions d'années, période jurassique, branle-bas de combat sous-marin. Vous appuyez sur le bouton rouge. Attention, vous allez déclencher une avalanche ! -150 000 millions d'années : la mer est devenue plus profonde,

Asseyez-vous et appuyez sur le bouton rouge... Vous allez déclencher une avalanche.

Vous êtes invités à marcher sur le pierrier, le sol se dérobe sous vos pieds...

car la croûte terrestre s'est étirée. Vous passez devant la reconstitution d'une anémonite, et celle d'une coquille de nautile – telle qu'il s'en trouve encore aujourd'hui dans les eaux tropicales. Les récits de Jules Verne remontent à la surface ! -160 000 millions d'années, sous vos yeux, le fond d'un océan apparaît, constitué de roches : serpentine, gabbro, basalte. Entrez dans le sous-marin jaune. Asseyez-vous, regardez, écoutez… L'océan s'ouvre. Une lumière éclaire un geyser sous-marin. -60 000 millions d'années, l'Afrique et l'Europe se télescopent, les Alpes surgissent enfin des eaux. Allo ? c'est la terre qui vous parle de nouveau : *"la matière terrestre forme une boursouflure allongée, haute de quelques kilomètres : la chaîne des Alpes"*. Mais il y a beau temps que vous avez quitté la vieille crypte de l'église. Vous êtes en train de renaître du fond des océans !

Continuer en beauté

• Rendez-vous au Gîte de France Les Oules, à Souliers. La table des propriétaires vous y propose une cuisine familiale. Chambres d'hôtes, accueil à la ferme. Tél. 04 92 46 76 39.

• Partez pour une rando VTT difficile (4h, 1 000 m de dénivelé) à la découverte des alpages de Fontantie. Au départ de Château-Queyras. Le livret des promenades VTT du Queyras est disponible au bureau du tourisme de Château-Ville-Vieille. Tél. 04 92 46 70 70.

Des espèces qui se sont adaptées

Héritage des grandes glaciations, influence des réchauffements successifs, les zones de haute altitude, comme les vallées ensoleillées, abritent une faune et une flore adaptées au chaud et au froid. Le Queyras est également un refuge pour les espèces menacées d'extinction.

Espace géologique, 05350 Château-Queyras. Tél. 01 92 45 06 23. Ouvert 1er juil-30 août, tlj 10h-12h et 14h45-18h15. Entrée 3,5 €, enfants (de 7 à 15 ans) et étudiants 2,5 €.

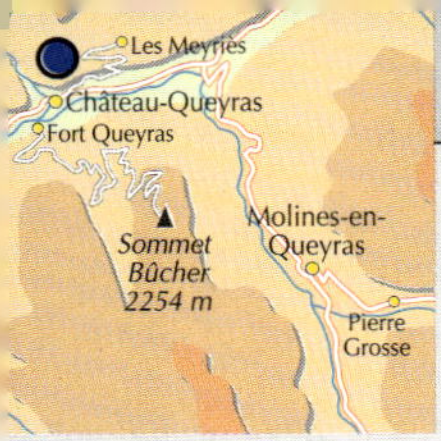

Château-Queyras est situé à 17 km de Guillestre sur la D902. Vous trouverez deux parkings avant la montée au château, en haut ou au bas du village.

45

3h

Saluer l'ombre de Vauban au Fort-Queyras

Surplombant la vallée du Guil du haut d'un piton escarpé, le vieux fort de Château-Queyras a conservé toute sa force. Vauban le modernise en 1700. Philippe de Broca y tourne certaines scènes de son *Bossu,* et vous, vous allez bientôt en franchir le pont-levis.

Boum ! Dans la montagne, le bruit résonne comme un coup de tonnerre. Il est 10 heures. Le pont-levis du Fort-Queyras vient de s'abaisser lourdement. Quelques minutes plus tôt, vous vous teniez au pied de la forteresse, symbole de l'autorité et de la force armée, magnifiquement conservée au sommet d'un verrou glaciaire. Vous aviez gravi la petite côte comme les protestants venus assaillir le fort durant les guerres de religion. Maintenant, vous avancez au centre de la demi-lune. Grâce au recul qu'offre sa plate-forme dégagée, vous avez le plus bel aperçu du château. En décembre 1692, quand Vauban débarque à Château-Queyras, il comprend très vite que le vieux château médiéval n'est plus en mesure de résister aux assauts de l'artillerie. Il lui offre donc une enceinte entièrement nouvelle, achevée en 1700, avec escarpe, fossé, contre-escarpe et demi-lune. Et vous, vous passez bientôt la lourde porte Dauphine, encore une œuvre de Vauban, pour vous engouffrer à l'intérieur du fort. Ici, chaque bâtiment, chaque tourelle, chaque pierre a des centaines d'histoires à raconter. Tout paraît si vivant ! Et vous vous demandez combien d'employés du génie ou de l'artillerie, de soldats de toutes les époques, le Fort a-t-il vu défiler entre ses hauts murs ? Depuis *"les treize hommes de guerre à pied français"*, jusqu'aux chasseurs du 72e bataillon alpin qui montaient ici la garde à la veille de la seconde guerre mondiale, en passant par les soixante invalides de

Entre les hauts murs, des ouvrages d'art, œuvre de Vauban, comme les lourdes portes d'entrée du Fo

Donjon en eau

De tout temps, la cour du donjon a abrité une citerne alimentée par les eaux de ruissellement. Ce dispositif sommaire est, en 1770, remplacé par une conduite en bourneaux de mélèze captant l'eau sur le versant de la montagne et la menant jusqu'au Fort.

Fort-Queyras, magnifiquement conservé, domine toute la vallée.

Louis XV ou les neuf fusiliers de 1814... S'annonce le corps de garde. Au rez-de-chaussée logeaient quelques soldats, l'étage était réservé à l'officier. Plus loin, vous passerez devant le mess, la manutention, l'infirmerie, laquelle comptait six lits. Arrêtez-vous à la boulangerie ! Les fours y sont encore visibles, et on pouvait y cuire jusqu'à deux cents rations par jour. Bientôt, le clou de la visite se dresse fièrement devant vous. Sa lourde masse vous domine de plus de 25 mètres. Vous êtes au pied du donjon. Remarquez les hourds, ces avancées de bois qui permettaient de bombarder à la verticale l'assiégeant parvenu au pied de la muraille. Le bâtiment noble des lieux n'accueille aujourd'hui que des expositions de peintures, mais autrefois, gouverneurs, lieutenants du roi ou commandants habitaient ici. Empruntant l'escalier, vous découvrez de très petits quartiers aux formes irrégulières. Continuez à monter si vous en avez le courage, car là-haut, tout là-haut, le temps reste suspendu. A travers les meurtrières, votre regard est irrésistiblement attiré par l'étroite entaille où grondent les eaux du Guil. Ces gens qui font du raft là-bas, vous les connaissez ? (voir p. 76). Et ces minuscules silhouettes accrochées à la *via ferrata* (p. 79), qu'en dites-vous ?

Continuer en beauté

- Rejoignez Montbardon par la route forestière. Départ en bas du Fort, juste après le pont sur le Guil. 5 km à pieds.
- Faites une virée en voiture vers le village typique de Souliers.

Le Bossu

En 1997, certaines scènes du film *Le Bossu*, d'après le roman de Paul Féval, furent tournées à l'intérieur du Fort-Queyras : le mariage du comte de Nevers, et tous les combats.

[Fort-Queyras, 05350 Château-Ville-Vieille. Tél. 04 92 46 86 72. Ouverture mai et sept, tlj 10h-18h, juil-août 9h-19h. Entrée 4 €, enfants de 6 à 12 ans 2 €, gratuit pour les moins de 6 ans ; groupes 3 €, scolaires 1,50 € ; visite guidée : 7 €, enfants (6–12 ans) 3 €.]

Depuis la Chalp à Arvieux, prendre la route forestière entre le téléski Le Serre et le télésiège La Revue, suivre ensuite les indications pour marcher autour du lac de Roue.

46

2h

Connaître les secrets d'une tourbière au lac de Roue

Au fil du temps, le lac de Roue s'est transformé en tourbière. Isolé à 1 847 m d'altitude, il profite de sa situation exceptionnelle pour attirer son monde. Faites le tour de ses rives aux abords ombragés de mélèzes, et laissez-vous séduire par ses hôtes.

Petit à petit, elle calme le jeu. Ses gros yeux exorbités semblent vous observer, mais au fond, est-ce bien vous qu'ils regardent ? Bizarre. Vous ne bougez surtout pas. D'autant qu'une autre libellule pointe le bout de ses ailes, encore plus excitée que sa copine. Est-ce une parade amoureuse ? Comme les passionnés de nature doivent se régaler ici, au bord du lac de Roue ! Au fil du temps, l'endroit a gagné en végétation. Il peut aujourd'hui se targuer d'être devenu un site d'un grand intérêt écologique. Vous empruntez le chemin qui tourne autour du lac envahi de plantes aquatiques appelées potamos. Vous remarquez les sphaignes qui font le lit de la tourbière. Elles absorbent une grande quantité d'eau, prolifèrent vite et forment des colonies très denses. Elles ont aussi la particularité de mourir par leur base et de croître sur leurs parties mortes comme la plupart des plantes aquatiques. Certaines, comme les linaigrettes, développent des racines gigantesques où elles stockent leur nourriture pour l'année suivante. Dans ce pays de la biodiversité et du microcosme, vous avez rendez-vous avec les araignées, les insectes, les papillons qui y ont trouvé refuge pour pondre, se protéger, se nourrir. Saviez-vous que 200 espèces d'araignées vivent dans les tourbières ? La Dolomède se tient juste à la surface de l'eau, et l'Argyronète, sous l'eau, dans une cloche de soie où elle emmagasine de l'air. Dans ce subtil mélange de végétaux rares, fragiles et d'invertébrés qu'il faut préserver, soyez le plus discret possible pour profiter pleinement de cet écosystème unique.

Le lac de Roue

Surnommé le lac de la Motte tremblante, il est posé sur un banc d'argile abandonné par les glaciers. Les pâturages qui s'étendent au-dessus, portent le nom de Catinat, en hommage au maréchal catholique qui, en 1692, entra en guerre contre les protestants.

Les belvédères du lac

Deux belvédères ont été aménagés à proximité du lac de Roue. On les rejoint en passant par le sous-bois de mélèzes. Ils offrent des vues uniques sur la combe du Guil et la vallée d'Arvieux. Il n'est pas de plus belle envolée sur le Fort-Queyras ou sur le village de Villargaudin.

Continuer en beauté

- Suivez le balisage dit du Tour du Queyras depuis le lac de Roue, pour rejoindre le lac de Souliers, 5,5 km d'une promenade très agréable.
- Cet hiver, suivez la trace du guide Jean-Paul Blanc. Il vous emmènera en raquettes sur les sentiers balisés du côté d'Arvieux. Tél. 04 92 46 74 44 ou jean.paul.blanc@online.fr.

[On peut rejoindre le lac de Roue à pied depuis le hameau Les Maisons. Dans Arvieux, emprunter la D502 jusqu'aux Maisons et suivre les indications qui conduisent au lac en deux heures de marche.]

Arvieux est situé sur la D902 en direction du Col de l'Izoard. La fromagerie se trouve au centre du village.

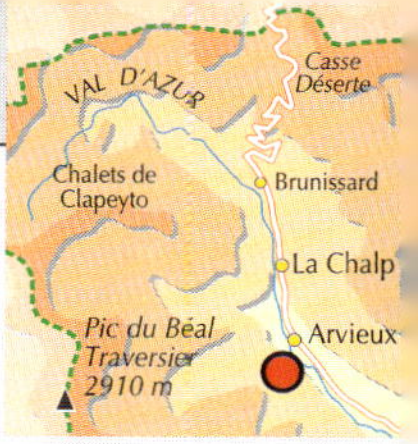

Prendre le frais dans les caves d'une fromagerie d'Arvieux

1h

47

Le fontu est un gruyère. Le premier à avoir été fabriqué dans les Hautes-Alpes. C'est presque un art que vous découvrez en prenant le temps de descendre à la cave. Respirez et enivrez-vous des parfums du fontu, du bleu, et de la tomme...

Assister à la naissance d'un fromage, et l'accompagner dans sa dernière demeure avant dégustation, quel gourmet y résisterait ? Pour visiter la fromagerie d'Arvieux, il faut se lever tôt. C'est mieux. Le fromager est matinal. Derrière la vitre qui vous sépare du "laboratoire", vous suivez ses moindres gestes. Il verse le lait dans des cuves en cuivre. Les chiffres pleuvent, tendez bien l'oreille ! Pour une meule de gruyère de 25 à 30 kilos, on utilise 200 à 300 litres de lait. En une journée, se fabriquent de cinq à sept gruyères. Le lait sera chauffé une première fois, à environ 35 degrés pendant 20 minutes. Le fromager rajoute ensuite de la pressure provenant de l'estomac des jeunes veaux, et chauffe de nouveau le lait, à environ 20°C, pendant une demi-heure. Mise en caillé du lait, mise sous presse… rien ne vous échappe. Il faut ensuite bichonner les fromages. Ils sont retournés une première fois en début d'après-midi et à nouveau en fin d'après-midi avant d'être plongés dans des bains de saumure, et frottés au sel et à l'eau deux fois par semaine. Vous êtes maintenant invité à descendre sous terre ! Empruntez les escaliers de la vieille bâtisse ; dans le couloir qui mène à la cave, vos pas se font plus lents. Dans un filet de voix, vous entendez : *"Voici les tommes et le gruyère qui reposent"*. La fraîcheur vous envahit et l'odeur du fromage déferle dans vos narines comme la marée sur le sable. L'affinage en meule à 8°C dans les caves du fromager dure de 3 à 12 mois. Reprenant une fabrication ancestrale qui fait la fierté des Queyrassins, le fontu est fabriqué dans la tradition la plus parfaite depuis près de 25 ans.

Continuer en beauté

• Venez goûter aux joies de la neige dans la station familiale d'Arvieux, 6 téléskis et un télésiège pour 18 km de pistes tous niveaux, et 50 km de pistes de ski de fond.
• Laissez-vous tenter par une petite gâterie à la Roche d'Arvieux, pâtisserie spécialisée dans les tartelettes aux fruits et au fromage. Ne manquez pas de goûter à la tartelette à l'extra-vache d'Arvieux. Un délice !

Pour un gruyère au goût fleuri

Le gruyère le plus savoureux, le plus fruité, celui qui aura le plus de goût et auquel on aura bien du mal à résister, c'est celui que le fromager prépare avec le lait d'été quand les vaches sont en alpage, qu'elles se délectent de l'herbe et surtout... des fleurs !

D'alléchants étals

La fromagerie d'Arvieux, fabrique également la tomme de l'Izoard, la tommette des cols du Queyras, ainsi que le bleu du Queyras, tradition déjà ancienne. Pour tous ces fromages, la qualité provient d'abord d'un bon lait entier qui permet une bonne transformation et donc une bonne conservation.

La fromagerie du Queyras, Arvieux. Ouvert toute l'année. Groupe sur RDV. Eté et l'hiver (pendant les vacances), visite des caves le vendredi à 17h. Renseignements au 04 92 46 72 34 ou à l'office de tourisme d'Arvieux au 04 92 46 75 76.

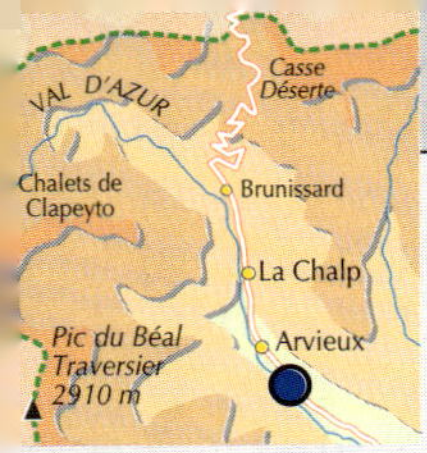

Le hameau Les Moulins se trouve sur la commune d'Arvieux. Prendre la D902 en direction du col de l'Izoard. Avant Arvieux, suivre la pancarte Les Moulins en contrebas de la route.

48

1h30

Moudre le grain au moulin d'Arvieux

Dans la vallée d'Arvieux, les tribulations de... la Rivière (le torrent d'icelle) focalisaient autrefois toute l'attention du meunier. Parmi les moulins rescapés du temps jadis, celui du hameau... des Moulins vous invite à moudre le grain comme au XIXe siècle.

Les anciens Arvidants se souviennent de la bonne soupe de poutille concoctée avec la farine d'*uèrdjé* (l'orge) moulue à Arvieux. Un régal ! Et aujourd'hui au hameau Les Moulins, on peut toujours se servir de la roue à aube. Le Parc veille. Il a acheté puis restauré et remis en valeur ce fleuron du patrimoine agricole local. Autour de vous, un petit coin de verdure où chante une rivière, une passerelle, des rigoles, des goulottes, un réservoir… Vous tournez autour du moulin d'Arvieux. Les premiers rayons du matin caressent le clapotis de l'eau. "*Autrefois, les quatre meules fonctionnaient. Mais nous n'en faisons marcher plus que deux aujourd'hui.*" Jeannot, votre guide, a fait partie de l'équipe de restauration du Parc. Il connaît mieux que quiconque l'histoire du moulin et son fonctionnement. Derrière la bâtisse, vous découvrez la prise d'eau dans le canal : "*L'eau chemine dans le réservoir. Quand on ouvrait les écluses, elle s'engouffrait vers la roue à aube. A l'intérieur, le meunier actionnait une sorte de tige qui permettait de réguler le débit*". Le secret de la bonne marche du moulin ? C'est l'alchimie entre l'eau du torrent et l'oreille du meunier. "*Regardez, l'eau arrive, la roue à aube va se mettre à tourner.*" "*Zou*", comme on dit en patois, vite, il est temps de pénétrer à l'intérieur. Jeannot ouvre la porte. "*Meunier, tu dors ?*" Tout indique sa présence. Vous parcourez

A l'époque, on ne badina pas avec le règlement.

L'oreille du meunier

Toujours à l'affût, dans sa cabane en hauteur à l'intérieur du moulin, le meunier respirait au rythme des rouages. Tous les réglages se faisaient à l'oreille, et lorsqu'une trop grosse quantité d'eau parvenait dans le réservoir, il coupait l'arrivée d'eau avant le désastre.

Le moulin d'Arvieux au bord de la Rivière, un fleuron du patrimoine local.

la pièce du regard : les meules, les poulies, le tapis roulant, le grain, la farine… tout est en place. Le Parc sait mettre son patrimoine en valeur ! *"Dès que la roue à aube se mettait à tourner, elle entraînait la meule. Le meunier réglait sa hauteur à l'aide de la grande vis qui est là. Plus on serrait la meule, plus le grain était fin."* Jeannot soulève le couvercle d'un immense coffrage en bois : *"Ici s'écoulait la farine premier choix pour la cuisine et la pâtisserie, et là, le deuxième choix pour les bêtes. Le meunier devait être vigilant, aussitôt le sac rempli, il devait tout de suite le vider. Un grain de farine par terre et c'était le tribunal !"* A l'époque, on ne badinait pas avec les arrêtés préfectoraux. Les règles d'hygiène étaient si draconiennes qu'au moindre écart, on récoltait plusieurs mois de prison ! Heureusement, Jeannot n'a pas l'allure d'un gendarme. Et quand le moulin sort de sa torpeur pour accueillir le visiteur de passage, que vous plongez les mains dans le grain pour moudre votre propre farine, que sérieux comme un meunier, vous allez vous-même vider votre précieuse cargaison dans le sac prévu à cet effet et que vos pieds font voler la poussière de farine, qui vient invariablement se déposer sur le bout de votre nez, ça l'amuse plutôt, Jeannot, les apprentis meuniers !

Continuer en beauté

- Dégustez les spécialités de la ferme à l'Auberge de La Clapouse, à Arvieux (04 92 46 70 58).
- Atteindre un col, ça vous tente ? Vous joignez celui des Ayes (2 477 m) en 2h30, au départ de Brunissard (au-dessus d'Arvieux), par les chalets de l'Echaillon.

Battre la meule du moulin

Une fois par an, le meunier démontait la meule mobile. A l'aide d'un marteau, il recreusait ses rainures. On disait alors : "battre la meule du moulin".

Le moulin d'Arvieux situé au hameau Les Moulins en contrebas de la route menant à Arvieux.
Ouvert uniquement l'été, du 1/07 au 31/08. Visite guidée 3 €, enfant 2,50 €.

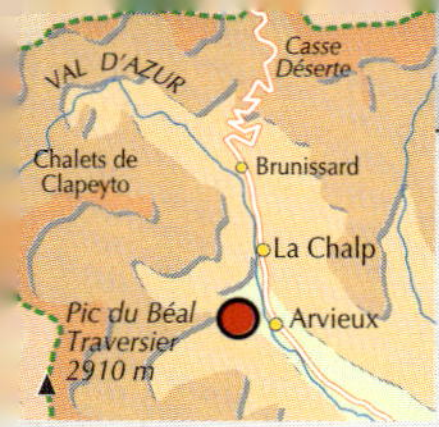

A 250 m au nord d'Arvieux, suivre la petite route qui mène au hameau du Coin.

49

2h

Aller voir la mer à la poterie du Coin

Des vases, des pots, des assiettes, des pichets qui poussent lentement dans un dégradé de bleu, si bleu que vous avez l'impression d'entendre les frémissements de la mer... Entrez dans la poterie du Coin à Arvieux. L'intérieur est une invitation à la douce évasion.

A l'atelier de poterie de la Combe Bonne, Geneviève et Bernard Blanc ont la fibre plus artistique que productrice. Ici plats et pichets ne poussent pas comme des champignons. Retiré dans un hameau de la vallée d'Arvieux, et farouchement enraciné dans sa terre comme un mélèze centenaire, le couple voit la vie en bleu. En parcourant des yeux les étagères de l'atelier-exposition sur lesquelles sont posées les œuvres de vos hôtes, vos yeux sont captivés par l'intensité de la couleur. Vous n'y voyez que du bleu : un dégradé de bleu ciel, de bleu outremer, de bleu turquoise court sur les étagères, le tout livré à l'éclat de l'émaillage. "*J'ai mes petits secrets, mes formules magiques, explique Geneviève*, en vous invitant à la suivre dans le fond de l'atelier. *Avant, nous travaillions tous les deux à la Coopérative de jouets du Queyras et puis j'ai eu envie de réaliser un vieux rêve : faire de la poterie. Je me suis formée et puis j'ai formé mon mari !*" En pleine concentration devant son tour, Bernard vous regarde du coin de l'œil : "*C'est sûr qu'elle m'a fait bosser mais je le voulais bien*" confie-t-il. Tout le monde ne met pas les pieds dans l'atelier de Bernard, la porte ne s'ouvre que quelquefois... si une personne passionnée le demande. Peu à peu, il met sa gamme au point : "*Je fais ce qu'on appelle du tournage à la motte.*" Vous l'observez en silence, afin de ne pas troubler l'empreinte de ses doigts sur la terre, le va et vient de ses mains, cette précision admirable qui paraît si naturelle avant que n'apparaisse la forme tant convoitée.

Qu'est ce que l'émail ?

L'émail ce sont des roches broyées et colorées avec des oxydes. Pour le marron, on utilisera l'oxyde de fer, pour le bleu, du cobalt, pour le vert, du cuivre... Dans son atelier, Geneviève met ensuite au point des mélanges, des petites formules magiques qu'elle note précieusement dans son cahier...

Les techniques du potier

La définition du potier ? Faire des pots ! Mais pour y arriver, le potier a plusieurs techniques à sa disposition. Certains utilisent des moules en plâtre, d'autres montent des vases en colombins, d'autres encore, comme Bernard, ne jurent que par le tour.

Continuer en beauté

- Suivez le pas de Jean-Paul Blanc, guide de haute montagne au Coin. Avec lui, vous marchez sur les sentiers de haute montagne en toute sécurité. Tél. : 04 92 46 74 44.
- Offrez-vous une halte à la ferme de l'Izoard, à la Chalp, une résidence hôtelière avec piscine et trampoline. Tél. : 04 92 45 86 56.

Atelier de poterie de la Combe Bonne, Geneviève et Bernard Blanc, Le Coin, 05350 Arvieux. Tél. 04 92 46 75 73. Ouvert tlj, 9h30-12h, 14h30-19h. Si la boutique est fermée, sonnez. Hors saison, téléphonez.

ʳunissard se trouve sur la D902, à 2 km au nord d'Arvieux. Départ du sentier au pied du télé-
ki de Jambe-Route, au snack-bar restaurant Le Jamberoute.

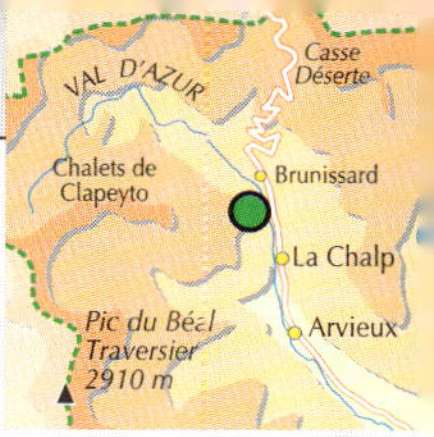

Réciter des poèmes en cheminant du côté de Brunissard

2h

50

Poésie, ô trésor, perle de la pensée ! Entre les bois Noir et du Cros, quand le torrent du col de l'Izoard et celui dit la Rivière viennent à mêler leurs eaux, les poètes ont rendez-vous avec vous. Suivez les petites bornes jaunes, le chemin est tout tracé.

Le dernier lieu habité avant le col de l'Izoard a l'âme vagabonde : à Brunissard, chemins et poètes riment en complicité. Alors profitez-en, vous n'avez pas tous les jours l'occasion de marcher au refrain des vers, au rythme des sonnets, en suivant la trace des poètes disparus ! Sur ce sentier de lecture, aménagé par le Parc, vos yeux lisent dans les paysages. Mais que cette invitation à s'aérer l'esprit ne vous empêche pas, de temps en temps, de regarder vos pieds ! Pour l'heure, vous traversez un lit de pierres blanches. Le chemin vous pousse à remonter le talus. Vos premiers pas au sommet, c'est Anatole France lui-même qui les accueillera. *"Les poètes nous aident à aimer"* déclamait-il en son temps. Un panneau de lecture exhibe un premier poème de ce cher Anatole, *Les Arbres : "Ô vous qui dans la paix et la grâce furie animez les champs et vos forêts natales – Enfants silencieux des races végétales, vos arbres de rosée et de soleil nourris".* Une petite bifurcation à droite, et vous flirtez avec une clairière en fleurs, qui s'étale joyeusement entre le bois Bernard et le bois du Cros. La sente se faufile sous le couvert des résineux. Qu'il fait bon retrouver l'ombre des pins sylvestres : ils donnent un air de gaîté partout où ils poussent ! Rainer Maria Rilke (1875-1926), Jean-Baptiste Clément (1838-1903), Pierre de Ronsard (1524-1585)… Les plus grands poètes prennent leurs aises sur le chemin. C'est plus fort que vous, ce sentier se termine, vos pas se sont envolés, mais les vers du "temps des cerises" vous trottent encore dans la tête comme une ritournelle bien connue.

Continuer en beauté

- Allez voir le campanile de Brunissard. Le petit clocheton perché au sommet de la tour sonnait pour donner l'alerte aux habitants, ou pour les réunions.
- Admirez les maisons à arcades d'Arvieux, construites par des maçons italiens. L'architecture des maisons de la vallée d'Arvieux diffère beaucoup de celle des autres vallées.

Un paysage suspendu

Crêtes des Portettes, clos du Long, crête de Jambe Route, pic du Cros (2 695 m), pic de Beaudouis (2 843 m), massif de la Font Sancte… au fil du sentier de lecture, la montagne se dévoile. Crêtes dénudées et pics acérés mènent la danse.

Anatole France, côté nature

Anatole François-Thibaut, dit Anatole France, prix Nobel de Littérature en 1921, n'avait pas que la librairie paternelle comme refuge. Il appréciait également l'atmosphère paisible de la forêt et les longues balades dans la nature.

Le sentier de lecture de Brunissard est un circuit en boucle (2 h) jalonné de bornes jaunes et de panneaux.
Le départ a lieu au snack bar de Jambe-Route.

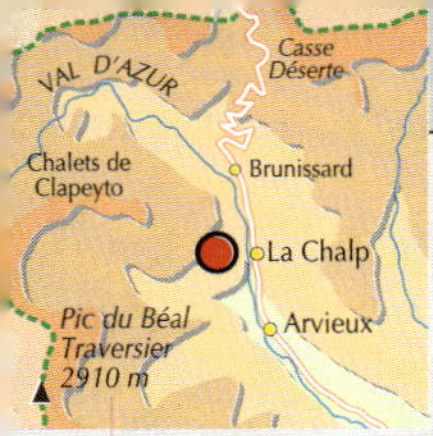

51

3h

Entrer dans le monde merveilleux des jouets en bois

Des habitants devenus artisans... Des jouets par milliers... Un jour de Noël pas tout à fait comme les autres... Il était une fois les jouets en bois du Queyras... Poussez la porte des ateliers et admirez le travail !

Une caravane saharienne s'apprête à stopper à l'ombre d'un palmier... Une tribu bigarrée de carnivores avance l'air féroce vers... vous ! Le téléphérique descend cahin caha le long d'une ficelle. Le petit grimpeur monte, monte, avant de s'élancer pour une chute vertigineuse. Vous ne savez plus ou donner du regard. Les couleurs sont éclatantes. Vos mains caressent le noble matériau et vous respirez l'odeur enivrante des bois de pin ou de hêtre. Dans la coopérative de jouets en bois L'Alpin Chez Lui, à la Chalp d'Arvieux, ou à la fabrique La Boîte à Bois à Molines, *"tout n'est qu'ordre, calme et volupté"*. Mais derrière la poésie des formes et des couleurs, derrière la nostalgie des jouets de notre enfance, les fabricants de jouets en bois du Queyras ont tous le même souci : créer des emplois dans les vallées. Et pour mieux comprendre le combat exemplaire de toute une population pour vivre et travailler au pays, asseyez-vous et regardez la vidéo du magasin L'Alpin Chez Lui. Laissez-vous porter par le commentaire. Captivé, vous remontez le temps. Vous êtes en 1918, à Arvieux, à 1 550 mètres d'altitude. A chaque retour de l'hiver, la neige paralyse tout déplacement six mois durant. Commence l'exode rural. L'élevage bovin traditionnel ou l'exploitation forestière n'assurent pas un revenu suffisant aux familles. "... *Le pasteur de l'époque, Monsieur Du Pasquier, mettant à profit l'expérience des Queyrassins dans le travail du bois, décide de lancer un artisanat de jouets. En 1920, il crée la coopérative Les jolis jouets du Queyras.*" Une idée géniale, une aubaine pour une quarantaine de paysans qui n'en espéraient pas tant. On leur offre ainsi un travail rémunéré pour l'hiver ! Depuis cette époque, jamais la

Tous patrons !

A l'heure actuelle, L'Alpin Chez Lui emploie six salariés à temps complet sur site et six à temps partiel à domicile. L'entreprise appartient à l'ensemble des travailleurs. Chacun possède une part sociale et décisions comme bénéfices sont partagés entre tous.

Un dauphin porte-crayon... La nostalgie des jouets de notre enfance.

Des doigts d'artistes ont donné vie et couleurs à des jouets d'une rare qualité.

coopérative n'aura fermé ses portes. Et elle fera même des émules. Une autre fabrique de jouets voit le jour dans une vallée voisine, à La Rua (hameau de Molines). La Boite à Bois est en pleine effervescence. Les planches de hêtres, séchées à la scierie, viennent d'arriver. La question vous brûle les lèvres : dis, comment on fabrique un jouet en bois ? Suffit de demander… Dégauchies, rabotées, découpées, les planches se font d'abord une beauté avant d'accueillir votre gabarit dessiné préalablement au crayon sur une feuille. Vous commencez la découpe du jouet à l'aide d'une scie sauteuse. Ce travail terminé, vous poncez. Les morceaux mélangés passent alors dans un tonneau rempli de gabillots qui arrondissent arêtes et pointes. Assemblés à l'aide de colle et de clous, les jouets seront acheminés chez celles que l'on surnomme affectueusement les travailleuses adoptives. Leurs doigts d'artistes donnent vie et couleurs à ces jouets d'une rare qualité. Chalets de bois, dauphins porte-crayon, chpountz à pied, acrobates au bout d'un fil… Vous en trouverez pour tous les goûts et pour toutes les bourses.

Continuer en beauté

- Découvrez la vallée d'Arvieux à cheval avec la Ferme équestre de l'Edelweiss, tél. 04 92 46 76 64.
- Pratiquez la randonnée nordique, un *must* hivernal ! Se renseigner à l'Ancef (Maison de Gaudissard, tél. 04 92 45 83 29) ou au Bureau des Guides de Molines/Saint-Véran, tél. 04 92 45 85 87.

Les magasins

Bois à découper, bois peint, bois décoré, jouets, jeux éducatifs ou objets décoratifs, les magasins offrent un décor de conte de Noël aux touristes qui séjournent dans la vallée. 80 % de la production est vendue sur place.

Derrière ce cachet qui authentifie chacun des articles créés par la coopérative, il y a le combat de toute une population pour vivre et travailler au pays.

SCOP L'Alpin Chez Lui : La Chalp, 05350 Arvieux, tél. 04 92 46 73 86, www.alpinchezlui.com, alpin.chez.lui@online.fr. Ouvert toute l'année : en été, tlj 9h-19h ; hors saison, semaine 8h30-12h30/14h-18h30, sa 10h-12h30/14h-18h30, di et jours fériés : 14h-18h30. Visite gratuite de l'atelier les jeudis 17h (17h30 en été). Pour les groupes sur rendez-vous.
La Boîte à Bois : La Rua, 05350 Molines-en-Queyras, tél. 04 92 45 83 87.

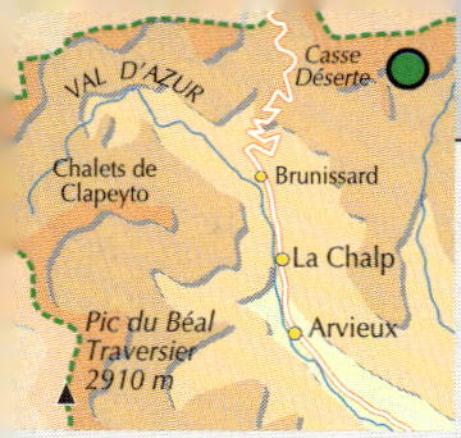

Depuis Arvieux, suivre la direction du col de l'Izoard en empruntant la D902 par Brunissard.

52

2h

Marcher sur la lune à la Casse Déserte

La Casse Déserte qui se profile devant vous est un des sites grandioses du Queyras. Vous pénétrez dans une vaste étendue désertique hérissée de blocs et de pics. Installez-vous dans cet univers à part, entièrement minéral, et laissez la nature vous envahir !

A 2 200 mètres d'altitude, la forêt a disparu. Les fleurs ont cessé d'exister. Vous émergez dans un pays privé de verdure. Un monde nouveau, d'une beauté sauvage, où la nature n'a jamais cédé ses droits. Ici, le silence vous sert de guide, vous laisse en tête à tête avec la roche. A la Casse Déserte, vous découvrez une planète quasiment minérale. Il n'y a pas vraiment de chemin, ni de sentier. Vous débouchez sur un site infranchissable, dénudé, lunaire, empli d'éboulis et de rochers interdisant le passage. Vous en examinez les parois. Ces rochers ruiniformes dessinent des dents fracturées issues de l'érosion des calcaires dolomitiques. A leurs pieds, des fragments de roches décomposées dégoulinent dans la pente comme une langue de sable gris. Vous avez l'impression qu'un peintre de talent a déposé là tout un camaïeu d'ocre et gris bleuté. Vous scrutez l'horizon. En amont, la crête de Coste Belle, 2 780 mètres, toise tout son monde avec sa dolomite. Mais qu'est ce que la Casse Déserte, au fond ? Un paysage né de l'action de l'eau, éternelle artiste de génie. Lors de la fonte des neiges, de jour elle s'infiltre dans les fissures de la montagne ; puis la nuit, elle regèle. Transformée en glace, elle augmente le volume des roches qui se cassent chaque fois un peu plus. Au dégel, des blocs se dessoudent, chutent, et viennent gonfler l'éboulis. Vous vous sentez absorbé par ce décor irréel, par cette étrange dentelle de rocs énormes, par le silence enfin. Et vous n'êtes pas prêt d'oublier cet endroit hors du temps.

Des sommets coiffés de rochers

Les aiguilles qui s'élancent vers le ciel et qui forment la crête dentelée de la Casse Déserte sont le résultat de l'érosion de la Cargneule, une roche qui est un mélange de débris calcaires ou de dolomites tenues par un ciment calcaire.

Le col de l'Izoard

Au sommet de la Casse Déserte, se trouve le mythique col de l'Izoard. A 2 360 mètres d'altitude, il s'inscrit dans un paysage minéral de haute montagne. Constituant l'une des portes supérieures du Queyras, il permet la découverte du pays par le haut.

Continuer en beauté

- Allez au lac de Souliers par le sentier qui part à droite depuis la D902, dans un virage juste avant de pénétrer sur le site de la Casse Déserte. Superbe balade.
- Rejoignez en 1 heure de montée le pic ouest de Coste Belle pour le panorama exceptionnel !

Le site de la Casse Déserte est ouvert à tous. Un point de vue est aménagé avec parking.

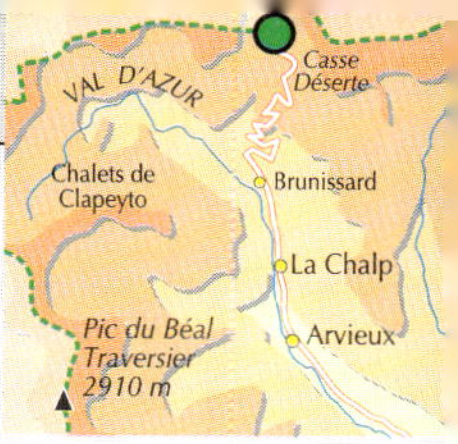

Attaquer le col de l'Izoard sur les traces de Bobet et Coppi

2h

53

Col mythique qui ouvre les portes du Queyras par le haut, l'Izoard culmine à 2 361 mètres. Lieu légendaire du Tour de France cycliste où bien des champions forgèrent leur réputation, le col de l'Izoard attire aussi les amateurs. Vivez pour de vrai cette folle ascension !

La montée de l'Izoard commence vraiment à Arvieux. Et plus précisément au hameau de Brunissard, à 1 746 m d'altitude. Comptez environ 10 km d'ascension. Rien n'arrête un cycliste qui a décidé de répondre à l'appel du col, ni la canicule, ni la tempête. Des fondus de l'Izoard ? On en croise des dizaines dans les virages qui sinuent dans la forêt de mélèzes, puis le long de la Casse Déserte ! Pour se donner du cœur à l'ouvrage, ils se remémorent les exploits du français Louison Bobet, ou de Fausto Coppi, l'Italien qu'on ne présente plus. Dans les années 50, tous deux ont gagné ici, et l'étape (Gap-Briançon), et le col, et le Tour. Aujourd'hui, vous êtes décidé à rouler dans leurs traces, juste pour voir… Au deuxième virage après Brunissard, vous atteignez 1 957 m d'altitude. Et vous avez déjà tout compris. Vous êtes chaud comme une bouillotte, complètement occis ! Vous abandonnez, laissant vos compagnons de cordée au pied de la voiture d'assistance. Eux, relancent de plus belle leur machine, le col de la tunique dégrafé. Pour ces courageux, les choses sérieuses commencent… Arrivés là-haut, ils auront une pensée pour un autre géant du cyclisme, grand chroniqueur du Tour de France et tout simplement grand bonhomme : *"Elle a de la gueule la casse de l'oncle atome, et que nos petits coursiers, si protégés à l'ordinaire dans leurs douillets foyers (télévision courante à tous les étages) répondent au gigantisme par un autre gigantisme… C'est beau, la nature tentaculaire !"* Extrait de *L'ironie du Sport*, vécue par un Antoine Blondin déchaîné au col de l'Izoard.

Continuer en beauté

- Allez voir de plus près le mémorial consacré à Louison Bobet (1925-1983), et Fausto Coppi (1919-1960) situé entre la Casse Déserte et le sommet.
- Récupérez à la Borne ensoleillée, un grand chalet de La Chalp où l'on sert de copieuses spécialités montagnardes ! Tél. 04 92 46 72 89.

Le musée du cyclotourisme

Au sommet du col de l'Izoard, un relais cyclotouristique accueille le petit musée du Tour de France. Vélos d'époque, archives, anciennes photos... retracent la vie du Tour depuis sa création en 1903. Face au musée, une stèle inaugurée en 1934 commémore l'ouverture de la route reliant le Queyras au Briançonnais.

Attention !

L'ascension du col de l'Izoard s'adresse à des cyclistes expérimentés qui ne sont d'ailleurs pas à l'abri d'une défaillance. Chaque année, l'hélicoptère de l'hôpital de Briançon fait la navette pour récupérer des cyclistes ayant présumé de leur force.

e musée du cyclotourisme situé au col de l'Izoard appartient au point information du Parc. Ouvert en juil-août, ntrée gratuite. Location de vélos à Sport Service, chez Jean-Marie Repellin, Aiguilles. Tél. 04 92 46 70 44. ttp://jmr.queyras.chez.tiscali.fr, e-mail : jmr.queyras@infonie.fr
arifs variables en fonction du type de vélo et du nombre d'heures.

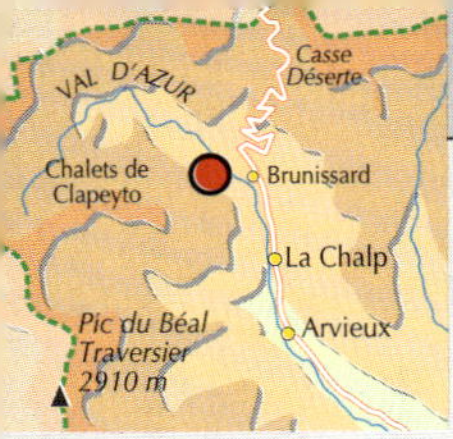

Le hameau de Brunissard est situé 2 km au nord d'Arvieux sur la D902. Suivre la pancarte : Ferme de découverte.

Se laisser conter la ferme...

54 1h30

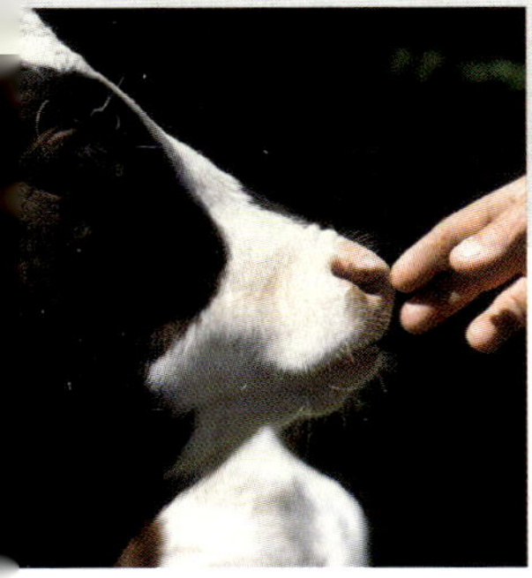

La tête et les jambes, une formule qui a fait son chemin... Et qui peut aujourd'hui servir de sésame à la découverte de l'étonnante Ferme des Espars à Brunissard. Michel Faure, éleveur, vous invite à lui emboîter le pas. Ecoutez-le bien !

La démarche tranquille, la poignée de main chaleureuse, Michel Faure apparaît sur le seuil de sa ferme : *"Vous avez vu le panorama !"* Car depuis les Espars, la vue sur la vallée d'Arvieux laisse admiratif. Un espace aux lignes pures : un damier de prés et de champs qui viennent s'achopper aux bois, la route principale qui s'étire comme un long serpentin et finit par disparaître au fil des hameaux... *"Izoard, viens ici !"*, lance Michel. Voilà qu'un veau chemine face à vous. Il s'avance avec prudence. L'éleveur le rassure. *"Un veau, c'est comme un chien, c'est un animal sensible, "social". Si vous lui donnez des coups de bâtons n'importe comment, il sera agressif."* Michel aime ses veaux et ses vaches. Michel, c'est un peu l'homme qui parle à l'oreille des Abondances ! Il pratique un élevage d'altitude orienté vers la production de lait. Car à la ferme de découverte des Espars, on est éleveur d'Abondances de père en fils, depuis des générations. Elle a fière allure l'Abondance, avec sa robe rouge acajou, ses mi-pattes blanches tout comme son ventre et le bout de la queue. *"Les plus jolies portent des lunettes. Les tâches sombres autour des yeux atténuent le rayonnement du soleil, plus intense en altitude"*, explique Michel, qui poursuit : *"Bon on va en ouvrir une, histoire de voir ce qu'il y a dedans. Mais rassurez-vous elle n'est pas bien méchante celle-là !"* Vous voilà saisi d'effroi. On va quoi ? Ouvrir une vache ? Il en a de bonnes, Michel ! Et en tout cas, un sacré talent d'acteur. Dans sa salle d'accueil, aménagée pour recevoir les enfants d'ici et d'ailleurs, il est effectivement en train de dépecer une vache sous vos yeux amusés. Pas peu

La traite des vaches

Sa mamelle est peu volumineuse, haute et carrée, mais l'Abondance est une vache aux exceptionnelles qualités laitières. L'éleveur trait ses vaches matin et soir. Puis, il apporte son lait à la fromagerie d'Arvieux.

Départ de la transhumance depuis Arvieux, le troupeau va prendre ses quartiers d'été dans les alpages de Furfande.

fier de son petit effet, il retire des morceaux de plastique en vous expliquant la physiologie d'un ruminant. Vous apprenez donc qu'une vache possède quatre estomacs : la panse, le réseau, le feuillet, la caillette ; les aliments font des allers-retours entre la bouche et les estomacs. Aussi, une fois qu'une vache aura stocké dans sa panse une assez grande quantité d'herbe, elle ira se coucher au calme pour ruminer 8 à 12 heures ! Au fil des explications, Michel Faure façonne l'histoire de sa vie quotidienne. Il ouvre le grand livre de la ferme : les métiers, les outils, la nourriture, le vêlage, l'insémination… Dès mai-juin, les vaches doivent réapprendre le grand air ! Chaque année, à la même époque, elles sont regroupées pour une grande marche dans les alpages de Furfande. N'hésitez pas à accompagner ce troupeau de randonneuses bien obéissantes, fortes à culbuter des montagnes, et endurantes à souhait. Vous partirez à l'assaut des pâturages d'altitude tôt le matin, au son de la voix du berger, dans un concert de clarines.

Continuer en beauté

• Venez pratiquer le ski de fond à Arvieux. Un *must* ! Le domaine sauvage d'Arvieux-Souliers s'étend sur 45 km : 25 km de pistes et 20 km d'itinéraires.
• Poussez la porte des artisans du bois d'Arvieux : à La Chalp, Claudine et Yann Jézéquel (04 92 46 72 99), Robert Philip (04 92 46 70 92) et Jean Philippe (04 92 46 72 76).

La transhumance

La transhumance qui veut dire "au-delà des terres" voit chaque année les troupeaux des massifs montagneux prendre leurs quartiers d'été dans les alpages. C'est une pratique ancestrale. Autrefois dans le Queyras, chaque propriétaire allait garder le troupeau à tour de rôle.

La Ferme des Espars, Michel Faure, Brunissard, 05350 Arvieux-en-Queyras. Tél. 06 10 22 01 38. www.arvieux.com.
Hors vacances scolaires, pour les familles et les groupes, visites sur réservation par téléphone.
Pendant les vacances scolaires, pour les familles rendez-vous tous les jeudis à 10h30.
Tarif : 2,50 € par personne, gratuit pour les moins de 5 ans.

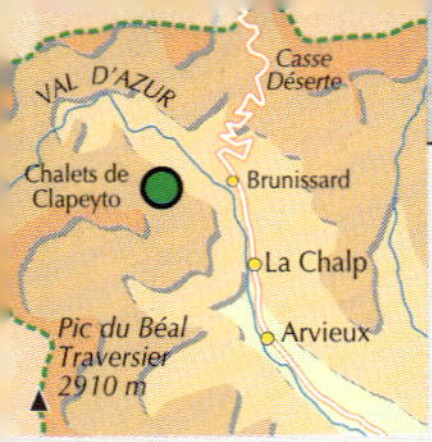

Brunissard se situe sur la D902, à 2 km au nord d'Arvieux. A l'entrée de Brunissard, prendre la route goudronnée à gauche et continuer vers le camping du Planet. Stationner au Pré des Vache

Brunissard

55

2h30

Découvrir les cabanes de Clapeyto

Site d'estive de La Chalp et de Brunissard, à 2 300 m d'altitude, l'alpage de Clapeyto rayonne au-dessus de la forêt. Là-haut, vos pas s'abandonnent au milieu des chalets d'alpage. Regroupés dans la prairie, ils forment des petits hameaux, jadis très animés.

Avec Clapeyto, les alpages d'Arvieux offrent au Val d'Azur un site tout aussi remarquable que celui de Furfande pour le nombre des chalets. Mais à l'inverse de Furfande où les chalets fleurissent un peu partout, les habitations d'altitude de Clapeyto sont regroupées, créant même des hameaux, comme l'Eychaillon ou Drataya. Vous pénétrez dans l'alpage par le pré Premier (!) peu après le torrent Rivière (!!). Cet ancien lac glaciaire, oasis de verdure enchâssée dans les falaises calcaires, abrite quelques mignonnes petites étables. Elles vous donnent l'illusion que le berger est encore là. L'atmosphère est paisible. Vous suivez le chemin jusqu'à apercevoir les crêtes de Dormillouse. Les chalets de Clapeyto sont alors à portée de vue. Portes et volets clos, ils semblent attendre les familles, comme autrefois. Pour un peu, vous entonneriez les vieilles ritournelles qui faisaient fureur à la veillée ! A 2 200 m d'altitude, suspendu au-dessus de la vallée, isolé de tout, bizarrement, vous ne vous sentez pas seul. Les chalets vous parlent, réinventant les souvenirs d'antan. Leur architecture est remarquable, associant la pierre et le bois : la pierre pour l'habitation, le bois pour les granges. Les troncs y sont empilés horizontalement, assemblés à mi-bois, constituant une fuste, construction traditionnelle du pays. Le raccord entre pierre et bois se fait grâce à une "jupe"en mélèze, formant le bandeau typique de ces chalets. Vous tombez sous le charme. A vous, respirez ! A plein poumon…

Le rôle des chalets

Ces habitations d'altitude ont joué un rôle essentiel dans l'histoire de l'agriculture du Queyras. Elles ont permis aux habitants des villages de la vallée d'accompagner et de suivre les troupeaux, durant tout l'été, vers les prairies de moyenne montagne.

Les chalets aujourd'hui

Au carrefour de superbes randonnées, l'alpage de Clapeyto est accessible par une route carrossable. Tout le monde peut donc s'y rendre... avec une bonne voiture. Tout comme à Furfande, les familles ont transformé en résidences secondaires leurs chalets, tous privés.

Continuer en beauté

- Depuis Clapeyto, suivez le sentier qui vadrouille dans l'alpage vers le col de Néal en passant par les lacs du Cogour et de la Favière. Au col de Néal, superbe vue sur le lac de Néal (2 450 m). Retour à Arvieux par le lac Lauzon. Prévoir la journée.
- Redescendez sur Arvieux depuis les chalets de Clapeyto, en suivant la sente qui part vers le Collet et le bois Bernard (4 km). Superbe vue sur la vallée.

Après le parking du Pré des Vaches, comptez environ 2h30 de marche pour rejoindre les chalets de Clapeyto. Soit vous suivez le chemin plus ou moins carrossable qui monte jusqu'en haut, soit vous empruntez le sentier qui longe cette route. Si vous ne disposez pas d'un 4x4, évitez de monter la voiture jusqu'aux chalets de Clapeyto !

Arvieux, prendre direction Brunissard, traverser le camping du Planet à la sortie nord du villa-
et rejoindre le chemin qui mène à Pra-Premier, aux chalets de Clapeyto puis au col de Néal.

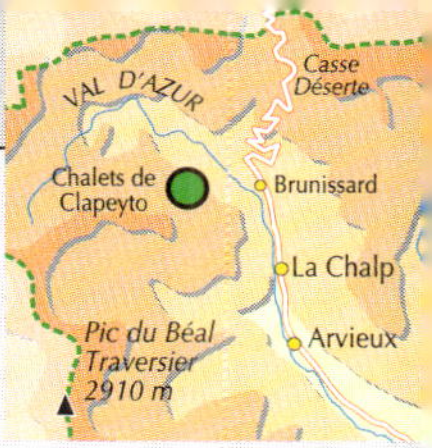

Croiser un mouflon au col de Néal

Une journée

56

Venez surprendre le plus petit des mouflons, le mouflon Corse, sous les barres rocheuses du col de Néal. Il a trouvé dans le Queyras un paysage à sa convenance. Alpiniste moyen, il se contente d'arpenter les mamelons, les prairies d'altitude... Pour votre plus grand plaisir.

Au pays des vallons verdoyants, un drôle de ruminant des pentes à la tête bien lourde invente des pas chassés. Allez-vous pouvoir admirer son ballet ? Ce matin, la montagne a revêtu une robe de chambre en soie du plus bel effet. C'est la purée de pois ! Au fil du sentier, des cabanes souveraines jalonnent l'immensité de l'alpage. Vous passez les chalets de Clapeyto pour entrer dans les vastes herbages d'altitude qui précèdent le col de Néal. Comme par miracle, le voile se déchire enfin. Concentrez-vous sur le paysage, la promenade va tourner à la chasse au trésor. Un mouflon, deux, trois... vous y êtes ! Regardez leurs cornes, une bizarrerie de la nature qui donne de l'élégance à ces ruminants à l'allure tranquille. Elles poussent sous la forme d'un cornet de kératine brun clair. Chez le mâle, l'interruption de sa croissance marque chaque hiver d'un sillon – ou anneau de croissance. Triangulaires à la base, les cornes croissent et s'enroulent avec l'âge. Elles peuvent atteindre jusqu'à 1 m de long. Chez la femelle, la présence de cornes courtes n'est pas systématique. Dans le Val d'Azur, le mouflon prend ses aises. Il s'est installé sur les montagnes sans s'en faire. Plutôt du genre sociable, il s'adapte, compose, et s'organise à merveille. Son aptitude à coloniser les milieux les plus divers fait l'admiration des spécialistes. Pas trop de neige, pas trop de reliefs accidentés, un sol rocailleux, la forêt pour se protéger des intempéries, de la chaleur et se nourrir l'hiver.... voilà pour l'hébergement. Graminées, herbes, arbustes... voilà pour le menu. Finalement, le mouflon, c'est un sauvage plutôt facile à vivre...

Continuer en beauté

- Pique-niquez au bois du Cros, une table est aménagée de l'autre côté de la Rivière, le torrent face au camping du Planet à Brunissard.
- Prenez votre badge de ski de fond, au snack-bar Le Jamberoute. Au pied de l'établissement, 45 km de pistes damées et tracées s'offrent à vous dans un cadre forestier unique !

Fiche d'identité

Un mouflon mâle mesure 80 cm au garrot et pèse jusqu'à 60 kg. Son pelage d'hiver est épais, dense et dominé par des teintes sombres. L'adulte porte toujours un jabot bien fourni de longs poils noirs ou brun foncé.

La reproduction

La période du rut dure de 6 à 8 semaines, d'octobre à décembre. Il n'y a qu'un rut par an. La compétition entre les béliers donne lieu à de spectaculaires combats, rarement dangereux. La gestation dure 5 mois et la "mouflonne" n'a qu'un petit, déjà sur ses pattes à la naissance !

Au départ du camping Le Planet à Brunissard, rejoignez le Pra Premier par le sentier, puis les chalets de Clapeyto. Suivre ensuite le sentier qui va au col de Néal. Comptez 2h30 de montée. Revenir par le même chemin.

Avant Arvieux, suivre la petite route forestière qui passe par Villargaudin. Garer la voiture au parking du Queyron.

57 5h

Flâner dans les alpages de Furfande

On dit que passer une nuit à Furfande vaut tous les palaces du monde ! C'est vrai qu'elle est belle la vie là-haut, dans ce site confidentiel. Suivez la sente qui file à travers les mamelons de Furfande et découvrez les 80 chalets éparpillés dans l'alpage.

Les Arvidants le disent : on ne revient jamais tout à fait le même de l'alpage de Furfande ! Mais que vont-ils donc tous chercher là-haut, dans ce vaste amphithéâtre protégé, ces alpages perchés entre 2 000 et 2 500 m d'altitude au pied des crêtes de Chalanches ? La récompense est à la hauteur des efforts que vous venez de consentir pour y monter par le col des Lauzes. 1h30 de marche depuis le parking du Queyron, votre point de départ. Vous parvenez aux chalets de Furfande, lieu que les gens du pays appellent le *Fons*. En trois enjambées, vous voilà transporté à l'aube du temps, dans une nature sauvage et fleurie. Le panorama est exceptionnel dominé par des barres rocheuses et des sommets de 2 500 à 3 000 m. *"Furfande, c'est notre pays rêvé, toujours aimé. On y respire dans ses grands prés, un air embaumé ! De l'avenue de la Serre à la Sarrazine, on peut voir les filles qui chantent et babillent…"* Pour les anciens Arvidants, le vallon de Furfande est chargé de souvenirs heureux et légers. Sur le sentier, vous découvrez les chalets. Leur style est propre à Furfande. Vous en comptez 80, dispersés dans l'alpage. Autrefois, chaque famille possédait son chalet et quelques hectares de terrain. Elle montait là-haut début juillet pour les fenaisons. Et en août, montaient à l'estive non seulement les vaches, mais aussi la grand-mère et les enfants, qui passaient de vraies vacances au grand air ! Après la journée de travail, les paysans s'amusaient au clair de lune, au son des accordéons. De nos jours, leurs descendants poursuivent la tradition et viennent ici se ressourcer pendant l'été, dans leurs chalets, rénovés.

Les chalets d'alpage

Les chalets d'alpage sont apparus vers le début du XIXe siècle, à l'époque où la population du Queyras atteignait les 8 000 personnes. Ils ont été construits par les familles elles-mêmes, avec les matériaux trouvés sur place : comme la terre, le bois, la chaux.

De saines journées

Chaque été à Furfande, les familles se nourrissaient des produits fabriqués sur place, le lait, la tomme, le fromage blanc. Dans la journée, les femmes tricotaient et discutaient, tandis que les enfants couraient dans la nature de longues heures durant.

Continuer en beauté

- Passez une nuit parmi les marmottes dans le refuge de Furfande, au pied de la crête du Croseras (2 680 m). 2 dortoirs. Restauration le midi. Tél. 06 16 56 23 79.
- Amusez-vous à escalader les blocs à côté du refuge de Furfande, et pour les plus entraînés, la paroi de Croseras équipée.

Pour rejoindre l'alpage de Furfande, garer la voiture au parking du Queyron et suivre le sentier pendant 1h30.
Si vous partez à pied de Villargaudin, rajoutez 1h de marche ; d'Arvieux, 2h30.
Et si vous souhaitez faire le tour de tous les chalets de Furfande, comptez 2h de marche supplémentaire environ.

rking de la Roche Ecroulée, sur la D947, à 5,5 km au sud de Ristolas, à 2 km au sud l'Echalp, au panneau indiquant les circuits de randonnée.

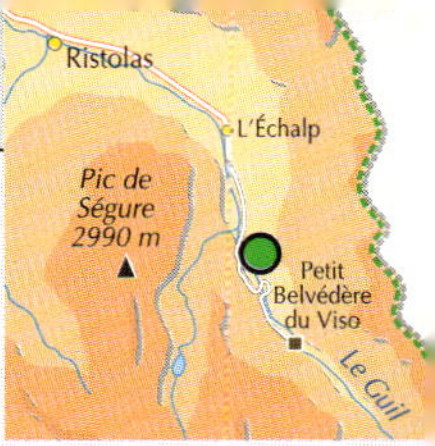

Jouer à cache-cache avec les marmottes

2h

58

Une vie de marmotte ? Quel doux rêve ! Elle se dore au soleil, profite en famille du bon air, puis se prépare à sa grande léthargie hivernale ! Entendez son cri strident résonner dans la pente. Ralentissez le pas. Elle fait le guet, vous êtes repéré ! Tous aux abris...

Elle se réveille au printemps. Ne voit absolument rien dès qu'il fait sombre. Ses pattes antérieures ont quatre doigts, les postérieures, cinq ! Décidément, la marmotte joue les originales... mais aussi les exubérantes : en langage marmotte il existe un cri pour chaque danger. Long et répété pour un renard, bref et puissant pour un aigle. Sur le sentier qui monte au Pré-Michel, vous avancez dans un amusant concert de sifflements suraigus. Elles sont bien là. Se cachent-elles derrière cet enchevêtrement de branchages ou bien encore dans cet éboulis de grosses pierres à mi-pente ? Vos yeux sont à l'affût des ombres. Pour déjouer la vigilance des marmottes, un seul conseil : asseyez-vous et attendez. Comme elles ne s'éloignent jamais de leurs terriers, après l'alerte elles vont assurément pointer des museaux hésitants et apparaître. Ça ne manque pas. Debout sur ses pattes arrière, une aventurière surveille l'horizon et cherche l'intrus en roulant ses yeux en tous sens ! Immobile, vous êtes transparent ! Avec un peu de patience, vous surprendrez peut-être cette agile grimpeuse en habit de jardinière. Avec son corps robuste et ses puissantes pattes, elle creuse la terre comme une forcenée pour y construire des galeries. De 2 à 10 m de long, celles-ci forment une immense maison souterraine avec chambres, pièces principales et cabinets ! A l'intérieur, notre boule de poil des montagnes s'oriente grâce à ses moustaches. Vous prenez racine ? Qu'importe, la vie d'une marmotte est passionnante à suivre... Amusez-vous bien.

Continuer en beauté

- Profitez des 40 kilomètres de pistes de ski de fond pour filer vers le mont Viso et le vallon de Valpréveyre surprendre les traces des chamois, mouflons et autres bouquetins.
- Skiez dans le secteur de la Colette, accessible par le télésiège d'Abriès, On y trouve un ensemble de pistes de tous niveaux. Son fleuron, la piste rouge des Besseys qui relie la Colette de Gilly à Valpréveyre.

Passer l'hiver au chaud

L'hibernation débute mi-octobre. Le ventre plein, toute la famille marmotte gagne son terrier pour six mois. Terrier qu'elle bouche avec un mélange de paille, de racines et de terre. Recroquevillée sur elle-même, chaque marmotte laisse son métabolisme se ralentir lentement.

Un repas de gourmet

La marmotte mange debout. Son restaurant préféré ? Une terrasse au soleil. Elle tient dans ses pattes des graminées, des plantes ou des racines qu'elle porte ensuite à la bouche. A la fin de l'été, avant l'hivernage, elle fait des festins de roi !

Toute la montagne queyrassine résonne du cri des marmottes. Et tous les randonneurs auront la chance d'en surprendre une au moins une fois ! Sauf de la mi-octobre à fin mars-avril, lors de l'hibernation. Du côté du Pré Michel, la colonie est importante, mais aussi à Furfande, du côté d'Arvieux, et un peu partout entre 1 000 et 3 000 mètres.

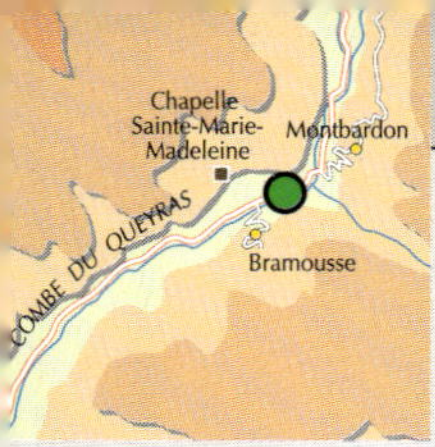

Sur la D902, entre le pont de Veyer et Château-Queyras, dans le virage avant le grand oratoire au rocher de l'Ange Gardien, prendre le chemin qui descend au bord du Guil. Petit parking.

59

Une journée

Pique-niquer dans les plus beaux endroits du Queyras

Buller au bord de l'eau, se détendre les pieds dans le torrent, manger dans un décor de carte postale, ça vous dit ? Laissez-vous tenter. Dans le Queyras, les tables de pique-nique vous invitent à la table des rois, dans des endroits pas tout à fait comme les autres.

Aujourd'hui, pour vous, c'est férié ! Vous avez décidé de fermer les écoutilles, de vous échapper pour ne rien faire. Ou plutôt si ! Pour vous restaurer en pleine nature, vous sustenter au grand air, prendre votre repas dans un bain de verdure. Et vous avez déjà repéré sur la carte votre zone d'oisiveté. Elle existe bien, quelque part sur la D209, dans un endroit que l'on appelle ici La Fusine, juste au-dessus de la combe du Queyras quand on vient de Guillestre, et après l'oratoire du rocher de l'Ange Gardien quand on vient de Fort-Queyras. Quelque part par là… il existe un court chemin qui mène au bord du Guil. Dépourvu de bruit, si ce n'est celui du clapotis de l'eau. Quelques tables, des bancs, et vous voilà confortablement installé en hauteur sous un bosquet. C'est ici que s'ébauche votre journée farniente et pique-nique. La vue est royale ! A vos pieds, le Guil satisfait toutes les envies de rafraîchissement. En restant au bord, vous pouvez sans risque mettre les pieds dans l'eau. Prenez du bon temps. Prenez tout votre temps. Une sorte de petite plage accueille votre sieste. Vous êtes escorté par des dizaines de papillons blancs piquetés de noir qui se dorent au soleil. Les piérides ! Piérides du Chou ou du Navet, vous en verrez d'impressionnantes colonies. Et vos enfants passeront des heures amusantes à leur courir après ! Musarder en marchant dans le torrent du Guil, comme on arpente une plage bretonne, n'est possible qu'en de très rares endroits. Pour profiter longtemps encore de cet îlot préservé, respectez-le. Et bon pique-nique !

Choisissez votre table selon vos goûts !

Pour le romantisme, le lac de Roue au-dessus d'Arvieux. Pour le panorama exceptionnel, l'oratoire Sainte-Luce à Saint-Véran. Pour l'ambiance des alpages, Le Queyon avant la montée à Furfande, et du côté de Ceillac, le fond de Chaurionde avant de partir pour les lacs. Pour la forêt, le Clos de Charmanière dans la montée au sommet du Bûcher… Pour les pieds dans l'eau, Le Coin à Arvieux, La Rua à Ville-Vieille…

Continuer en beauté

- Rejoignez le village de Villargaudin pour y voir la chapelle Saint-Jacques-Le-Majeur, rebâtie en 1730. Elle abrite un riche décor.
- Rapprochez-vous de l'oratoire de l'Ange Gardien. Il délimite la fin de la combe. Les habitants l'ont construit il y a très longtemps pour se protéger des dangers qui les menaçaient à chaque fois qu'ils devaient traverser cette terrible combe du Guil !

Retrouvez sur les cartes du Parc Naturel Régional du Queyras les endroits où se trouvent les tables de pique-nique. Soyez respectueux des lieux. Ne jetez rien dans les torrents, ni dans les ruisseaux. N'abandonnez pas de déchets ou de récipients vides. Descendez-les au village.

ejoindre le hameau de Montbardon depuis la D902 entre Château-Queyras et Guillestre. A partir
es crèches (maisons) du lieu-dit La Chapelue, suivre la route qui monte en lacets jusqu'au village.

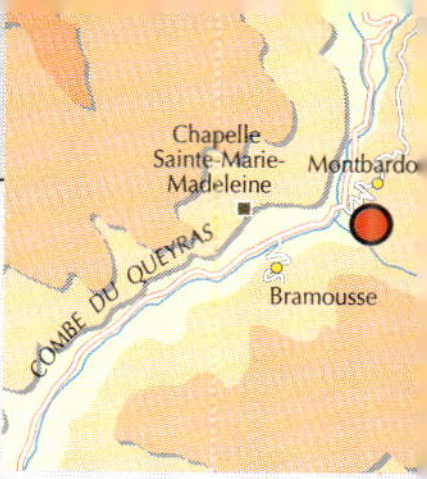

Goûter le cembro à la fromagerie de Montbardon

3h

60

Déposez un chèvre mi-frais ou demi affiné sur une tranche de pain de mie. Saupoudrez légèrement avec des herbes aromatiques. Passez au four une minute... C'est prêt ! Le fromage ? Vous le trouvez à Montbardon, il se bonifie en vous attendant.

Montbardon, 1 550 mètres en balcon sur la vallée du Guil, fait partie de ces villages suspendus complètement isolés, que vous voyez apparaître après une rude montée en lacets. De là-haut, vous bénéficiez d'une vue vertigineuse sur les à-pic du versant opposé. Autrefois, la route n'était qu'un sentier et il fallait aux habitants une heure de marche pour aller chercher leur eau potable quelque part dans la montagne. Mais les temps changent ! Avec sa fromagerie et son auberge, le village est à présent devenu une étape gastronomique incontournable. Son autre originalité ? Ce sont ses magnifiques chèvres qui paissent par troupeaux les fleurs de l'alpage alentour. Poussez la lourde porte de la fromagerie de Montbardon bien à l'abri dans sa cave du XVIIIe siècle. Ici les fromages de chèvres sont certifiés AB, agriculture biologique, et fabriqués traditionnellement depuis des générations. Vous avouerez un faible pour le cembro ! Fromage à pâte molle et à croûte fleurie, moulé et salé, il est enveloppé dans un mince copeau de pin cembro, un bois très apprécié des sculpteurs. La préparation conserve son enveloppe pendant les trois semaines d'affinage et prend la couleur bleu gris du *pénicillium*. Le cembro est un chèvre crémeux, et si tendre que vous devez absolument vous asseoir pour le goûter. Asseyez-vous sur le banc au centre du village, qui fait face à la vallée du Guil. Fermez les yeux, et laissez le cembro fondre sur votre palais. Attention, vous allez décoller dans les alpages !

Continuer en beauté

- Installez-vous à l'auberge du Cadran Solaire, pour la vue exceptionnelle sur les montagnes environnantes, pour la cuisine familiale traditionnelle. Tél. 04 92 46 70 78.
- Retrouvez la Fontaine du Loup, en haut du village après l'auberge à droite. C'est la réserve d'eau de Montbardon, une grotte réaménagée par le Parc où l'eau ruisselle dans une grande marmite. N'oubliez pas d'allumer la lumière.

Montbardon avant la route

Dans les années 1946-1947, Montbardon, comme le village voisin des Escoyères, fut presque entièrement déserté. A l'époque, n'y restaient plus que deux familles. Depuis que la route a remplacé la vieille piste forestière, des jeunes sont revenus vivre au pays.

Montbardon, héritage d'une tradition

La famille Randu a complètement relancé la fromagerie de Montbardon. Tous les fromages de Montbardon ont une histoire à raconter. Comme "l'Echauguette" qui joue l'originale en réunissant le goût des trois pis : de chèvre, de brebis et de vache !

Fromagerie de Montbardon, 05350 Montbardon. Tél. 04 92 46 73 16. Ouvert tlj. Point de vente à Ville-Vieille.
Fromagerie d'Abriès "Reynaud Guy". Tél. 04 92 46 74 23. Fromagerie du Queyras à Arvieux.Tél. 04 92 46 72 34.
Fromagerie "La Raille" à Ceillac. Tél. 04 92 45 43 60. Fromagerie "La Rune" à Arvieux. Tél. 04 92 46 75 88.

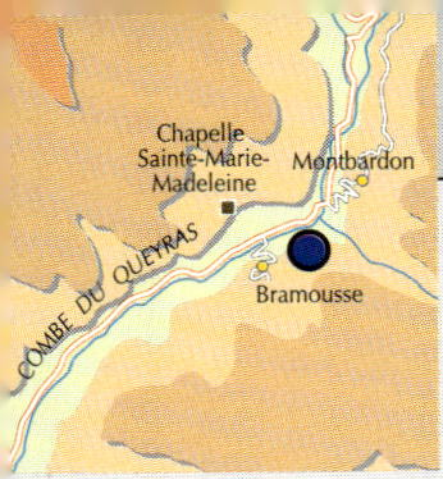

Evoquer la fabrication du pain dans les fours de Bramousse

61

2h

Bramousse, 1 475 mètres. Un village agrippé à la pente, blotti entre les arbres de la forêt, au bord du torrent de Bramousse. D'un quartier à l'autre, vous montez toujours plus haut. Votre balise ? Les fours à pain. Une vieille histoire...

Vous mettez le cap sur le village suspendu de Bramousse. Vous progressez sur la route goudronnée qui s'étire en hauteur et qui, de virage en virage, vous mène dans les quartiers de ce hameau du bout du monde. Si Bramousse ne paraît guère animé, il conserve pourtant les traces vivantes de l'activité qui régnait ici autrefois. Mieux que de simples aide-mémoire, les quatre fours banaux répartis dans les quatre quartiers du village, les Chagnards, les Garcins, le Serre, le Pontet, vous rejouent le spectacle de la vie quotidienne des Queyrassins. Faire le pain ! Ah la belle, la grande affaire. Autrefois, les familles se réunissaient devant les fours avec leurs boules de pâte préparées à la maison. Les femmes affairées à la fabrication de la pâte, les hommes en quête de bois pour le feu. Vous imaginez l'effervescence, l'ambiance de fête et l'esprit de solidarité qui émanaient des jours de cuisson. Les boules de pâte étaient transportées sur des panières, planches de deux à quatre mètres de longueur, recouvertes d'un drap blanc. Un vrai cérémonial ! Les premiers chauffaient le four avec les bûches apportées par chaque famille, faisaient leur fournée puis passaient à leur voisin. On enfournait les boules avec des pelles en bois, comme les boulangers. Le temps de cuisson était à l'appréciation de chacun. Les habitants étaient devenus maîtres dans l'art de cuir le pain et les fours banaux fonctionnaient à merveille. Et quel régal que ses miches bien chaudes et moelleuses !

Bramousse, le dernier ours

Le nom de Bramousse vient de "brame" et "ours". Le dernier ours du Queyras serait en effet mort ici, vers 1880. Le village comptait plus de cent habitants à la Révolution et fut habité en permanence jusqu'en 1984. Il revit aujourd'hui, essentiellement en été.

Le Riou Vert

Dans le quartier le plus élevé de Bramousse, Le Riou Vert jouit d'une vue panoramique privilégiée sur la montagne. Ce gîte sert une cuisine traditionnelle, à base de produits du jardin, de charcuterie de pays et de délicieux déserts faits maison : tourte queyrassine, tarte framboises et myrtilles, polenta du Piémont...

Continuer en beauté

- Partez du dernier hameau de Bramousse et suivez à pied le chemin qui mène aux chalets de Bramousse. En 1h30, vous rejoignez cet ensemble de chalets d'alpage regroupé autour d'une chapelle. Après la chapelle, un sentier à droite mène à un mélèze remarquable, vieux de plusieurs siècles.
- Suivez les 28 virages qui mènent au hameau des Escoyères pour y admirer ses quatre chapelles.

Les quatre fours sont bien visibles dans les quatre quartiers du village de Bramousse.

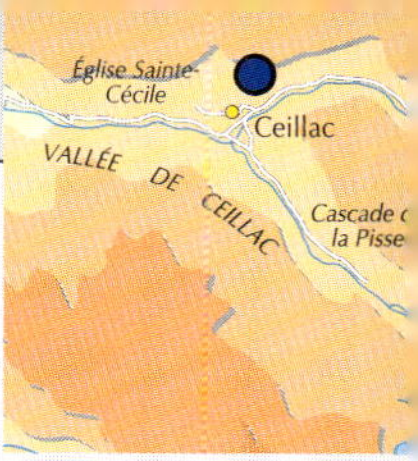

Approcher à pas sacrés de l'église Sainte-Cécile à Ceillac

1h

62

L'église Sainte-Cécile a été bâtie à la fin du XIVe siècle. Plusieurs fois remaniée au cours des siècles, elle se dresse comme un phare en bordure de l'Aiguillette, sur la plaine de Ceillac. Vous y accédez par un chemin de terre bucolique, en pleine prairie.

La petite route qui va du hameau de La Vière à celui de La Clapière vous conduit à Sainte-Cécile, église au style composite, qui rappelle que le Queyras compte quelques-uns des plus beaux édifices religieux des Alpes du Sud. Sainte-Cécile, c'est d'abord un clocher carré, typique des églises dauphinoises, s'élançant sur plusieurs étages, qui se dresse devant vous. De style lombard, il est allégé par des baies triplées ou géminées, et coiffé par une flèche octogonale en pierre surmontée d'une sphère et d'une croix en fer. Commencez votre incursion en poussant la porte du petit mur d'enceinte. Vous découvrez ainsi le cimetière endormi tout autour de l'édifice. Dans l'allée qui mène à l'église, une grande croix ancienne attire votre attention, elle porte sur le bras horizontal la date 186? Ah, le dernier chiffre est illisible ! Vous vous dirigez vers le portail, deuxième élément remarquable de l'église après le clocher. Vous en observez les voussures, les colonnettes, les chapiteaux et remarquez son tympan central aveugle. Sur le tympan de droite subsiste une *Pieta* du XVIe siècle, restaurée en 1967. Puis vous entrez dans l'intimité de l'église. Levez les yeux. La nef unique est couverte d'une charpente dont certaines pièces ont jadis été sculptées ou peintes de dessins géométriques et de personnages naïfs. A Sainte-Cécile, les murs ont de la mémoire. Et votre visite ne fait que commencer.

Continuer en beauté

- Gagnez le hameau de La Clapière depuis l'église Sainte-Cécile, en empruntant le pont qui enjambe le ravin des Aiguillettes. Ne manquez pas, sur la gauche, l'oratoire de Notre-Dame-des-Roses.
- Rejoignez le col de Bramousse (2 251 m). Le sentier démarre près de l'église et s'élève en lacets dans la forêt de pins avant de déboucher sur une belle pelouse alpine d'où l'on aperçoit les alpages de Furfande (2h de montée).

Visions de sainte Cécile

La statue de la sainte n'est exposée qu'en de grandes occasions. Faite de bois doré, elle représente Cécile jouant de la harpe. Au centre de l'autel, lui aussi en bois peint (vert et rouge), on retrouve la patronne de l'église en médaillon.

Deux bénitiers originaux

A hauteur d'homme, le premier est en pierre sculptée, porté à chaque angle par des saintes. Il évoque les vertus théologales : la foi, l'espérance et la charité. Presque au ras du sol, le second est de style roman, et se trouve enchâssé dans le mur au fond de la nef.

Eglise Sainte-Cécile, en juil-août ouverte tlj. Pour les autres périodes se renseigner auprès de l'office de tourisme de Ceillac, place Philippe-Lamour, 05600 Ceillac. Tél. 04 92 45 05 74. www.ceillac.com, e-mail : Officedutourisme@ceillac.com. Ouvert lu-ve 9h-12h et 14h-18h.

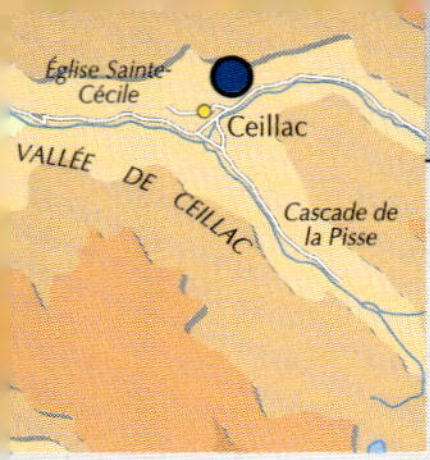

Ceillac se trouve sur la D60 dans la vallée du Cristillan, à environ 7 km au-dessus de la Maison du Roy.

63

1h

Admirer les fresques de l'église Saint-Sébastien à Ceillac

Avec ses façades tirant sur le jaune et l'orangé, l'église Saint-Sébastien de Ceillac a une allure franchement méridionale. A l'intérieur, vous êtes au spectacle, vous lisez l'histoire qui se dessine devant vous.

Sur la place Vieille au centre de Ceillac, les cinq cloches de l'église Saint-Sébastien sonnent dans un tintamarre des plus solennels. La fontaine s'épanche d'abondance. La chaleur pèse. Il est donc l'heure pour vous d'entrer à l'intérieur de l'édifice pour surprendre saint Sébastien mis en scène sur les murs. Vous poussez la porte du bas de l'église, celle qui donne sur la place Vieille. Avancez vers le chœur et, modernité oblige, appuyez sur les interrupteurs. Là, sur les murs nord et est, pris dans l'ogive de la voûte, vous découvrez les six panneaux. Un premier registre montre le Seigneur en majesté. Vêtu d'une robe rouge, entouré d'anges musiciens, il porte le globe terrestre. Sur les côtés, en médaillon, deux autres anges se détachent. Juste au-dessous, un deuxième registre vous raconte trois épisodes de la vie de saint Sébastien, martyrisé au IIIe siècle. Vous ne quittez pas des yeux les deux hommes qui paraissent détenus dans un cachot gris. L'un est auréolé. Remarquez comme leur geôlier a fière allure. Portant tunique jaune, haut-de-chausses rouge et hautes chaussettes, appuyé sur son épée, il les toise. La scène centrale représente un saint, en chausses blanches et pourpoint, qui indique du doigt une sorte d'autel. Derrière lui, trois hommes, qui semblent écouter ses explications. L'un d'entre eux est coiffé d'une tiare et vêtu d'un manteau. Un pape ? Vous découvrez la dernière scène de ces fresques murales stylisées, parfaitement restaurées, et faites silence pour mieux ressentir la pensée de l'artiste.

Le miracle des inondations

Les fresques murales de l'église Saint-Sébastien furent mises au jour par les inondations de 1957. Outre les murs nord et est du chœur, on devine la présence, derrière l'autel, d'une peinture représentant le baptême du Christ.

Un peintre subtil

Harmonie des couleurs, douceur des tons, subtilité du style... ces fresques restaurées peu après leur découverte dateraient du XVIe siècle et sont l'œuvre d'un anonyme adroit et précis.

Continuer en beauté

- Quittez l'église Saint-Sébastien et dirigez-vous vers le bas du village pour visiter la petite chapelle Saint-Antoine fondée en 1763. Vous y verrez une statue de ce saint invoqué pour retrouver les objets perdus et la santé.
- Explorez en VTT la vallée du Mélézet avec ce circuit de 2h30 en balcon au-dessus de Ceillac. Pochette *Promenade VTT dans le Queyras* à demander à l'office de tourisme de Ceillac.

L'église Saint-Sébastien est ouverte tlj 12h-18h. Office de tourisme de Ceillac, place Philippe-Lamour, 05600 Ceillac. Tél. 04 92 45 05 74. www.ceillac.com, e-mail : Officedutourisme@ceillac.com. Ouvert lu-ve 9h-12h et 14h-18h.

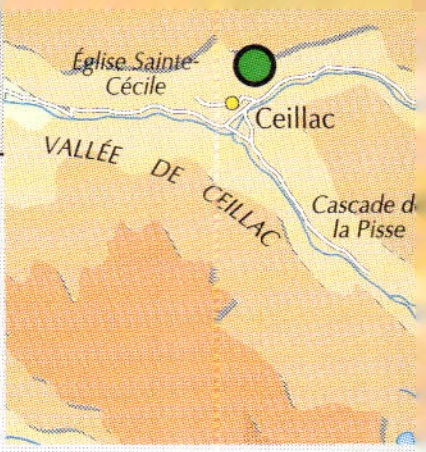

Faire comme l'oiseau, en parapente au-dessus de Ceillac

1h

64

Voler comme un oiseau ! Le plus vieux rêve de l'homme. Et aujourd'hui, c'est votre enfant qui va se rapprocher des nuages. Il n'a que cinq ans mais qu'importe, tout est prévu. Attention, encore trois pas d'élan et c'est l'envol...

Il reste quelques mètres encore avant d'arriver sur le site. La pente école de Ceillac plonge doucement depuis le bois de Jalavez jusqu'au torrent du Mélezet. Le visage de votre enfant s'illumine. *"Je vais décoller là et voler tout là-haut ?"* La réponse qui fuse ne vient pas de vous : *"Aucun souci, le vent est bon, on va bien s'amuser !"* Cette fois, vous y êtes, à peine a-t-il appris à marcher que c'est son premier vol ! Et le moniteur de ce baptême accompagné n'a pas l'ombre d'une inquiétude. Après avoir posé les voiles à terre, tout le monde va regarder le fond de la vallée en bas, tout là-bas, un tout p'tit peu plus bas... Votre enfant et son moniteur pour y repérer le terrain d'atterrissage, vous pour vous rassurer un brin. Vous aussi vous auriez pu essayer le parapente, mais ce sera pour la prochaine fois ! Etaler la voile à terre, démêler les suspentes et les freins, installer la sellette... C'est déjà à eux. Ils courent, courent, tirent sur la voile. Très vite, celle-ci s'élève au-dessus de leurs têtes, bien ouverte, comme une corolle. Et, oh ! ils ont décollé et ils volent, l'air de rien, suspendus à leur cerf-volant ! Vous n'en revenez pas. Un virage à 90°C pour se placer face au vent et voilà votre progéniture qui prend de la vitesse... Trente minutes planantes, trente minutes plus loin, le moniteur entame la descente. La voile se plie et s'affaisse sur le sol. Atterrissage en douceur. Vous vous précipitez auprès de votre enfant pour découvrir qu'un seul désir l'anime : recommencer. Sans la moindre hésitation. Et si possible, sans attendre !

Continuer en beauté

• Partez à la poursuite du marbre vert, une randonnée facile et familiale de 4h30 qui aboutit à 2 700 m d'altitude sur une carrière de serpentine de 31 ha.
De Ceillac, suivre la route goudronnée qui mène au parking du Bois noir, au lieu-dit "Les Claux".
• Poussez la porte du Matefaim pour goûter au "matefaim", une crêpe de montagne, spécialité de Ceillac, à la recette inédite. Tél. 04 92 45 15 90.

Des baptêmes de 25 à 110 kilos

**Il n'y a pas d'âge pour voler en parapente, c'est plutôt affaire de poids.
A l'école de parapente du Queyras, basée à Ceillac, les six moniteurs encadrent enfants ou adultes à partir de 25-30 kilos, et jusqu'à 110 kilos.
Le baptême de découverte dure de 20 à 30 minutes.**

Dis, comment ça vole, un parapente ?

Dérivées des voiles de parachute, celles des parapentes sont très sûres. La voilure est reliée au pilote par l'intermédiaire de suspentes regroupées sur des élévateurs. C'est en tirant sur les freins que l'on dirige l'engin.

[Tête en l'air et Ecole de parapente du Queyras : Fred au 04 92 45 30 46. Lionnel Philip au 04 92 46 77 51. www.parapente05.com Local d'été au 04 92 45 21 00. L'école fonctionne d'avril à novembre sur Ceillac. Elle propose également des vols à l'étranger, et des vols avec skis aux pieds sur Vars et Risoul. Prix d'un baptême : 67 € pour 30 mn de vol, environ.]

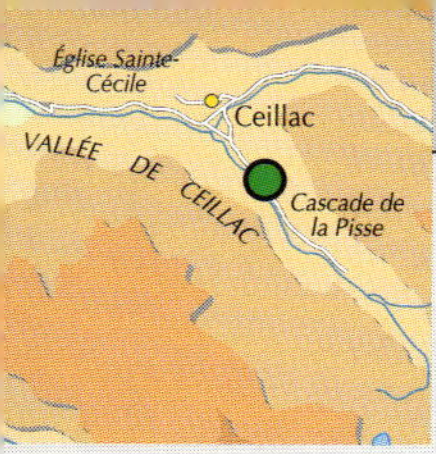

Ceillac est situé sur la D60 dans la vallée du Cristillan à environ 7 km au-dessus de la Maison du Roy. La cascade de la Pisse se trouve au Pied du Mélezet, à 2 km à l'est de Ceillac.

65

2h

Se faire doucher à la cascade de la Pisse à Ceillac

Elle transperce avec vigueur le mélezin de la vallée du Mélezet, crache ses eaux torrentielles dans le vide, jaillit à 150 m de hauteur. En bas, vous prenez la douche ! Alimentée par le torrent de la Pisse, la cascade du même nom coule en abondance. Profitez du spectacle.

Vous franchissez le torrent du Mélezet sur un petit pont de bois. Et là, face à vous, sur un rebord de la roche, vous l'apercevez. Elle expulse des tonnes d'eau. Un magnifique bond de 150 m. La gerbe s'engouffre entre deux vertigineuses parois dans un goulet étroit et assez raide. Tout en bas de la chute, c'est la grande symphonie. L'eau termine sa course folle dans un tourbillon opaque, mousseux, puis poursuit son cheminement sur les rochers découverts avant de calmer ses ardeurs en rejoignant le lit du torrent du Mélezet. Celui-ci musarde entre les mélèzes à plus de 1 700 m d'altitude dans cette vallée ouverte, coiffée par la forêt. Au bas de la cascade, à quelques mètres de sa chute brutale, vous découvrez un petit espace où il fait bon se rafraîchir. L'endroit est idéal pour se reposer. C'est un coin de verdure à l'ombre des arbres où la rivière ne fait plus que chantonner. Avec un plaisir non dissimulé, vous marchez sur les pierres glissantes. Vous avancez avec précaution, chassant de la main les rayons du soleil qui enluminent l'eau. De nombreux randonneurs se donnent rendez-vous dans cet endroit paisible avant de partir pour le lac Miroir dont le sentier grimpe sur la droite de la falaise de la cascade. Ceux qui en descendent font une pause casse-croûte avant de repartir sur Ceillac. Quant à vous, vous avez définitivement opté pour la position allongée. Dans l'herbe rase. Comme un écho lointain, vous percevez le rugissement de la cascade qui se répercute. Là-haut, quelques centaines de mètres au-dessus de votre tête.

La cascade de la Pisse, l'hiver

En hiver, la cascade de la Pisse se couvre de glace. Et permet la pratique de l'escalade de glace. Ceillac étant un "spot" connu dans l'Europe entière pour ce sport. De nombreuses autres cascades se gravissent ainsi crampons aux pieds et piolet à la main.

La vallée du Mélezet

La station de ski de Ceillac s'est développée dans cette vallée du Mélezet, sur le versant ubac du massif de la Fonte Sancte. Des pistes de ski, des remontées mécaniques ont vu le jour. Ici, l'accueil se fait dans des chalets d'alpage groupés en hameaux.

Continuer en beauté

- Tentez la plongée sous-glace ! Une aventure exceptionnelle encadrée par des spécialistes. Tout le monde peut essayer. Un baptême est prévu. Contact : Aqua-Logis à Ceillac, tél. 04 92 45 00 68 ou www.aqualogis.com
- Visitez l'aquarelliste de Ceillac, Odile Fricher, qui peint avec talent les paysages du Queyras. Exposition située en bas du village. Tél. 04 92 45 24 11.

Pour la pratique de la cascade de glace, sachez que vous pouvez louer du matériel à Ceillac même, au centre du village, au Névé Sport, un magasin qui propose du matériel haut de gamme. Concernant les guides, renseignez-vous auprès de l'office de tourisme de Ceillac, place Philippe-Lamour. Tél. 04 92 45 05 74.

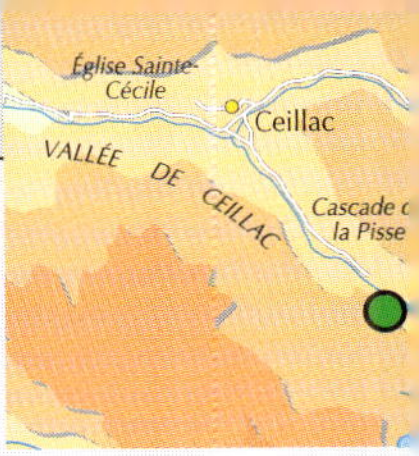

Monter au lac Sainte-Anne, à Ceillac

3h

66

Montez au lac Sainte-Anne qui repose à 2 415 mètres d'altitude afin d'admirer ses eaux turquoise et le point culminant du Queyras, la Font Sancte. C'est aussi l'occasion de comprendre la genèse d'un paysage et l'histoire d'un site surfréquenté mis sous haute protection.

Votre balade vers le lac Sainte-Anne prend son envol par le fond. Le fond de Chaurionde… un fond de vallée, tout plat, où se déploient les cultures. Piétinement de la flore, tassement du sol, stationnement sauvage des véhicules… surfréquenté, fragilisé, victime de son succès, le fond de Chaurionde a été mis sous haute protection par le Parc. Vous garez désormais votre voiture dans un lieu bien délimité par des talus engazonnés. Certaines zones ont même été entièrement réensemencées, et d'autres réaménagées, comme le sentier que vous suivez. Au fil de votre progression, des mélèzes apparaissent. Autrefois, des boisements limités aux versants dessinaient une limite franche entre les prairies. Aujourd'hui, le mélezin progresse jusqu'en fond de vallée, signe de la précarité de l'exploitation agricole. Vous émergez du bois. Deux parois impressionnantes se dressent face à vous. Le sentier s'engouffre dans la brèche pour traverser la gorge du Tronchet. Une splendide pelouse alpine vous offre à présent une voie toute tracée vers le lac. Anémones sauvages, tulipes rouges, fétuques des prés, triomphantes et sauvages, habillent le paysage de la montée. Le lac Sainte-Anne est tout proche. Profond de 22 mètres, circulaire, vieux de 7 000 ans, il occupe le centre d'un très beau cirque glaciaire. Sur ses rives, la chapelle Sainte-Anne offre aux randonneurs un belvédère de choix sur les eaux turquoise du lac. Et un miroir grandeur réelle sur le point culminant du Queyras, la Font Sancte, 3 292 m, avec ses éboulis et ses glaciers fossiles.

Continuer en beauté

- Montez au col Girardin (2 699 m) en passant par les vallons de Sainte-Anne. Prenez à gauche de la chapelle Sainte-Anne. Une balade majestueuse dans un site très sauvage.
- Continuez la balade par le lac Miroir (2 214 m), qui se transforme peu à peu en tourbière. Environ deux heures d'une amusante descente à travers les pistes de ski.

Les lacs de montagne

Un lac se forme lorsque les eaux rencontrent un obstacle à leur écoulement, verrou morainique ou verrou rocheux. Sa couleur dépend de sa pureté, des teintes dominantes du paysage environnant mais aussi de la coloration des dépôts en suspension ou au fond de l'eau.

La chapelle Sainte-Anne

Chaque année, le pèlerinage à la chapelle Sainte-Anne a lieu en juillet. Autrefois, on y priait pour invoquer la pluie. Bâti sur une moraine qui retient les eaux du lac, l'édifice fut entièrement détruit par une avalanche au siècle dernier.

[Le parking du fond de Chaurionde se situe au bout de la vallée du Mélezet, à 5,5 km environ au sud de Ceillac. Point de départ de plusieurs randonnées : lac Sainte-Anne, lac des Prés Soubeyrand, vallée de l'Ubaye par le col Girardin et le col Tronchet.]

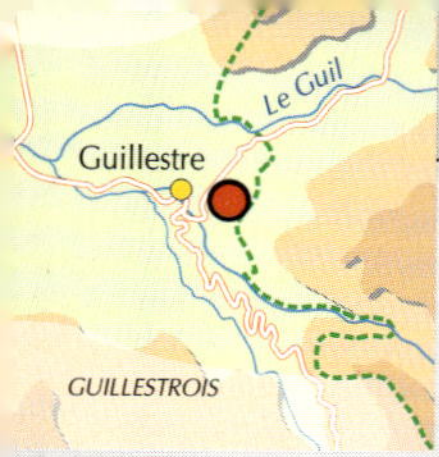

Faire son marché à Guillestre

67

2h

Petite cité ouverte entre Ecrins et Queyras, Guillestre s'étale à 1 000 m d'altitude, au pied des fameux cols de Vars et d'Izoard. Cette ville ouverte au sud sur des pentes où pousse la vigne accueille un marché pittoresque et tentaculaire. Venez y flâner sans regarder la montre !

Place du Portail, Guillestre. C'est à celui qui fait le plus de bruit ! Les 2 200 habitants sont tous là ! Plus vous et quelque 130 forains qui ont investi l'ensemble des quartiers de la ville. Le grand marché d'été affiche complet. Il attire les foules car c'est bien connu, les gens aiment le bon, le beau. Vous qui venez pour la première fois, vous êtes un peu noyé par la masse de choses à voir. Mais il suffit de s'organiser : avec un plan, fourni à l'office du tourisme par exemple. Le marché dépasse largement le cadre des amateurs de bonne bouffe. La place Albert, le cœur battant du centre-ville, accueille tout une gent bigarrée d'artisans. Vos yeux ont le tournis : marionnettes à plumes, sacs à main, savons parfumés, bijoux de pierre… et puis un peu partout au gré des rues, des ruelles et des impasses, des vêtements, des draps, des bouquins, des poteries, des huiles essentielles… Un programme plein de senteurs, de saveurs et de couleurs vous attend ! Du côté de la place du Portail, tomates, raisins, figues, pêches… les meilleurs produits se bousculent sur les étals. Vous qui rêviez d'un sac à dos rempli de fruits et de légumes dorés au soleil, c'est le moment d'en profiter. Le béret bien calé sur la tête, des mains larges et fortes, le visage rond du charcutier, s'illumine soudain. Avec force gestes, il vous invective, jovial et tout guilleret : *"Vous partez en rando ? Un saucisson de pays, ça vous tente ?"* Et comment ! On ne résiste pas aux assauts du marché de Guillestre. Tout ramène ici à un Queyras aux couleurs chatoyantes, plein de vitalité et de bonne humeur.

La foire de la Saint-Luc

Le 3e lundi d'octobre, c'est la foire aux bestiaux de la Saint-Luc à Guillestre, et ce, depuis des temps immémoriaux ! Le même jour : animations sur les métiers du bois, foire commerciale, échanges avec la ville jumelée de Torre Pellice (Italie).

L'origine de Guillestre

Le Guil a-t-il donné son nom à Guillestre ou bien est-ce le contraire ? Personne ne sait. Le premier texte mentionnant le nom de Guillestre date de 1118. Dépendant alors des archevêques d'Embrun et de Grenoble, la cité était entourée d'une muraille et dominée par un château fort.

Continuer en beauté

- Visitez l'église Notre-Dame-d'Aquilon de Guillestre, construite entre 1507 et 1532 en marbre rouge. A voir notamment, le porche à colonnes soutenu par des lions, belle serrure et porte en bois.
- Repérez les six portes de la ville, dont la porte Saint-Louis, la plus large. Les autres sont aux dimensions d'une charrette. Et ça porte bonheur de passer sous la porte Saint-Jean-Baptiste !

Office du tourisme du Guillestrois, pl Joseph Salva, 05600 Guillestre, tél. 04 92 45 04 37.
www.pays-du-guillestrois.com. E-mail : pays-du-guillestrois@wanadoo.fr

puis Guillestre, suivre la D902 sur 7 km en direction du col de Vars, puis prendre à gauche panneau "Réserve de Nature". Garer sa voiture au parking de Haute-Rua.

Observer la nature dans la réserve du Val d'Escreins

1h

68

Au sud-est du Parc, la Réserve de Nature du Val d'Escreins vous plonge à travers 3 000 hectares de nature sauvage. Un sanctuaire pour la flore qui s'étage entre 1 600 m et 3 385 m au sommet du pic de la Font-Sancte et que vous découvrez au fil du sentier botanique.

Cet étonnant laboratoire à ciel ouvert accueille des scientifiques tout heureux de se trouver en si bonne compagnie : pas moins d'une centaine d'espèces végétales recensées, un chalet laboratoire, un sentier botanique jalonné de panneaux explicatifs sur lequel vous enchaînez les surprises. Les trois essences forestières principales de la vallée sont présentes : le mélèze, l'épicéa, le pin de montagne ou pin à crochets et à côté, sur le pierrier, l'épine vinette. Vous suivez le sentier du Vallon Laugier sur 30 m. Vos yeux se portent sur un tapis de "raisin d'ours", une éricacée des sous-bois secs. Une haie de grandes gentianes et de pétasites *"blancs comme neige"* habille le chemin. Bientôt c'est un liséré d'épilobes en épi à la floraison rose si dense en août, et une rose très épineuse, la *rosa pimpinellifolia* qui modèle une ambiance romanesque jusqu'au panneau "Charte du promeneur en forêt". Sureau en grappes, gentiane croisette, armoise absinthe – à ne surtout pas utiliser pour les liqueurs – recouvre une petite étendue boisée, que vous traversez. Le panneau "Vallée modelée par les glaciers" vous décrit le verrou (passage rocheux) du vallon du Laugier, et la lente colonisation des rives du Rif Bel par le pin à crochets et le pétasite. Vous passez le pont du Rif Bel, pour basculer en adret, sur la rive droite du torrent. Près des berges, le saule, pourpre ou blanchâtre, règne en maître. Vous vous immobilisez sur un pierrier. La végétation y explose : du thym serpolet, du ceraiste des champs à fleur blanche, de la belle scrofulaire à fleurs noires. Comme un bouquet sans réserve offert à la nature.

Continuer en beauté

- Effectuez, avec un guide, le tour de la Font-Sancte (3387 m), point culminant du Queyras, qui traverse la Réserve de Nature du Val d'Escreins. Prévoir plusieurs jours.
- Faites le tour de l'église Saint-Marcellin à Vars, remontant au XIIIe siècle, le plus ancien vestige de la vallée. Le portail est précédé de deux lions en marbre rose de Guillestre.

L'histoire du village

Le circuit de découverte raconte aussi l'histoire du village du Val d'Escreins qui comptait 90 habitants en 1843. Les ruines de Haute-Rua marquent l'emplacement de cet ancien village réparti à l'époque sur deux hameaux, Basse- et Haute-Rua, et qui fut complètement incendié en 1916.

La création de la Réserve

Dès 1957, le maire de la commune de Vars, grande station de ski, comprend l'importance de la protection de l'environnement s'il veut protéger de l'urbanisation une partie de son territoire. La Réserve de Nature sera créée en 1965, et intégrée au Parc en 1977.

Nombreux sentiers possibles dans la Réserve. Renseignements, cartes et coordonnées des guides de haute montagne, à l'office de tourisme de Vars, cours Fontana-Rosa, 05560 Vars. Tél. 04 92 46 51 31.

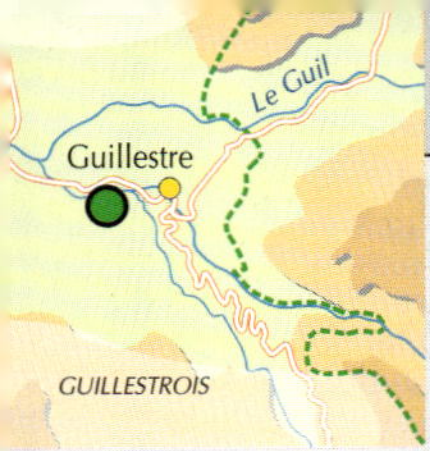

De Guillestre, se diriger vers la N94, tourner à gauche au niveau de l'Intermarché et continuer sur 2 km. On accède au Plan de Phazy par une petite route sur la gauche.

69 3h

Se soigner aux sources d'eau chaude du Plan de Phazy

Eté comme hiver, les eaux des sources du Plan de Phazy sont à 28 °C ! Glissez-vous dans ces eaux minérales salées, reconnues pour leurs bienfaits. Elles surgissent des profondeurs de la terre et sont connues depuis l'Antiquité.

Un bain de douceur en pleine nature dans des eaux presque miraculeuses ! Non, vous n'êtes pas au bord d'un lac, encore moins à la plage. Vous vous trouvez au Plan de Phazy, au sud de Guillestre, au milieu des champs cultivés, un lieu singulier qui abrite des sources hydrothermales. Vous venez d'enfiler votre maillot de bain et vous êtes fin prêt pour une baignade curative. Vous hésitez certes un peu car la couleur marron orange du fond du bassin n'est pas des plus engageantes. L'eau émerge d'un rocher en marbre rose de Guillestre. Elle file dans une rigole pour s'écouler en cascade dans quatre bassins successifs de forme circulaire. Elle s'achemine par le haut d'un mur de concrétion (dépôt calcaire accumulé par l'eau). Vous posez le pied dans le bassin. Il ne vous en faut pas plus pour vous y plonger entièrement. La chaleur du bain envahit votre corps et vous décontracte complètement. La composition chimique des eaux de Phazy n'a pas varié depuis leur première analyse en 1853 : chlore et sodium qui, en se combinant, produisent du sel, divers sulfates, potassium… Il existe deux sources : la source dite "des Suisses", au nord, est canalisée et sert pour la climatisation des serres, et la source "de la Rotonde", celle dans laquelle vous êtes en train de vous pavaner sans scrupule. La Rotonde ? C'est en fait le bâtiment rond, construit en 1824 par Charles X à proximité des bassins. En 1860, date de l'autorisation pour usage médical des deux sources, la Rotonde accueillait les soins. Un petit conseil, évitez de boire la tasse. Les eaux minérales ne sont pas forcément des eaux de table !

Les profondeurs de la terre

L'émergence de ces deux sources se localise sur la faille de la Durance où plusieurs nappes géologiques se chevauchent. En circulant dans la faille injectée de gypse, l'eau se minéralise et se réchauffe.

Des vertus curatives

Riches en chlore, sulfate, calcium, potassium, les eaux du Plan de Phazy soignent toutes sortes d'affections : rhumatismales, hépatiques, rhénales, dermatoses... Elles ont des actions cicatrisantes et antiseptiques et sont indiquées en pédiatrie (asthme, migraine...).

Continuer en beauté

- Allez voir le marbre rose de Guillestre, unique en France et encore exploité dans la carrière du Riou Bel. A Guillestre, prendre la direction Vars sur 100 m, la carrière est indiquée sur la gauche.
- Admirez, entre Guillestre et Mont-Dauphin, la Main du Titan, phénomène géologique exceptionnel. Suivez la direction du plateau du Simoust puis la route de la Font d'Eygliers.

Maison du tourisme du Pays du Guillestrois, place Joseph-Salva, 05600 Guillestre. Tél. 04 92 45 04 37.
www.pays-du-guillestrois.com. E-mail : pays-du-guillestrois@wanadoo.fr

uelques kilomètres au nord de Guillestre. Suivre la D902a pour rejoindre la N94. Prendre la ection Mont-Dauphin-Gare puis suivre à gauche les pancartes "Base de Loisirs".

Musarder au bord du lac d'Eygliers

Une journée

70

Un plan d'eau de plus d'un hectare avec plage aménagée... Une perle rare dans ce pays de torrents sauvages et de lacs d'altitude. Vous le trouvez aux portes du Queyras, à Eygliers. Profitez-en pour faire un petit tour de pédalo !

Eygliers, 1 000 m d'altitude, une ville aux portes du Parc naturel régional du Queyras. Cette petite bourgade d'environ 700 habitants située au-dessus des gorges du Guil, face au plateau de Guillestre, offre un joli panorama sur les rochers de la vallée. Une bourgade chargée d'histoire puisqu'elle fut en son temps jumelée avec la citadelle de Mont-Dauphin, toute proche. Mais aujourd'hui, vous n'avez pas vraiment la fibre historique. N'écoutant que votre courage, vous avez étalé votre serviette sur la plage du plan d'eau d'Eygliers. Vous exécutez quelques mouvements de brasse. Vos enfants barbotent comme des fous dans une eau particulièrement bonne. Au loin, très loin, les montagnes hérissent leurs crêtes et ferment le paysage. Le lac artificiel d'Eygliers a été créé dans le fond de la vallée, en bordure de la Durance. Large, plate et ouverte, cette vallée dessine de grandes parcelles, sans haies ni clôtures, formant un damier multicolore entouré de glacis. Dans cet environnement essentiellement agricole, le lac d'Eygliers sonne comme un îlot de distractions pour s'ébattre à loisir, avec sa zone boisée et ses activités de plein air. Tout autour du plan d'eau, vous avez repéré les kayaks, la zone de baignade, la zone de pêche, les pédalos colorés et à proximité du lac, sur la Durance, tout ce qui fait le plaisir d'une cavalcade dans les eaux folles, *hydrospeed*, *raft*, *le canyoning*... Tout est accessible à tous. Il suffit de faire son choix. Perché sur votre pédalo, vous pédalez tous azimuts et vous repassez, cette fois au fil de l'eau, toutes les zones du lac en revue.

Continuer en beauté

- Visitez le village de Mont-Dauphin, une place forte édifiée par Vauban à partir de 1693.
- Suivez le sentier de la rue des Masques, 2h30 de marche au départ de la Maison du tourisme de Guillestre. Le sentier chemine dans les gorges puis sur le plateau.

Promenades équestres

La base de loisirs d'Eygliers est aussi un lieu béni pour l'équitation. Guide de randonnée et moniteur diplômé d'état, Vincent Rasse propose de nombreuses formules, de la promenade au stage sur plusieurs jours, avec des chevaux ou des poneys.

Pêcher sur le lac

Si vous êtes un amateur, le lac d'Eygliers est classé en 2e catégorie. Le camping des Iscles installé sur la base dispose de carte de pêche. Il existe également un parcours de pêche sur la Durance.

L'accès au plan d'eau est gratuit. Un parc de loisirs pour enfants avec piscine et jeux, se trouve à proximité du lac. Il est payant. Les différentes activités de la base sont disposées tout autour du lac. L'école d'équitation d'Eygliers est située dans le sous-bois avant d'entrer dans la base de loisirs, tél. 04 92 45 01 45.

S'initier à la botanique sur le sentier écologique du Pré-Michel

Des fleurs à profusion, un écrin de verdure servi sur un plateau : vous êtes sur le sentier écologique du Pré-Michel. Un lieu aux douces courbes, où le regard se noie dans les anémones, les fritillaires, les pulsatilles, les grandes fétuques... Profitez des couleurs du printemps pour épouser la sente qui avance vers le mont Viso (3 841 m). Aussi le mont majestueux apporte à la prairie et à la brousse des aulnes verts un peu de son humidité bienfaisante.

Départ • Une montée ombragée

Vous démarrez par une montée, sur la rive droite du Guil en direction du petit belvédère du mont Viso. Le chant de la rivière accompagne le sifflement des marmottes. Vous êtes déjà repéré. Pour l'heure, le sol est caillouteux. Il éclate sous vos pas. Le premier tronçon du sentier est boisé et varié, jalonné de quelques pupitres qui décrivent l'environnement. Vous progressez sous le couvert des mélèzes et faites une première pause. La première table d'interprétation rend hommage au mélèze d'Europe, imperturbable conifère local, une espèce très répandue dans le Queyras jusqu'à 2 400 mètres d'altitude. Le mélèze perd son feuillage à l'automne, et ses aiguilles, n'ayant pas le temps d'accumuler du bois, restent douces au toucher. Son sous-bois lumineux accueille de nombreuses plantes comme le géranium sylvestre. Et plusieurs espèces de lichens se développent sur l'écorce.

1 • La brousse des aulnes verts

Pendant quelques mètres, la sente se transforme en éboulis. Franchissez le petit torrent. En face, un deuxième pupitre met en avant les propriétés de l'aulne vert. Cet arbre a en effet trouvé l'humidité qui lui est nécessaire sur ce versant ombragé. Pendant l'hiver, son tronc se couche sous le poids du manteau neigeux qui le protège du froid. Chaque printemps, il se redresse et prend ainsi au fil des ans son allure caractéristique. Le circe des montagnes, un chardon gorgé d'eau, se cache à l'ombre des aulnes. Les pieds dans l'eau, protégé du soleil, il croît à loisir et atteint facilement deux mètres de haut, développant de larges feuilles veloutées, sans épines, mais fragiles. Avec les "oreilles d'éléphant", et les aconits, le circe vient égayer le bouquet des hautes herbes. Vous franchissez un ultime raidillon à la faveur de quelques escaliers en bois et basculez dans un autre monde : large, horizontal, merveilleusement gai et coloré.

2 • L'explosion florale du Pré-Michel

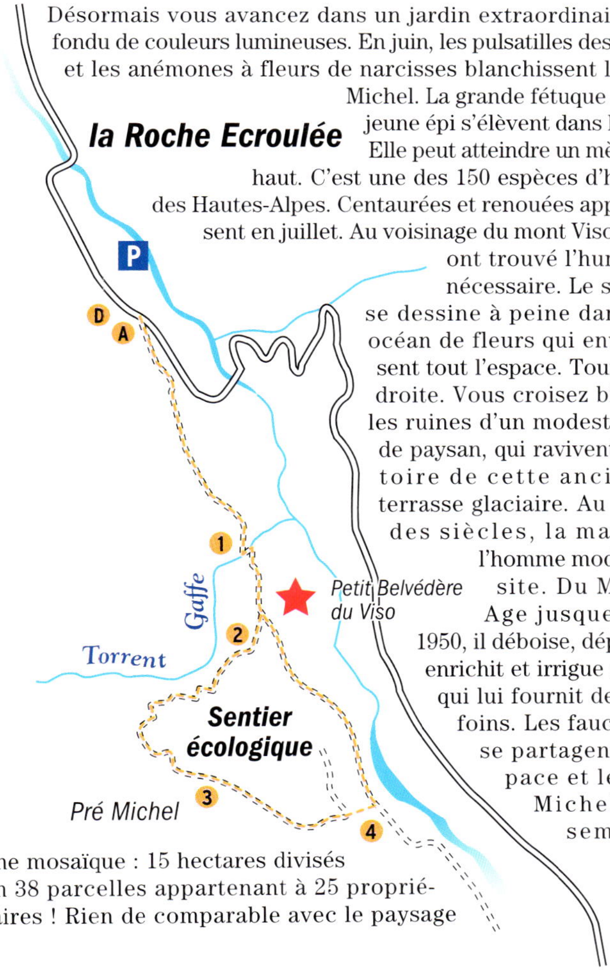

Désormais vous avancez dans un jardin extraordinaire, un fondu de couleurs lumineuses. En juin, les pulsatilles des Alpes et les anémones à fleurs de narcisses blanchissent le Pré-Michel. La grande fétuque et son jeune épi s'élèvent dans le ciel. Elle peut atteindre un mètre de haut. C'est une des 150 espèces d'herbes des Hautes-Alpes. Centaurées et renouées apparaissent en juillet. Au voisinage du mont Viso, elles ont trouvé l'humidité nécessaire. Le sentier se dessine à peine dans cet océan de fleurs qui envahissent tout l'espace. Tournez à droite. Vous croisez bientôt les ruines d'un modeste abri de paysan, qui ravivent l'histoire de cette ancienne terrasse glaciaire. Au cours des siècles, la main de l'homme modifia le site. Du Moyen Age jusque vers 1950, il déboise, dépierre, enrichit et irrigue un sol qui lui fournit de bons foins. Les faucheurs se partagent l'espace et le Pré-Michel ressemble à une mosaïque : 15 hectares divisés en 38 parcelles appartenant à 25 propriétaires ! Rien de comparable avec le paysage

LA SALAMANDRE NOIRE **Le territoire du mont Viso abrite des espèces uniques au monde ! Comme la très rare salamandre noire reconnaissable à sa peau noire, luisante, et à ses doigts partiellement palmés. La présence, autour du mont Viso et jusqu'à 3 000 mètres d'altitude, de cet amphibien est probablement due au microclimat local. Elle apparaît parmi les pierriers et les gazons mouillés. Au lieu d'aller pondre ses œufs dans l'eau, la femelle les conserve dans son organisme. Une ou deux larves de têtards se nourrissent au contact de la paroi utérine. Après une gestation qui peut durer 3 à 4 ans, la mère met au monde des petits totalement formés. On pense que cette viviparité est une adaptation de la Salamandre aux conditions des anciennes périodes glaciaires.**

actuel. Aujourd'hui, la prairie est abandonnée, rarement pâturée par les vaches. Profitez de l'explosion florale actuelle car dans moins d'un siècle, le pré-Michel aura probablement disparu. En effet, l'abandon de l'irrigation et de la fauche entraîne la nature à évoluer vers une autre végétation.

3 • Les envahisseurs

Un criquet de Sibérie vient de se poser sur une grande fétuque. D'autres espèces se plaisent particulièrement dans la prairie. Tendez l'oreille, entendez-vous la phrase discrète du chant du traquet tarier, petit oiseau des espaces découvert ? Sa place favorite ? La cime des hautes herbes ! Plus sonore, la fauvette des jardins préfère les arbustes au feuillage dense. Au fil de votre randonnée, vous explorez chaque recoin du Pré-Michel sans jamais vous éloigner du sentier car c'est en restant à l'état sauvage que les lieux se protègent naturellement. Dans ce milieu ultra-fragile, seuls les trembles jouent les envahisseurs. Ils colonisent le pré à l'abandon, surtout dans les zones abritées des avalanches, et leur ombre fait peu à peu disparaître les différentes espèces de la prairie.

4 • Les contreforts du Viso

Le mont Viso impose sa présence dans le paysage dès le début de l'itinéraire, au petit belvédère. Sa haute muraille rocailleuse, qui surgit du fond de la vallée du Guil, ne vous quitte plus des yeux. Votre livret-guide vous apprend que c'est ici que naît le fleuve Pô. La plaine du Pô, enfermée dans l'arc des Alpes, reçoit une grande partie de leurs eaux et devient par temps chaud une véritable marmite où bouillonnent des formations orageuses. Fréquemment, le vent d'Est pousse la *nebbia*, un brouillard pénétrant. Il crée ainsi

En restant à l'état sauvage, ces lieux se protègent naturellement

Au pré-Michel, vue imprenable sur le Mont Viso qui surgit du fond de la vallée du Guil.

autour du mont Viso, montagne franco-italienne un microclimat de mousson humide. La *nebbia* apporte, dans la moitié Est du Queyras, l'essentiel de la neige et des pluies. Pour l'heure et votre plus grand bonheur, l'été écrit une partition où le chant des marmottes et le vol des papillons font corps avec l'air vivifiant des sommets. Une aquarelle colorée dans laquelle vous glissez délicatement pour encore quelques kilomètres, avant de retrouver le début de votre escapade en suivant le même chemin.

SOUS HAUTE PROTECTION **Le sentier écologique est un véritable musée en mouvement, une vitrine d'un monde vivant, très sensible. Ne le piétinez pas, ne cueillez rien, ne prélevez aucune plante ni aucun insecte sur le parcours. La plupart des espèces que vous rencontrez sont protégées par une loi de protection de l'environnement. Respectez scrupuleusement le tracé du sentier et n'y montez pas avec un chien, même tenu en laisse.**

INFORMATIONS PRATIQUES

- **Durée** : 2h30, environ.
- Avec les enfants.
- **Altitude** : 1 900 mètres.
- **Difficultés** : aucune, le sentier monte progressivement en début d'itinéraire.
- **Topo-guide** : le livret-guide ***Sous le ciel du Viso***, indispensable à la promenade, est disponible à la maison du Parc et de la Nature situé à Ristolas. Tél. 04 92 46 86 29
- **Balisage** : panneaux d'interprétation. Suivre le petit sentier écologique en vert sur le plan des randonnées.
- **Départ** : le sentier démarre au parking de la Roche Ecroulée, sur la D947, à 5,5 km au nord de Ristolas, 2 km au nord de l'Echalp, au panneau indiquant les circuits de randonnée.

3h environ

Dévaler la montagne à VTT, de Saint-Véran à Aiguilles

Pas besoin d'être un as du pédalier pour descendre en roue libre depuis la plus haute commune d'Europe, Saint-Véran, perchée à 2 040 m d'altitude, jusqu'à Aiguilles, nichée à 1 474 m au bord du Guil. Vous roulez sur les chemins de terre, fusez dans les hautes herbes, croisez des oratoires, des chapelles, des églises classées, franchissez les torrents, flânez dans les villages... Accrochez-vous pour un grand bol d'oxygène, riche en découvertes et imprévus !

Départ • Saint-Véran, 2 040 m

Lorsque vous entrez dans la plus haute commune d'Europe avec votre VTT, vous suivez des yeux la pente schisteuse sur laquelle ses maisons en bois semblent suspendues. Dans quelques minutes, vous allez tout dévaler, propulsé par la grisante envie d'être ballotté par la montagne. Vous êtes au point le plus haut du village, dans le quartier des Forannes. Les mains posées sur le guidon, le casque vissé sur la tête, vous vous tenez bien droit sur vos jambes, souple et décontracté. L'impatience vous gagne au point que vous en oubliez le sens interdit qui trône devant vous. Ne vous vexez surtout pas mais pour commencer votre balade sans gêner les piétons, il va falloir descendre de l'engin ! Portant votre monture sur le dos, vous n'échappez pas à l'inversion des rôles. Ou alors, marchez à côté. Finalement, vous appréciez cette mise en jambe en douceur. Les plus sportifs fileront bon train vers le bas du village, repoussant à plus tard la visite détaillée des fontaines, croix, musée, temples, églises, fours banaux et autres incontournables… Un des atouts de cette descente, c'est que chacun, pédaleur invétéré ou adepte de la balade contemplative, trouve son rythme de croisière. Saint-Véran s'anime à peine quand vous quittez la rue principale du village pour basculer dans la pente.

1 • Chapelle Sainte-Agathe, 1 768 m

Ne dit-on pas que si vous vous sentez voler au-dessus du sol, c'est que votre position est bonne ! Ça rappelle le ski ! Bras tendus

Le temps semble suspendu dans la rue principale de Saint-Véran.

sur le guidon, les mains crispées sur les deux freins, vos jambes ne sont plus que des amortisseurs. La pente s'accentue et vous débouchez à coups de pédales rageurs sur le Vieux Pont qui enjambe le torrent de l'Aigue Blanche. Reprenez votre souffle ! 1 953 m d'altitude, le chemin caillouteux plonge en rive gauche. Un petit crochet vers les berges du torrent et vous suivez l'ancien canal d'irrigation qui longe les sous-bois. Après un kilomètre environ, vous apparaissez de nouveau au grand jour, dans un vaste champ. Ici, la terre est presque plate ! Vous serpentez à travers les prés, négociant sans souci le passage du torrent du Châtelard avant de poursuivre en direction de la Chalp, petit hameau de Saint-Véran. Vous profitez de votre arrivée à la chapelle Sainte-Agathe pour faire une première pause. Complètement ravagée par les inondations des années 1730, cette chapelle fut reconstruite en 1837. Qu'importe que la porte en soit close, rien ne compte plus pour vous que le décor de votre prochaine descente.

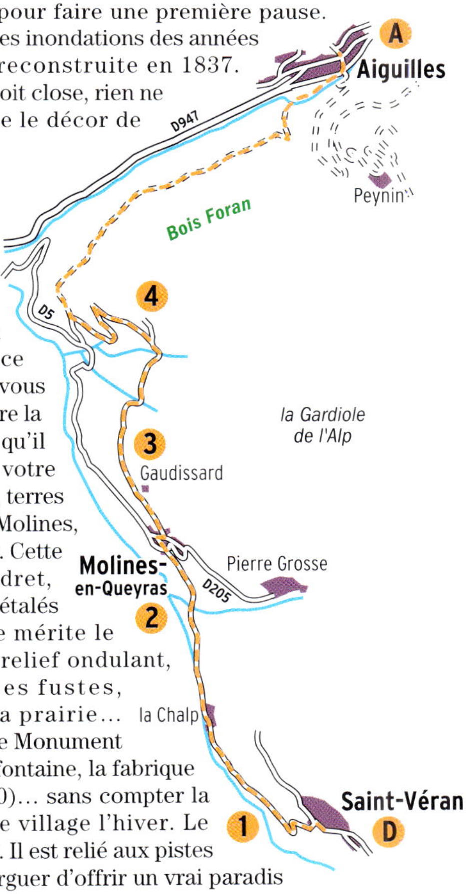

2 • Molines-en-Queyras, 1 760 m

Impossible de vous égarer ! Vous formez un corps à corps endiablé avec l'Aigue Agnelle qui, mieux qu'un torrent, forme la veine de ce petit pays. C'est à peine s'il vous faut jouer des bras pour suivre la sente. Elle cahote juste ce qu'il faut pour que vous gardiez votre bonne humeur. *Terra Molis*, terres molles, l'origine du nom de Molines, Mullinaricii (739) reste floue. Cette commune implantée à l'adret, composée de six hameaux étalés le long de l'Aigue Agnelle mérite le détour. Voyez plutôt : un relief ondulant, verdoyant… de superbes fustes, massives, étalées dans la prairie… l'église Saint-Romain classée Monument historique, le four banal, la fontaine, la fabrique de jouets en bois (voir p. 90)… sans compter la station de ski qui anime le village l'hiver. Le premier téléski date de 1960. Il est relié aux pistes de Saint-Véran et peut se targuer d'offrir un vrai paradis aux amateurs. Ici aussi, entre tradition et tourisme l'alchimie a pris corps. Une bonne petite montée pour atteindre le centre de Molines et vous reprenez la route goudronnée jusqu'au hameau de la Rua que

PRATIQUEZ LE VTT SUR LES CHEMINS DU QUEYRAS **Des terrains les plus meubles aux pentes les plus abruptes, de la route goudronnée aux chemins ancestraux, des anciens canaux d'irrigation aux sentiers forestiers, les vallées du Queyras proposent une large gamme d'itinéraires, au départ de chacun des villages. Balisés par le Parc, certains parcours permettent de relier villages et vallées ; d'autres circuits, dont le balisage n'est pas spécifique au VTT, s'ouvrent au plus grand nombre. Retrouvez quelques-uns de ces itinéraires dans la brochure *Promenades VTT dans le Queyras*, disponible auprès des offices de tourisme, à l'Office de promotion du Queyras et dans les points information du Parc.**

vous traversez. Vous étagez les braquets, vous montez les gammes de pignons les unes après les autres et, cent cinquante mètres plus loin, quittez le goudron pour bifurquer dans un chemin.

3 • Des prairies, des sous-bois de mélèzes, 1 641 m

Après une légère grimpette, vous accélérez le rythme dans le sentier qui file à travers les prairies multicolores et les sous-bois de mélèzes. Malgré les hivers rigoureux, la flore est particulièrement riche et s'épanouit dès le printemps. Votre objectif numéro un : éviter la chute car, dans le sous-bois, un tronc vous barre le chemin. Rassurez-vous, votre VTT est capable de franchir des obstacles aussi impressionnants que ça. C'est avant tout une question d'astuce. Justement, vous avez décidé de braver le danger. Mais vous hésitez sur la façon d'aborder ce passage délicat : alors cramponnez-vous et foncez. L'obstacle franchi, ne restez pas les yeux rivés sur vos pédales, admirez plutôt la vallée que vous êtes en train de parcourir. Au loin, le grand pic de Rochebrune 3 320 m, et son sommet désolé, offre un décor majestueux au village de Prats-Bas auquel il fait face. Doucement, vous pénétrez dans ce hameau paisible, qui semble endormi, presque oublié à 1 641 m d'altitude. Un peu plus loin un petit oratoire en pierre, discret témoin du patrimoine religieux du Queyras rappelle combien l'art religieux est ici, avant tout, l'œuvre des habitants.

4 • La forêt de Chanteloube, 1 511 m

Vous pouvez remballer votre carte. La suite du parcours se résume en une phrase et un chemin : descente tout droit jusqu'à Aiguilles par la forêt. Et dans la forêt de Chanteloube, vous allez voir combien l'expression perdre les pédales prend toute sa signification. Vous filez certes bon train sous l'ombrage des mélèzes, mais que de sensations ! 1 609 m,

Dernier regard sur les fustes de Saint-Véran avant de plonger dans la grande descente.

La riante vallée de l'Aigue Agnelle, du côté de Molines.

1 583 m, 1 511 m… Sur votre monture devenue familière, vous avez les guiboles qui flageolent et les bras qui tremblotent, mais vous vous en fichez. La vitesse vous grise. Attention à la culbute. La piste se couvre de feuilles, de racines et vous vous positionnez derrière la selle pour gouverner sans trop d'effort. Progressivement, Aiguilles, terme de votre balade, est à portée de vue. Vous débouchez à la plaine des Ribes à 1 471 m d'altitude. Encore tout tourneboulé, vous rendez votre vélo au loueur, qui, il y a à peine quelques heures, vous avait déposé sur la plus haute commune d'Europe et gentiment indiqué le chemin à suivre.

INFORMATIONS PRATIQUES

- **Durée** : 3h, environ.
- **Altitude** : 2 040 m (départ Saint-Véran), 1 471 m (arrivée Aiguilles).
- **Dénivelé** : - 650 mètres.
- **Difficultés** : aucune pour un adulte, le sentier descend sans arrêt mais sans grosses frayeurs. Les enfants doivent être suffisamment aguerris pour freiner pendant 2 à 3 heures !
- **Topo-guide** : utiliser la carte IGN 3637 OT ***Mont-Viso, Saint-Véran, Aiguilles***.
- **Balisage** : il n'y a pas de balisage précis. Suivre le tracé sur la carte IGN et les indications du ***road-book*** fourni par le loueur. Il est impossible de se perdre !
- **Départ** : commencer au parking de la Madeleine au nord-ouest de Saint-Véran si l'on veut visiter le village avant de partir, mais on peut aussi s'élancer depuis le bas du village.
- **Pratique** : location de vélos à Sport Service, chez Jean-Marie Repellin, Aiguilles. Tél. 04 92 46 70 44. http://jmr.queyras.chez.tiscali.fr, e-mail : jmr.queyras@infonie.fr Il vous transporte à Saint-Véran avec votre vélo pour 4 €. Tarifs location pour les VTT à partir de 3 € l'heure, jusqu'à 19 € la journée. Tarifs variables en fonction du type de vélo et du nombre d'heures. Casque et éventuellement porte-bébé et trousse de premiers secours compris dans le prix.
- ***Mise en garde*** *: attention, la piste n'est pas entretenue régulièrement et le Parc naturel régional du Queyras prévient les "VTTistes" qu'ils l'empruntent à leurs risques et périls.*

4h

Retrouver pèlerins et mineurs au lac de la Blanche

Un sentier séculaire monte progressivement vers le lac de la Blanche. Du côté de Saint-Véran, la montagne prend des allures bonhommes. Vous n'avez aucune grimpette sévère, le paysage est verdoyant et la vue panoramique vous découvre la vallée de l'Aigue Blanche. Peu à peu, vous prenez de l'altitude. Et quand vous basculez dans le cirque de Clausis, c'est toute la beauté de la haute montagne queyrassine qui se déploie sous vos yeux.

Départ • A front de montagne

Cap sur la chapelle de Clausis ! Des regards s'accrochent à vos gestes. Les anciens Queyrassins qui discutent à la sortie du village de Saint-Véran s'amusent de votre dilemme. Par la route carrossable ou par le sentier de grande randonnée "Tour du Queyras" ? Et puis, ils vous font signe. Pour parler. D'un côté la route s'invente des vues splendides sur le plus haut village d'Europe, en balcon sur la vallée. De l'autre une sente plus intime serpente dans la fraîcheur des sous-bois en longeant le torrent de l'Aigue Blanche. C'est décidé, vous irez par la route ! Six kilomètres à pied… Il n'existe pas de meilleur itinéraire pour la vue sur les fustes de Saint-Véran, sur les sommets dominateurs. Mais si vous n'êtes pas un marcheur émérite, pour visiter la chapelle de Clausis depuis Saint-Véran, en été vous pouvez toujours prendre la navette. Si vous optez pour la marche à pied, partez aux premières heures du jour, car il peut faire terriblement chaud. La voie est royale. Large et sans embûche, le chemin caillouteux vous transporte progressivement dans les hauts alpages.

La voie est royale pour monter au lac de la Blanche.

1 • Une mine d'altitude

Rif de Serre-Jean-Vasserot, rif de la Richarde, rif de la Grangeasse, torrent de Bounais, torrent de Leveitte… La vallée de l'Aigue Blanche n'est qu'un bouillonnement de sources. Elles s'accrochent à la verticale, s'incrustent dans la faille et dégoulinent des pentes pour venir s'échouer dans le torrent de l'Aigue Blanche. Un régal pour le marcheur car dans la chaleur parfois asphyxiante de la montagne queyrassine, vous entendrez toujours le gazouillis rassurant de l'eau. Tandis qu'apparaissent les premiers alpages, vous apercevez sur votre gauche, une zone de roches sombres : la mine de cuivre de Saint-Véran. L'une des plus anciennes de France (voir p. 69). Ce site exceptionnel et unique en Europe possède toute la chaîne opératoire : de l'extraction par tranchées jusqu'au traitement du minerai. Vous longez les bâtiments désaffectés, et vous tombez sur des wagonnets abandonnés, et des restes de machineries. Autant de souvenirs d'une époque révolue. Bientôt, vous gagnez sans vous essouffler l'une des merveilles de la haute montagne : le cirque !

La chapelle de Clausis.

2 • Le cirque de Clausis

Le dictionnaire est formel : un cirque est une enceinte circulaire où se donnent des spectacles. En montagne, vous êtes aux premières loges. La salle du cirque de Clausis affiche complet. Laissez-vous transporter par ce décor de création d'un monde minéral, sauvage, rigoureux. Imaginez-vous, assis à 2 394 mètres d'altitude, au centre d'un amphithéâtre couvert d'herbes rases de couleurs ocre et rousse. La terre est légèrement vallonnée. Tout autour de vous, des crêtes dénudées élèvent leurs raides parois. Bientôt, vous planez tel un rapace cherchant sa proie. Vous vous imprégnez du silence, de la pureté des paysages. Un sentier file à droite au milieu de la pelouse alpine. Vous caressez les mamelons de la montagne. Vous flirtez avec les neiges éternelles, héritage des anciens glaciers qui ont jadis creusé le cirque et la vallée.

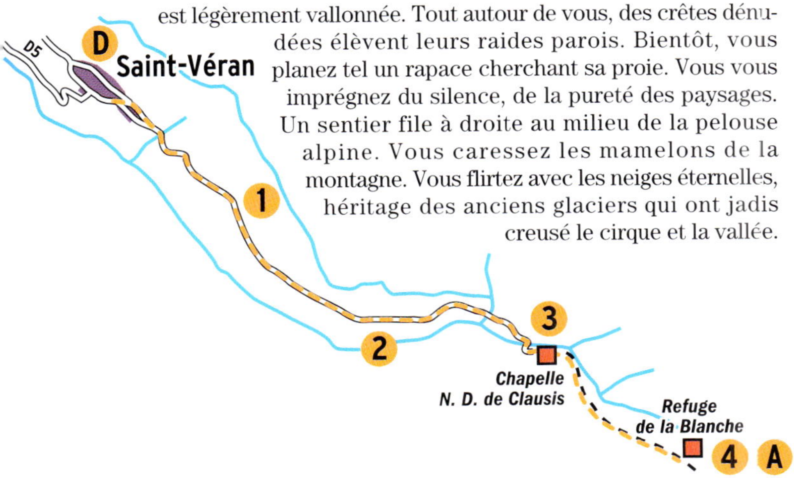

LE REFUGE DE LA BLANCHE

Environ 45 minutes après la chapelle de Clausis, le nouveau refuge de la Blanche accueille les randonneurs désireux de se restaurer ou d'y passer la nuit, à partir du 15 juin et jusque fin septembre. Mais attention, passez un coup de fil pour réserver ! Dormir dans un refuge d'altitude est une expérience inoubliable. A éviter quand même en cas de mauvaises conditions météorologiques surtout pour une première expérience. Vous verrez également en bordure du lac l'ancien refuge, aujourd'hui trop vétuste.

3 • La chapelle de Clausis

Vous parvenez à la chapelle de Clausis et la saluez comme une vieille amie. A la croisée de toutes les sentes, elle fait partie de l'extraordinaire patrimoine religieux que les maçons du Queyras ont légué à la montagne. Le site est enchanteur. La chapelle a été construite en 1846-47. Modeste et accueillante, elle se compose d'une nef unique et d'un chevet semi-circulaire, coiffés d'une couverture en bardeau de bois. Autrefois, tous les hameaux d'alpage avaient leur chapelle. Une fois l'an, le jour de la fête du saint, le curé venait y célébrer la messe. La chapelle de Clausis est dédiée à Notre-Dame du Mont-Carmel. Jadis les paroissiens y venaient en procession, chaque 16 juillet, le curé fermant la marche en compagnie des enfants de chœur. Une tribune les abritait lors de la cérémonie. Ensuite, on abandonnait le saint lieu pour s'asseoir à proximité, sortir les victuailles des sac à dos, et pique-niquer dans l'herbe. Une sieste réparatrice concluait ces agapes. Aujourd'hui encore, vous ne sauriez rêver meilleur endroit pour faire une pause casse-croûte. Levez les yeux pour un tête à… têtes des plus somptueux : tête des Toillies (3 175 m) et tête de Farnacita (3 139 m) signent avec le Bac de Rocher (2 909 m) votre arrivée dans l'univers apaisant des alpages d'altitude.

4 • Le lac de la Blanche

La pancarte indique : *"refuge de la Blanche, 30 minutes"*. Vous suivez le petit sentier qui imprime sa trace dans l'alpage. Vous êtes désormais complètement familiarisé avec les éléments. Eclatant sous la lumière vive, comme en récompense à vos efforts, le lac de la Blanche est aussi beau que vous l'imaginiez. Une fontaine traditionnelle en bois avec bac rectangulaire, des panneaux solaires transmettant l'électricité au refuge, une barque tirée sur la rive, quelques randonneurs en partance pour d'autres horizons… le décor

Un petit sentier mène au refuge de la Blanche.

La récompense au bout du sentier : le lac de la Blanche perché à 2 499 m.

est planté. Un petit sentier fait le tour du lac. N'hésitez pas, empruntez-le, respirez, admirez les alentours. Votre randonnée s'achèvera au refuge. Un accueil chaleureux, une pincée de bonne humeur : une recette idéale avant de redescendre dans la vallée !

INFORMATIONS PRATIQUES

- **Durée** : 4 heures, environ.
- **Altitude** : 2 040 m (départ), 2 499 m (arrivée).
- **Difficulté** : aucune, le sentier monte progressivement en début d'itinéraire.
- **Topo-guide** : utiliser la carte IGN 3637 OT ***Mont Viso, Saint-Véran, Aiguilles***.
- **Balisage** : suivre la route indiquant "chapelle de Clausis" et ensuite le sentier du refuge du lac de la Blanche. Aucun risque de se perdre.
- **Départ** : prendre la D5 depuis Molines pour passer sous le village de Saint-Véran. Garer la voiture au parking Est.
- **Pratique** : Refuge de la Blanche, François Giroud, La Bergerie, 05350 Saint-Véran. Tél. : 04 92 45 80 24. Ouvert du 15 juin à fin sept ; l'hiver uniquement sur réservation. Une nuit en pension complète : 31 €/pers ; enfant 24 €. Couchage simple : 14 €. Repas du soir : 16 €. Petit-déjeuner : 6,5 €.

Le sentier écologique des astragales

Perché sur les hauteurs du hameau de Ville-Vieille, le sentier écologique des Astragales fait corps avec la pente de l'adret, le versant ensoleillé. Dans cette partie aride de la montagne, vos pas foulent un cortège de plantes méditerranéennes. La garrigue au parfum de sauge et d'hysope, tout comme le lézard vert, rappellent les collines provençales. Les feuilles d'absinthe et l'inule des montagnes racontent la vieille tradition des plantes médicinales. L'argousier et l'atafoulier vous transportent dans le verger de votre grand-mère.

Départ • L'Astragale queue-de-renard

Accroché à la pente, le petit peuple de la garrigue vous grise les narines. Un régal ! Partout des buissons et des arbrisseaux ! Droit devant vous, la petite sente en surplomb se donne des airs embroussaillés. Comme à son habitude, le genévrier commun vient vous larder les mollets. Oh, rien de bien méchant ! Dès la première borne rencontrée, vous voyez bien que le sentier écologique des Astragales se met en quatre pour vous dorloter : cette borne fait partie d'un ensemble de 13, destiné à vous permettre de repérer près de 70 espèces végétales et animales aux origines étonnantes. Et parmi elles, l'emblème de l'itinéraire, l'astragale queue-de-renard. Vous ne pouvez pas la manquer. Elle vous salue dès le début de la marche. Il est temps de piocher des informations dans votre livret-guide. Les scientifiques pensent que cette grande plante est originaire de la région des Sarmates, ancienne peuplade qui vivait de la Baltique jusqu'au nord du Caucase. Ses fruits aisément emportés par le vent permettent sa migration jusque dans les Hautes-Alpes. La reine des lieux est très courtisée. A ses pieds, s'étalent des sujets aussi divers que la knautie des champs, la campa-

LE MONDE DE L'INFINIMENT PETIT **Punaises, araignées, chenilles, mouches... Tout au long du sentier des astragales, rejouez *Microcosmos* avec vos enfants. Dans ce jardin secret, les insectes se régalent ! Délicatement, la punaise *carpocoris* déplace ses fines mandibules au sommet d'une grande ombellifère. Végétarienne, elle aspire de la sève. Beaucoup moins douce, l'impitoyable réduve, en prédatrice accomplie, aspire tout ce qui vient à sa rencontre. Avec ses zébrures jaunes et noires, vous confondez facilement la lepture tachetée avec une guêpe. Mais la belle est inoffensive. Pensez, elle ne fait que brouter. Les étamines bien sûr.**

nule en épi, la fétuque. Son courtisan préféré restant le genévrier sabine, un arbrisseau rampant qui ne pique pas, lui.

1 • Un jardin en mouvement

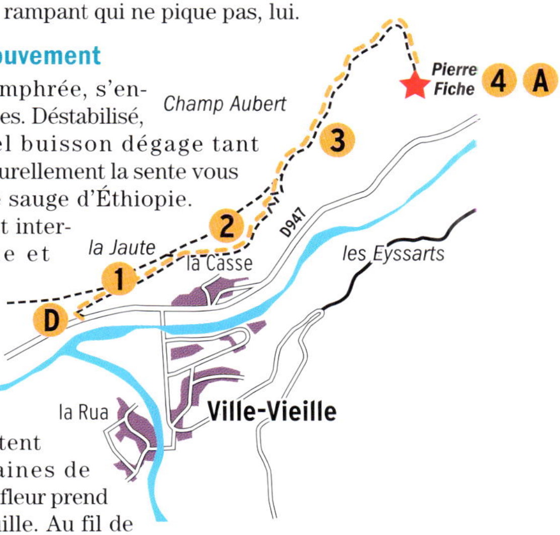

Une odeur forte, camphrée, s'engouffre dans vos narines. Déstabilisé, vous cherchez quel buisson dégage tant d'arôme ! Presque naturellement la sente vous guide sur un pied de sauge d'Éthiopie. Cueillette strictement interdite ! Même sèche et cassée sur le sol, vous ne devez pas toucher à la sauge pour ne pas risquer de priver son milieu des chances de survie que représentent ses quelques centaines de graines. A maturité, la fleur prend une belle couleur rouille. Au fil de la marche, les espèces vous offrent un décor de conte fantastique. Vous avez l'impression de progresser au fond des océans. Les fleurs de la scutellaire des Alpes jaillissent d'entre les cailloux, comme autant de petits dragons tirant la langue. L'hysope officinale, qui rappelle beaucoup la lavande, lance ses tentacules violacés dans le néant, les parterres d'odontie jaune s'affolent au frémissement du vent. Les boules azurées, sortes de petits chardons à tête violette, se dressent bientôt dans la pente. Approchez-vous. Doucement, secouez-les. Vous verrez s'envoler de drôles de papillons.

2 • Pour cultiver le blé

"*J'ai mis en ordre la montagne / J'ai mis la friche vers le haut / Sans mes terrasses, mes murettes / Sans moi, il n'était de labours.*" Cet extrait de *La plainte du dernier restanquère* d'André Frémaud vous rappelle que jadis l'homme faisait mûrir ses céréales sur le sentier des astragales. Témoins de cette agriculture disparue, les petites tâches orangées de l'adonis d'été qui courtisent le bleuet des champs. Oriental lui aussi, et associé au blé. Le chemin

L'astragale-queue-de-Renard.

QUELQUES TRACES D'ANIMAUX **Des cônes de pins abandonnés au sol, rongés jusqu'au cœur, avec juste le toupet d'écailles du sommet épargné par le grignotage ? Ne cherchez plus, un écureuil est passé par là : il se régale des graines des pommes de pins. De petites crottes aplaties jonchant le sol de la lande ? C'est au lièvre brun que vous avez affaire. Mais l'acrobate des lieux, l'empêcheuse de tourner en rond, celle qui, tout feu tout flamme gesticule dans le vide, c'est la mésange noire. Tout, jusqu'au *piti, piti* de son chant, est prétexte à s'amuser.**

s'enfonce et serpente en direction des terrasses herbacées. Ici et là, vous apercevez des murettes. Elles retenaient autrefois les champs de seigle, d'orge ou de blé. Et puis le torrent a changé de lit, maintenu à l'écart du village par une digue. Délaissées, les terres labourées se sont couvertes de pins et de genévriers. Et de terrasses herbacées en pelouses, de bosquets de pins en buissons, cette balade sur les hauteurs de Ville-Vieille, foisonnant de fleurs et de parfums, s'avère riche en découvertes.

3 • Les arbustes traditionnels

Avec leurs fruits, on prépare d'excellents sirops, des confitures, des gelées. Et ces fleurs en grappes jaunes amusent tous les enfants : en les secouant, vous vous êtes couvert de pollen. L'épinette-vinette, de même que l'argousier et l'atafoulier font partie des arbustes porteurs des traditions du Queyras. A portée de main, les fruits de l'atafoulier, justement – ou marmottier ou prunier de Briançon – font tout pour vous allécher. Et il vous prend comme une irrésistible envie de les mordre. Mais vous résistez. Les atafouliers ! Autrefois, on recommandait d'en planter, non seulement pour l'huile extraite des noyaux de leurs fruits, mais aussi pour leur faculté d'endiguer les torrents ! Sachez qu'en 1980, le Parc a déposé la marque de l'Afatoule afin de protéger la fabrication de la confiture des fruits de cet arbre caractéristique de la région.

4 • La Pierre Fiche

La randonnée tire à sa fin. Vous mettez le cap sur le point le plus haut de l'itinéraire. Mais avant cela, à la borne 11 vous virez à droite. Quelques pas plus loin se dresse une drôle de pierre : un mégalithe ! De taille certes modeste et bizarrement taillé, mais auréolé d'un grand mystère. La tradition raconte que la vallée du Queyras, complètement dépeuplée après la retraite des Sarrasins, n'était plus qu'un désert dans lequel paîssaient de rares moutons. Un beau jour, trois bergers décidèrent d'y habiter, devenant ainsi les pères d'un nouveau peuple. Leurs descendants la divisèrent en trois parties. Pour symboliser ce partage, resterait cette espèce de pyramide, quelque part entre Ville-Vieille et Aiguilles. Voilà pour la légende. Le discours scientifique est plus rationnel. Ce menhir

Sur les hauteurs de Ville-Vieille, vue sur le Guil depuis le sentier des astragales.

n'a pu être dressé qu'après le passage des grands glaciers, à la fin de l'âge de pierre… à moins que ce ne soit à l'âge du bronze ? Avant 1852 en tout cas, avant que des chercheurs de trésor peu scrupuleux ne la brisent, la pierre fiche s'élevait à 7 mètres au-dessus du sol. L'allure à laquelle grimpe le thermomètre, déclenche en vous l'envie de reprendre souffle à l'ombre de cette colonne incongrue. Tout à l'heure, vous entamerez une descente riante à la recherche du gros lézard vert. Ecoutez bien le bruit des feuilles sèches dans les buissons. Aux heures chaudes, vos pas sur le sentier soulèvent une foule d'insectes.

INFORMATIONS PRATIQUES

- **Durée** : 1h30, environ.
- Avec les enfants.
- **Altitude** : 1 450 m.
- **Difficultés** : prenez des chaussures basses et protégez-vous du soleil. Buvez régulièrement et choisissez les heures les moins chaudes !
- **Topo-guide** : le livret-guide ***Sentier écologique des Astragales***, édité par le Parc, est disponible dans tous les points information du Parc et dans les offices de tourisme.
- **Balisage** : 13 bornes en bois numérotées.
- **Départ** : le sentier démarre juste avant le village de Ville-Vieille quand on vient de Château-Queyras, en bordure de la D947.

4h30 (aller-retour)

Marcher au rythme du berger jusqu'au lac de Souliers

On le surnomme l'œil du Queyras. Parce qu'il est tout rond et qu'on peut lire la montagne dans le reflet de ses eaux. Le lac de Souliers a la couleur du jade. Battu par les vents, à 2 492 m d'altitude, il vous invite à longer ses rives paradisiaques. Votre randonnée démarre au village de Souliers, situé au nord-ouest de Château-Queyras, un hameau perdu dans les prairies où les anciens se souviennent du temps des corvées. Ici, dans le large chemin qui monte jusqu'aux alpages, le paysan et ses robustes vaches marchent à vos côtés.

Départ • Souliers, comme un bateau échoué

Il règne dans le vieux bourg de Souliers comme un parfum d'éternité. Les hommes passent et Souliers demeure. Deux gamines, les cheveux dans le vent, portant l'éternelle robe à fleurs, courent dans la prairie. Une fermière traverse le hameau avec son pot au lait. Assis sur leurs chaises devant leur maisonnée, deux paysans palabrent… La vie semble immuable, rythmée par les saisons, habitée par les souvenirs. Mais sous les apparences de la tradition, les habitants mènent une lente révolution qui marie agriculture et tourisme. Le village est construit à 1 844 m d'altitude, sur les bords du torrent qui porte son nom. Vous contemplez l'église, les fontaines, les canaux d'irrigation. D'emblée, l'importance de l'activité agricole, passée ou présente, vous saute aux yeux. Souliers compte deux quartiers : Saint-Pierre qui fut ravagé en 1928 par un incendie, et La Chapelle sur lequel sont regroupées les maisons traditionnelles. Pour le randonneur, le bourg est aussi le point de départ de multiples excursions. Votre menu à vous ? Remonter cette combe verdoyante qui mène agréablement au lac de Souliers.

1 • Le chemin des prairies, comme autrefois

Ils parlent d'un regard. Les mots leur viennent lentement aux lèvres, comme pour s'ils craignaient de vous gêner. Alors, vous tendez l'oreille. Les anciens Queyrassins n'ont pas l'exubérance des gens du sud. Ils ne sont pas tout feu tout flamme. Ils sont un peu comme la terre de leur montagne, longs à apprivoiser. Mais quand vous parvenez à pénétrer leur intimité, leur chaleur, leur sincérité, vous vont droit au cœur. Dans le pré Soubeyran, vous empruntez le chemin que des générations d'agricul-

teurs montagnards ont suivi en famille. Un paysan se joint à vous. Il mène ses vaches à l'estive. Ensemble, vous avalez les mètres au son des sonnailles. La montée en altitude se fait en pente douce. Petit à petit, mots après mots… les anecdotes surgissent. L'histoire que vous écoutez a la saveur des veillées d'autrefois, et l'odeur du feu de bois. C'est l'histoire du temps passé.

Celle d'un maire qui réveillait sa population à coup d'avis à la cantonade et de roulements de tambour. L'histoire d'une communauté rassemblée pour le meilleur et pour le pire, attentive à la répartition des travaux attribués à chaque famille pour le bien de tous. Souliers exprime parfaitement cette idée de communauté paysanne. Autrefois, des clans – de grandes familles – s'étaient partagé le vallon en petites exploitations unies dans le travail. Vous apprenez même que les enfants de l'une des trois familles du hameau ont épousé les enfants des autres ! Votre compagnon de marche devient intarissable et vous passez des prés de fauche aux alpages, sans vous en rendre compte.

2 • Et les bergers contaient fleurette…

Vous débouchez à la bergerie de Souliers, à 2 064 m d'altitude. Il souffle un vent à décorner les vaches ! Construites par les paysans, en tôle, pierre, bois ou maçonnerie, les bergeries sont de petite taille et d'un confort sommaire. *"Le berger avait sa cabane où les habitants du village montaient régulièrement le sel et les provisions réclamées. Solitaire, suivant son troupeau à la longue-vue ou à pied à travers les éboulis, le pâtre vivait quatre mois là-haut entre le ciel et les rochers, coupé du monde des hommes…"*, raconte Céleste Fournier, dans son ouvrage *Queyras d'hier et d'aujourd'hui*. Et elle poursuit : *"Certaines*

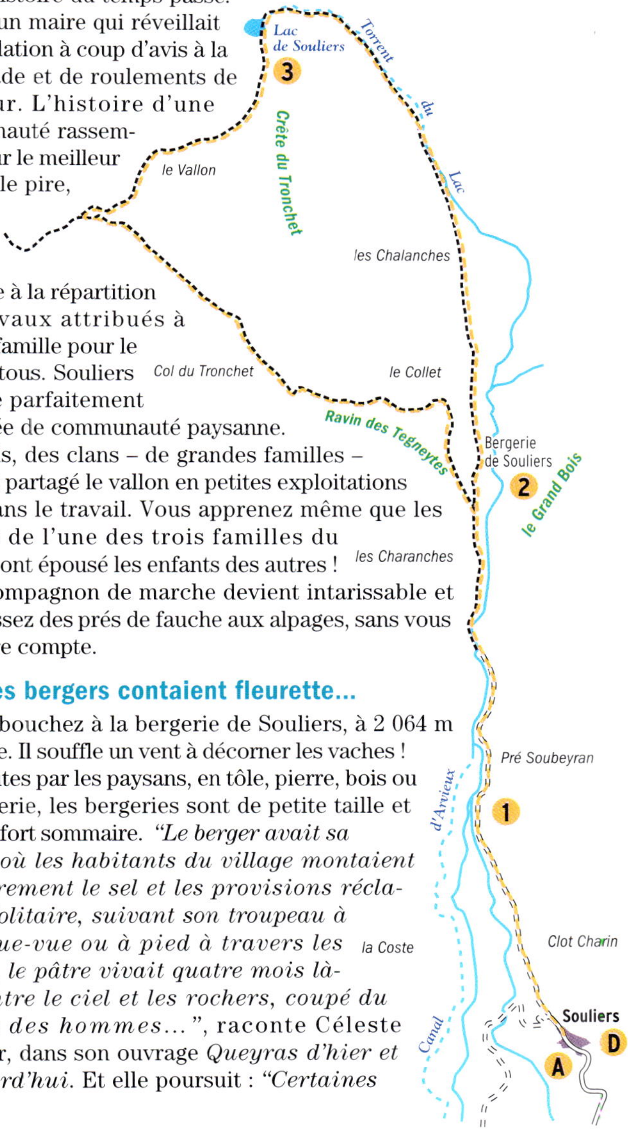

DES HÉBERGEMENTS AU NATUREL **A la cime du hameau, le gîte d'étape du Grand Rochebrune promet de superbes randonnées. Situé au carrefour des sentiers, ce grand chalet authentique offre au hameau de Souliers un lieu d'accueil privilégié aux visiteurs. Sa terrasse plein sud en balcon sur les champs et les prés vous invite à admirer l'aiguille de Chambeyron. Eté comme hiver, vos hôtes, Chantal et Jean-Paul Blais vous aident à découvrir les environs. Ambiance tout aussi conviviale au gîte Panda des Oules situé à l'entrée du village. Les propriétaires vous ouvrent chaleureusement les portes de cette ancienne bâtisse rénovée en chambres d'hôtes, tables d'hôtes et accueil à la ferme. Vous appréciez les produits de la ferme et surtout... les desserts maison !**

saisons, lorsque le pâtre méditerranéen était aussi habile à faire la causette qu'à régenter ses brebis, les belles étrangères n'hésitaient pas à faire plusieurs fois par semaine la promenade jusqu'à l'alpage. Ce berger qui sentait bon l'herbe tendre, le suint, la montagne, avait un tel charme pour parler de ses campagnes et du reste !" ...Vous continuez le sentier qui monte plein nord vers le lac de Souliers.

3 • Le lac de Souliers, perle du Queyras

La sente se faufile entre les mamelons érodés de la montagne. Après une ultime crête, elle vous transporte lentement sur les rives du lac. Celui-ci est entouré d'une bande de terre couleur sable qu'une pelouse rase et verdoyante vient lécher. Ne manquent plus que les cocotiers ! Le lac de Souliers occupe l'entonnoir de dissolution d'une poche de gypse. Une poche qui sert d'écrin à un lac parfaitement circulaire. Un lac ? Plutôt une perle rare déposée au centre d'un collier dentelé de crêtes, de sommets et de pics avec, en face, la crête des Oules, et vers l'est, le pic de Rochebrune. Et ce n'est pas le moindre de ses atouts, que cette ressemblance avec un lointain îlot des Caraïbes. L'ensemble n'est que quiétude et silence ! Pourtant, vous n'êtes pas seul assis au bord de l'eau ridée par le vent. Le lac attire son monde, et il le rend muet. Chacun scrute du regard les sommets qui l'environnent. Vous n'avez que l'embarras du choix pour vous installer sur la vaste pelouse et vous laisser aller à une pause casse-croûte bien méritée. Evidemment, si vous êtes un adepte de la montagne en solitaire, un conseil : sillonnez les crêtes très tôt le matin ; vous éviterez ainsi

En contrebas, le vallon de Souliers

Le lac de Souliers, une perle rare entourée de crêtes.

l'engorgement des heures chaudes ! C'est presque à regret que vous entamez de rentrer. Vous optez pour la sente qui file plein ouest en direction du col du Tronchet, 2 347 m. Un dernier regard sur les pelouses d'altitude et vous retrouvez l'ombrage des mélèzes. Bientôt, le bruit familier des sonnailles remplit de nouveau la vallée et orchestre votre retour sur Souliers.

INFORMATIONS PRATIQUES

- **Durée** : 4h30 a/r.
- **Altitude** : 1 844 m (départ), 2 492 m (arrivée).
- **Dénivelé** : 700 m.
- **Difficultés** : si le sentier monte en douceur jusqu'au lac, là-haut, vous ne trouverez aucun point d'ombre. Attention aux heures chaudes ! Et à l'inverse au déluge de brume en cas d'orage.
- **Topo-guide** : utiliser la carte IGN 3537 ET ***Guillestre, Vars, Risoul.***
- **Balisage** : suivre le tracé sur la carte IGN et le balisage du GR 58, dit du "Tour du Queyras".
- **Départ** : le sentier part du hameau de Souliers, à l'entrée du village, stationnez face au gîte d'étape, que vous rejoignez depuis Château-Queyras en suivant la D944 direction Souliers, Clos du Riou.
- **Pratique** : Gîte Le Grand Rochebrune, hameau de Souliers, 05350 Château-Ville-Vieille. Tél. 04 92 46 76 90. Ouvert du 26/12 au 20/09. Réservation indispensable. Deux dortoirs, 45 places. 1/2 pension par pers., haute et basse saison 27,5 à 33,55 €. Gîte Panda Les Oules, Souliers, 05350 Château-Ville-Vieille. Tél. 04 92 46 76 39. Ouvert toute l'année sur réservation. 1/2 pension à partir de 30 €. 6 chambres.

Suivre la route des cadrans solaires

De la Renaissance au XIXe siècle, les cadrans solaires ont poussé comme des champignons dans le Queyras, sur les clochers des églises, le fronton des chapelles, les façades des maisons... Moins pour mesurer le temps que pour la décoration. Faites le grand tour des cadrans, venez admirer ces œuvres d'art restaurées ou d'origine, qui de Guillestre à Saint-Véran, égayent les villages de pigments naturels. Ocre jaune, ocre rouge, noir de suie, terre de sienne, bleu outremer... Découvrez ce flot de couleurs et de devises que le soleil fait briller de mille éclats.

Départ • Profite de l'heure présente et pense à la dernière

Guillestre, place du général Albert. Question de principe, le circuit des cadrans solaires s'attaque sans regarder la montre, car comme le dit la devise inscrite sur l'un deux : "*il est plus tard que vous croyez*". Vous flânez donc tranquillement dans le centre de la cité paroissiale de Guillestre, autrefois formidable lieu de foire ! Sur cette place colorée, encadrée par les anciennes maisons des notables, se niche entre les fenêtres de l'une d'entre elles, bâtie en 1597, votre premier cadran solaire. Vous découvrez sa devise latine : "*Utere Praesenti, Memor Ultime*" (Profite de l'heure présente et pense à la dernière). Plus de deux siècles se sont écoulés depuis 1734, date de pose du cadran, et sa décoration florale, restaurée en 1990 par Remi Potey, fresquiste et cadranier du Queyras, n'a pas pris une ride. Mais il est temps pour vous de remonter les gorges du Guil en voiture, de jouer à saute-vallée pour musarder dans les villages à la découverte de la gnomonique, l'art de construire des gnomons, les cadrans solaires. Vous suivez ce défilé de falaises vertigineuses en balcon sur le torrent, qui en fait frissonner plus d'un. Le panorama est splendide, la route est belle, large, sécurisée. Vous filez droit sur Château-Queyras !

1 • Qui vit bien, meurt bien !

Campée sur son éperon rocheux, la forteresse de Fort-Queyras, apparaît bientôt au détour d'un étroit virage. Vous avez rendez-vous dans la rue principale de Château-Queyras, au restaurant *Lou*

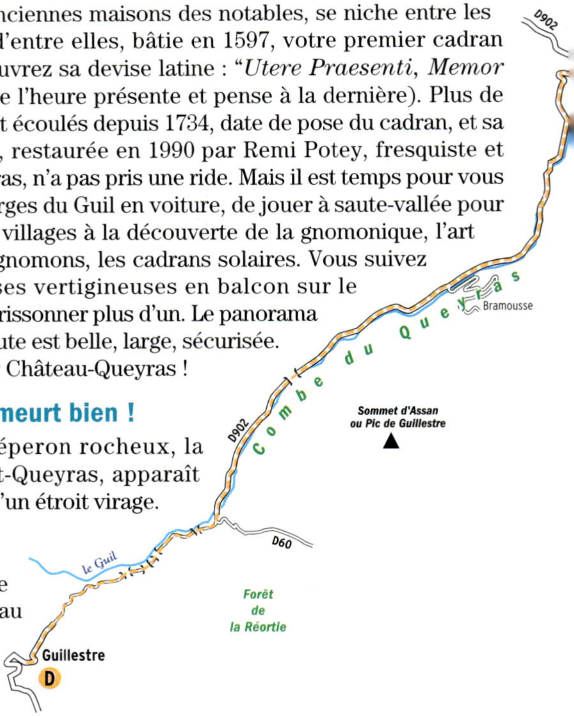

Pignatoun. Sa façade est habillée d'un cadran réalisé par un voisin, l'artiste piémontais Giovanni Francesco Zarbula. Au pays des cadrans solaires, vous apprenez vite qu'il règne un avant ZGF, et un après. Entre 1832 et 1860, celui-ci en a peint vingt-cinq. Il en reste aujourd'hui une douzaine à admirer, sur tout le territoire. Colorés, surchargés de décor, ses cadrans vous interpellent en latin, en français ou en patois.
Les devises ont trait au soleil, à la vie ou à la mort : "*Sans le soleil, je ne suis rien et toi sans Dieu, tu ne peux rien.*" Juste à côté du restaurant, sur la façade de l'église de Château-Queyras, vous pouvez voir un cadran bleu charrette daté de 1841, qui fut restauré en 1958. Le fameux bleu charrette ! Cette couleur que l'on passait autrefois sur les portes et les charrettes des paysans… Depuis Château-Queyras, faites une petite escapade à Meyriès. Ce village perché à 1 700 mètres, qui se fait désirer tant il est difficile d'accès, possède quatre cadrans solaires de facture inégale. Celui de 1837, en contrebas du hameau, est remarquable. Il permet de rappeler que la construction des gnomons exigeait des connaissances techniques spéciales, notamment mathématiques. Cette détermination de l'heure avant la montre relevait en effet d'une science précise croisant longitude, latitude et orientation. Une fois à Meyriès, profitez du coup d'œil avant de reprendre votre route le long du Guil.

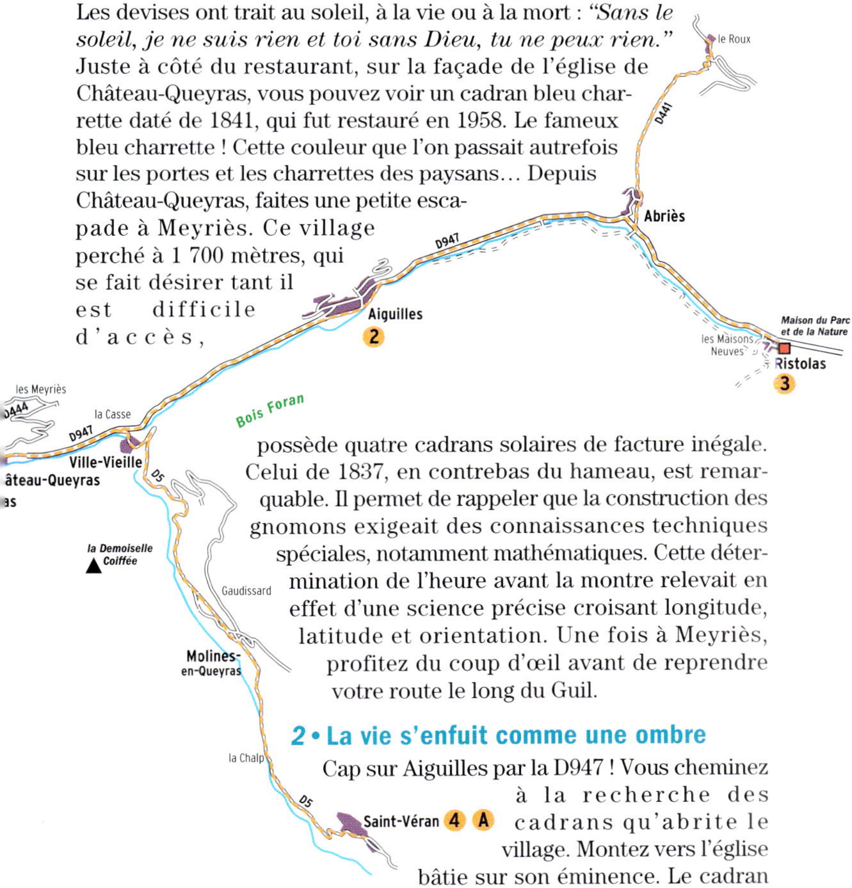

2 • La vie s'enfuit comme une ombre

Cap sur Aiguilles par la D947 ! Vous cheminez à la recherche des cadrans qu'abrite le village. Montez vers l'église bâtie sur son éminence. Le cadran solaire qui orne le clocher est très pieux et sobre : "*La vie s'enfuit comme une ombre, digne de louanges est le nom du seigneur*"… Vous vous dirigez ensuite vers la sortie du village. Le long de la route, retrouvez la miellerie de la Vignette et son gnomon, subtile combinaison de paysages provençaux et montagne queyrassine. Observez bien ce cadran, création de Rémi Potey. Le 12 figure au centre. Les heures de la matinée se répartissent à gauche de midi, et celles de l'après-midi à sa droite. Pour lire l'heure, vous devez repérer la position de l'ombre sur

DU CÔTÉ DE CEILLAC, EN PASSANT PAR ARVIEUX **La route des cadrans solaires est multiple. Elle vous offre presque autant de choix qu'il y a de hameaux dans le Queyras. Les vallées de Ceillac et d'Arvieux méritent également le détour. Du côté de la vallée du Cristillan, Rémi Potey rend un vibrant hommage à Zarbula sur les murs de la mairie de Ceillac. C'est dans ce village que se trouve également le plus ancien cadran solaire du Queyras (XVIIIe), sur la façade de l'église Saint-Sebastien. Il a été découvert lors de la récente restauration de la façade. A Arvieux, un vénérable cadran datant de 1733 trône sur le mur de l'église Saint-Laurent, du XVIe siècle. A l'entrée du village, sur une maison privée, un autre cadran, datant de 1845, marque les heures d'un soleil hexagonal. Un peu plus haut, la belle bâtisse à arcades Fantin Latour, laisse entrevoir un trompe-l'œil et un cadran solaire d'angle surmonté d'un lion.**

le cadran. Cette ombre tourne dans le même sens que le soleil autour du cadran qui indique donc l'heure solaire du lieu. L'été, dans le Queyras, quand il est midi au cadran, il n'est que dix heure trente à la montre. Après Aiguilles, vous vous retrouvez à Abriès. Il faut monter au Roux d'Abriès par la route en lacets. A l'entrée du village, sur la droite, un cadran orne la façade d'un chalet. Il évoque la faune emblématique du Queyras. Sa devise ? *"La montagne est belle, elle se mérite."* Sur les hauts du village, vous pouvez admirer deux autres cadrans ainsi qu'un amusant trompe-l'œil sur lequel le cadranier s'est dessiné en plein travail.

3 • Ainsi va le temps, ainsi va la vie

Au bout de la départementale 947, pointe le village de Ristolas et le clocher de l'église Saint-Marcellin (1475). Vous suivez sa silhouette massive et élancée. Rémi Potey a fait du bel ouvrage ! Sur un immense cadran solaire, aux teintes bleues, grisées et ocres, il a dessiné un bouquetin trônant fièrement devant le mont Viso avec cette devise : *"Ané lou tens, ané la vito"* (ainsi va le temps, ainsi va la vie). Il est temps pour vous d'opérer un demi-tour. Reprenez la route en direction de Ville-Vieille avant de remonter la vallée des Aigues par la D5 vers Molines. Suivez d'abord la vallée de l'Aigue Agnelle jusqu'au hameau de Pierre-Grosse. Vous ne manquerez pas de jeter un coup d'œil à l'église Saint-Sébastien d'une blancheur immaculée. Elle affiche sur son mur un splendide combat de tétras-lyre. Poursuivez jusqu'à Fontgillarde, dernier hameau avant le col Agnel. Jouez au jeu de piste des cadrans solaires dont on dit qu'ici ils n'ont jamais pu donner l'heure, faute de soleil ! Vous en dénichez quatre, anciens ou modernes, dont un, finement dessiné, intègre le décor de la façade d'une maison. Votre itinéraire vous invite à revenir sur Molines pour rejoindre Saint-Véran par la vallée de l'Aigue Blanche. Ce n'est pas un hasard si Saint-Véran possède encore 15 cadrans solaires éparpillés dans la commune au gré de la fantaisie des artistes, anonymes ou non. En 1840, le peintre Zarbula y séjourna pendant près d'une année.

Sur les murs de l'église d'Abriès, ce cadran solaire daté 1821.

4 • On ne voit bien qu'avec le cœur

Stationnez sur le parking en bas du village. Dans le premier lacet qui monte, vous êtes accueillis par cette devise en patois "*Lou sourey se levo per tutches*", (le soleil se lève pour tous). C'est un cadran récent, de Remi Potey, qui orne la façade de l'hôtel Coste-Belle. A Saint-Véran, vous ne pouvez pas ignorer les œuvres de Zarbula dont vous reconnaissez aisément l'expression et le goût pour les animaux exotiques. Au gîte d'étape Le Gabelou, vous observez deux cadrans bien peu épargnés par le temps, dont un Zarbula avec un aigle impérial. Les cadraniers utilisaient la technique de la peinture à fresque, qui permet de mettre en place des décors chatoyants. Aujourd'hui encore, le cadranier emprisonne les pigments naturels dans l'enduit de chaux encore frais, avant que celui-ci ne se solidifie. La lune, un aigle… un sablier qui évoque la fuite du temps… vous finissez votre parcours par cette devise qui sonne comme un doux rêve : "*On ne voit bien qu'avec le cœur*"…

INFORMATIONS PRATIQUES

- **Durée** : la journée.
- **Altitude** : 1 004 m (départ Guillestre), 2 040 m (arrivée Saint-Véran).
- **Nombre de kilomètres** : environ 90 km a/r.
- **Itinéraire** : départ de la place Albert à Guillestre, suivre la D902 en direction du Parc du Queyras et de la maison du Roy. Emprunter la D902 jusqu'à l'embranchement pour Arvieux, et continuer tout droit sur la D947 pour Château-Queyras, Ville-Vieille, Aiguilles, Abriès et Ristolas. Faire demi-tour jusqu'à Ville-Vieille et prendre la direction Saint-Véran par la D5. A Molines, suivre la D205 qui mène à Pierre-Grosse et Fontgillarde. Puis reprendre la D5 pour Saint-Véran.
- Utiliser la carte IGN 3637 OT ***Mont-Viso, Saint-Véran, Aiguilles*** et la carte IGN 3537 ET ***Guillestre, Vars, Risoul.***
- **Pratique** : demander la carte touristique ***Cadrans solaires et autres curiosités dans le Queyras***, disponible à l'Office de Promotion du Queyras, 05470 Aiguilles. Tél. : 04 92 46 76 18.

Carnet pratique

Etablissements membres de l'Union Hôtellière du Queyras qui : assurent, en plus de l'hébergement, la restauration ; proposent des séjours "tout compris" à la découverte de la nature ; disposent des documents d'information et des publications du PNR Queyras.

§ Signale qu'une équipe permanente d'accompagnateurs professionnels est salariée de l'établissement.

Etablissements ayant fait le pari du développement durable. Etablissement ayant une stratégie liant des préoccupations environnementales, économiques, sociales et d'éthique.

Le Parc naturel régional du Queyras, ses maisons

Maison du Parc de Guillestre
Avenue de la gare, BP 3
05 600 Guillestre
Tél 04 92 45 06 23
www.pnr-queyras.fr

Maison du Parc et bibliothèque multimédia d'Arvieux
Le village
05 350 Arvieux
Tél 04 92 46 88 20

Maison du Parc et de la Nature de Ristolas
Le village
05 460 Ristolas
Tél 04 92 46 86 29
E mail : pnrq.ristolas@wanadoo.fr

Moulin d'Arvieux
Hameau des Moulins
Tél 04 92 46 88 20/
04 92 46 82 60 (été)
Ouvert (01/07-31/08)
10h-12h, 14h-18h.

Espace géologique
Château-Queyras
Tél 04 92 45 06 23/
04 92 46 80 46 (été)
Ouvert (01/07-31/08)
10h-12h30, 14h30-18h.

Musée du Soum
Saint-Véran
Tél 04 92 45 86 42
Ouvert toute l'année 10h-12h et 14h-18h.

Fort Queyras
Géré par la commune de Château-Ville-Vieille. Ouvert mai, juin et sept tlj 10h-18h, juil-août tlj 9h-19h.

Points d'informations
Situés aux différents points d'accès du Parc. Ouverts du 01/07 au 31/08.
- Col Izoard, Guillestre, col Agnel, Eygliers, Val d'Escreins.

Bibliothèques multimédia du Parc
- Aiguilles (mairie), Arvieux (Maison du Parc), Ristolas (Maison de la nature), Saint-Véran.

Centrale de réservation

Sur le territoire du Parc, une centrale de réservation gère votre séjour : SEM Guiltour (04 92 45 09 46, www.guiltour.com). Voir également les offices de tourisme de chaque commune.

Centrale de réservation du Parc - la SEM Guiltour
Tél 04 92 45 09 46
www.guiltour.com
E mail : guiltour@queyras.com

Abriès
Tél 04 92 46 72 26
www.abries.ristolas.queyras.com
E mail : abries.ristolas@queyras.com

L'Edelweiss**
Tél 04 92 46 71 09
www.edelweiss.queyras.com
E mail :
edelweissmandin@wanadoo.fr

Le Graviroche**
Tél 04 92 46 71 21

Le Serre Lara**
Tél 04 92 46 75 05
www.hotel-serre-lara.fr
E mail :
serrelara@post.club-internet.fr

Le relais du Mont-Viso*
Tél 04 92 46 71 17

Le Cassu (gîte)
Tél 04 92 46 74 30

Le Villard Di Marco (gîte)
Tél 04 92 46 71 14
www.abries.fr.st
E mail : abries@fr.st

Queyras caravaneige**
(camping)
Tél 04 92 46 71 22
www.members.aol.com/caravaneig
E mail : caravaneig@aol.com

Valpréveyre (camping)
Tél 04 92 46 72 26

Aiguilles
Tél 04 92 46 70 34
www.aiguilles.com

Les balcons de Combre Rousset**
Tél 04 92 46 77 15
E mail :
combes.rousset@netcourrier.com

Hôtel Bellevue** §
Tél 04 92 46 73 35
www.bellevue.queyras.com

La P'tite auberge
Tél 04 92 46 81 60
E mail : ptiteauberge@wanadoo.fr

Bellevue (gîte)
Tél 04 92 46 73 35
www.bellevue.queyras.com

Queyr'Ivoire (gîte)
Tél 04 92 46 74 04
www.members.aol.com/queyrivoire
E mail : queyrivoire@aol.com

Villa Serre Poulin
(chambre d'hôtes)
Tél 04 92 46 76 63
www.villa-serre-poulin.com

Camping municipal du Gouret**
Tél 04 92 46 81 46 (hors saison)
Tél 06 20 10 57 85 ou 04 92 46 74 61 (du 15/06 au 15/09)

Arvieux
Tél 04 92 46 75 76
www.arvieux.com
E mail : ot.arvieux@free.fr

La Ferme de l'Izoard***
Tél 04 92 46 89 00
www.laferme.fr

La Borne Ensoleillée**
Tél 04 92 46 72 89
www.chez.com/queyras/borne
E mail : la.borne@online.fr

Les Bons enfants (gîte)
Tél 04 92 46 73 85
E mail : lesbonsenfants@free.fr

Chalet Viso (gîte)
Tél 04 92 46 85 77
www.chaletviso.com

La Fruitière (gîte)
Tél 04 92 46 84 86
www.lafruitiere.fr

La Teppio (gîte)
Tél 04 92 46 73 90
www.teppio.fr.st
E mail : teppio@free.fr

La Casse Déserte
(chambre d'hôtes)
Tél 04 92 46 72 91
www.lacassedeserte.dyndns.org

Chalet Viso (chambre d'hôtes)
Tél 04 92 46 85 77
www.chaletviso.com

La Clapouse (chambre d'hôtes)
Tél 04 92 46 70 58

La Girandole (chambre d'hôtes)
Tél 04 92 46 84 12
www.lagirandole.info
E mail : lagirandole@tiscali.fr

Camping le Planet**
Tél 04 92 46 79 15 ou
04 92 21 39 26 (hors saison)
E mail :
campingduplanet@wanadoo.fr

Ferme de la Rune (camping)
Tél 04 92 46 75 88

Refuge de Furfande
Tél 04 92 45 25 44
ou 06 16 56 23 79

Refuge Napoléon (col Izoard)
Tél 04 92 21 17 42

Ceillac
Tél 04 92 45 05 74
www.ceillac.com

La cascade**
Tél 04 92 45 05 92
www.hotel-la-cascade.com
E-mail: info@hotel-la-cascade.com

La Maison du Roy**
Tél 04 92 45 08 34
www.queyras.org/maisonduroy
E mail : lamaisonduroy@wanadoo.fr

Les Veyres**
Tél 04 92 45 01 91

Les Baladins (auberge)
Tél 04 92 45 00 23
www.les baladins.com

Les Baladins (gîte)
Tél 04 92 45 00 23
www.lesbaladins.com

Le Matefaim (chambre d'hôtes)
Tél 04 92 45 15 90
www.matefaim.com
E mail : LEMATEFAIM@aol.com

Camping les Mélèzes***
Tél 04 92 45 21 93

Camping les Moutets*
Tél 04 92 45 17 89

Refuge de la Cime
Tél 04 92 45 19 12
E mail : y-jacquemier@wanadoo.fr

Château-Ville-Vieille
Tél 04 92 46 86 89
www.queyras.com
E mail :
château-ville-vieille@fnotsi.net

Le guilazur**
Tél 04 92 46 74 09
E mail : info@hotel.guilazur.com

Les Astragales (gîte)
Tél 04 92 46 70 82
www.les-astragales.queyras.com
E mail :
astragales.queyras@libertysurf.fr

Le cadran Solaire (gîte) §
Tél 04 92 46 70 78

Chalet Vie sauvage (gîte) §
Tél 04 92 46 71 72
www.chalet-vie-sauvage.com
E mail :
chalet.viesauvage@wanadoo.fr

Le Grand Rochebrune (gîte)
Tél 04 92 46 76 90

Le Riou Vert (gîte)
Tél 04 92 46 72 45
www.gites.France.fr

Le Cadran Solaire
(chambre d'hôtes)
Tél 04 92 46 70 78

Les Oules (chambre d'hôtes) §
Tél 04 92 46 76 39
E mail : les.oules@free.fr

Camping municipal de l'Iscle
Tél 04 92 46 76 21

Maison du tourisme du Guillestrois
Place Joseph Salva
Tél 04 92 45 04 37

Molines
Tél 04 92 45 83 22
www.molinesenqueyras.com

Le Chamois**
Tél 04 92 45 83 71
www.lechamois.fr.fm

Le Cognarel** §
Tél 04 92 45 80 03
www.cognarel.com
E mail : cognarel@imaginet.fr

L'Equipe**
Tél 04 92 45 83 20
www.lequipedemolines.com
E mail : lequipe@infonie.fr

La Lobio**
Tél 04 92 45 82 06
www.lalobio.fr.st
E mail : hotel.lalobio@wanadoo.fr

La Maison de Gaudissard** §
Tél 04 90 45 83 29
www.gaudissard.queyras.com
E mail :
maison.gaudissard@wanadoo.fr

Les Mélèzes (auberge)
Tél 04 92 45 83 64
www.les.melezes.free.fr
E mail : les melezes2@wanadoo.fr

Le Cognarel (gîte)
Tél 04 92 45 81 03
www.cognarel.com
E mail : cognarel@imaginet.fr

La Maison de Gaudissard (gîte)
Tél 04 92 45 83 29
www.gaudissard.queyras.com
E mail :
maison.gaudissard@wanadoo.fr

La Maison de Pierre la Cime
(chambre d'hôtes)
Tél 04 92 45 83 97
www.queyras-chambres-hotes.com
E mail :
la.maison.de.piere.la.cime@
wanadoo.fr

Le Val d'Azun (chambre d'hôtes)
Tél 04 92 45 86 15
www.valdazun.queyras.com
E mail : didier.prosper@libertysurf.fr

Camping de Chanterane 5
Tél 04 92 45 83 70

Refuge Agnel (col Agnel)
Tél 04 92 45 83 90

Ristolas

Office de Tourisme : voir Abriès.

Au Queyr' de l'ours**
Tél 04 92 46 76 07
www.au-queyr-de-lours.fr
E mail :
au.queyr.de.lours@wanadoo.fr

Le 6ème Est (gîte)
Tél 04 92 46 82 07
E mail : loweibel@free.fr

La Monta (gîte)
Tél 04 92 46 71 35
E mail : f.hecq@libertysurf.fr

Au Queyr' de l'Ours (gîte)
Tél 04 92 46 76 07
www.au-queyr-de-lours.fr
E mail :
au.queyr.de.lours@wanadoo.fr

La Barma (chambre d'hôtes)
Tél 04 92 46 84 84
E mail : escart@wanadoo.fr

Camping municipal
le Chardonnet
Tél 04 92 46 87 79, 04 92 46
76 32 ou 06 76 84 95 16

Refuge CAF Viso
Tél 04 92 46 81 81
ou 06 63 78 51 09
E mail : www.lesenfechores@free.fr

Saint-Véran

Tél 04 92 45 82 21
www.saintveran.com

Hôtel l'Astragale***
Tél 04 92 45 87 00
www.astragale.queyras.com
E mail : astragale@queyras.com

Hôtel Les Chalets
du Villard***
Tél 04 92 45 82 08
www.leschaletsduvillard.fr

Beauregard**
Tél 04 92 45 86 86
www.hotelbeauregard.fr

Chateaurenard**
Tél 04 92 45 85 43
www.hotel-chateaurenard.com

Le Grand Tétras**
Tél 04 92 45 82 42
www.queyras.org/legrandtetras
E mail : legrandtetras@free.fr

Chalet l'Estoilies (auberge)
Tél 04 92 45 82 65
www.estoilies.com
E mail : auberge.estoilies@free.fr

Coste-Belle (auberge)
Tél 04 92 45 82 17

Le Monchu (auberge)
Tél 04 92 45 83 96
www.lemonchu.fr

Le Chant de l'Alpe (gîte)
Tél 04 92 45 86 59

Les Gabelous (gîte)
Tél 04 92 45 81 39
www.chezcom/queyras/gabelous
E mail : gabelous@free.fr

Le Monchu (gîte)
Tél 04 92 45 83 96
www.lemonchu.fr

Le Cazet (chambre d'hôtes)
Tél 04 92 45 81 39

Chalet Rochebrune
(chambre d'hôtes)
Tél 04 92 45 89 43
E mail : rochebrune@free.fr

J. et E. Turina (chambre d'hôtes)
Tél 04 92 45 81 77
www.altitude2040.com
E mail : ERIC.TURINA@wanadoo.fr

Refuge La Blanche
Tél 04 92 45 80 24

Vars

Cours Fontanarosa
Tél 04 92 46 51 31
www.vars-ski.com
E mail : ot-vars@wanadoo.fr

Refuge de Basse Rua
(Val d'Escreins)
Tél 04 92 45 41 75
et 06 09 31 62 18
www.basserua.com
E mail : basse.rua@wanadoo.fr

Office de Promotion du Tourisme en Queyras

Maison du Queyras
05 470 Aiguilles
Tél 04 92 46 76 18
www.queyras.com

Les activités sportives d'été

Randonnées pédestres

Organisateurs de séjours

Ancef chalet Vie sauvage
(Château-Ville-Vieille)
Tél 04 92 46 71 72
chalet.viesauvage@wanadoo.fr

Destination Queyras (Ceillac)
Tél 04 92 45 04 29
www.randoqueyras.com

Bureau de montagne Gaudissard
(Molines)
Tél 04 92 45 83 29
maison.gaudissard@wanadoo.fr

Groupements d'accompagnateurs

Bureau des guides (Molines)
Tél 04 92 45 85 87
guides.queyras@wanadoo.fr

Côté Viso (Ristolas)
Tél 04 92 46 76 07
cote-viso@dial.oleane.com

Randonnées pédestres (contacts accompagnateurs)

Daniel Ben Farès (Abriès)
Tél/Fax : 04 92 46 81 05

Michel Collombon (Aiguilles)
Tél/Fax 04 92 46 77 97

Yves Novel (Aiguilles)
Tél 06 85 76 53 80

Jean-Paul Blanc (Arvieux)
Tél 04 92 46 74 44
www.queyraspassion.com

Yves Fouque (Ceillac)
Tél 04 92 45 15 37
www.randoqueyras.com

Hervé Gaudin (Ceillac)
Tél 04 92 45 00 62
anes@ceillac.com

Christian Perron (Ceillac)
Tél 04 92 45 28 39
info@queyras-locations.com

Chantal Hobereau (Molines)
Tél 04 92 46 73 49
centre.hobereau@online.fr

Nicolas Crunchant (Ristolas)
Tél /Fax 04 92 46 83 44
crunchant.nicolas@wanadoo.fr

Stéphane Simiand (Ristolas)
Tél 04 92 46 84 84
escart@wanadoo.fr

Randonnée avec animaux de bât (ânes ou lamas)

Ancef Chalet Vie Sauvage (Château-Ville-Vieille)
Tél 04 92 46 71 72
chalet.viesauvage@wanadoo.fr

Anes d'Hervé Gaudin (Ceillac)
Tél 04 92 45 00 62
anes@ceillac.com

Balades avec lamas (Ristolas)
Tél 04 92 46 76 07

Queyr'âne - Auberge l'Estoilies (Saint-Véran)
Tél 04 92 45 82 65

Ferme équestre de l'Edelweiss (Arvieux/La Chalp)
Tél 06 16 90 81 84

Alpinisme - escalade canyoning - Via ferrata

Office du tourisme (Abriès)
Tél 04 92 46 72 26

Pascal Giraud (Aiguilles)
Tél 04 92 46 77 30
http://perso.wanadoo.fr/decouverte.montagne/

Bureau des guides (Molines)
Tél 04 92 45 85 87
guides.queyras@wanadoo.fr

Bureau de montagne Gaudissard (Molines)
Tél 04 92 45 83 29
maison.gaudissard@wanadoo.fr

Eau vive - canoë - kayak - rafting

Arc Boutant
Tél 04 92 46 75 11
queyrasport@infonie.fr

Quey'Raft
Tél 04 92 46 86 61
ou 06 10 15 13 28
info@queyraft.com

Vélo Tout Terrain

Topo-guide "Promenades VTT dans le Queyras" (5 €).

Location de VTT dans les magasins de sport à Abriès, Aiguilles et Ceillac.

Descente VTT des villages de Saint-Véran à Aiguilles : Sport service (Aiguilles).
Tél 04 92 46 70 44

Descente VTT avec montée en télésiège. Ouvert juillet/août à Abriès et Molines. Contact accompagnateur : Christian Perron, tél 04 92 45 28 39.
info@queyras-locations.com

Cyclotourisme

Col Izoard et col Agnel font partie du Parc naturel régional du Queyras. Poinçonnez votre carnet de col dans les véloda-teurs (Guillestre, Izoard et Agnel) pour immortaliser le temps de votre ascension. Le carnet est en vente (2 €) dans les offices de tourisme.

Randonnée équestre

Les Ecuries d'Abriès (Abriès)
Tél 06 16 06 22 86

Jacques Cezary
Ferme équestre de l'Edelweiss (Arvieux/La Chalp)
Tél 04 92 46 76 64

Club poneys
Les Ecuries d'Abriès
Tél 06 16 06 22 86

Piscine/plan d'eau

Plan d'eau entre Aiguilles et Abriès.

Plan d'eau au camping du Planet à Brunissard/Arvieux.

Piscine municipale à Aiguilles (10h30-18h, juillet-août).
Tél 04 92 46 71 23

Plan d'eau d'Eygliers.

Parapente

Ecole de parapente du Queyras
Ouvert avr-oct.
Tél 04 92 46 77 51
www.parapente05.com.

Luge d'été

Queyras ski (Molines) : tél 04 92 45 83 18, juil-août 10h30-12h30 et 14h-19h et week-end de septembre.

Arapaho-dog

(VTT et trottinette tractés par 2 chiens)
Valérie Perrot (Abriès)
Tél 04 92 46 76 44

Herborisation

Atelier de la Fontaine des Forannes
Dominique Breton
Tél 04 92 45 81 56

Dentelle

Atelier de la Fontaine des Forannes
Dominique Breton
Tél 04 92 45 81 56

Association "Le costume d'autrefois"
Gisèle Reynaud
Tél 04 92 46 75 81

Parc acrobatique

SARL Queyr'Aventure
(Molines/St-Véran)
Tél 06 17 72 70 30

Mini-golf et swim

Swim
Arc Boutant Queyrassin (Aiguilles)
Tél 04 92 46 75 11

Mini-golf au VTF
Les Esquirousses (Arvieux)
Tél 04 92 46 76 19

Mini-golf à la base de loisirs d'Aiguilles
Tél 04 92 46 70 34

Montées en télésièges

Abriès :
Beau panorama sur le Mont-Viso, départ pour les randonnées pédestres ou équestres, snack d'altitude.

Molines :
départ pour la randonnée pédestre ou circuits VTT.

Renseignement Queyras ski
Tél 04 92 45 83 18

Tir à l'arc

Office de tourisme de Molines
(Tél 04 92 45 83 22)

Office de tourisme de Ceillac
(Tél 04 92 45 05 74)

Randonnées ludiques

Journée Indiana Jones/
Parc aventure :
Bureau des guides du Queyras
(Molines/St-Véran)
Tél 04 92 45 85 87

Sortie trappeur avec chiens de traîneaux :
Le Galopin futé (Abriès)
Tél 04 92 46 76 44
Hobereau/Le Cognarel (Molines)
Tél 04 92 46 73 49

Les activités sportives d'hiver

Ski alpin - snowboard

Ecoles de ski français :
- Abriès/Ristolas, ESF du Haut-Guil (04 92 46 71 47).
- Aiguilles (04 92 46 79 66 ou 04 92 46 73 73).
- Arvieux (04 92 46 72 73).
- Ceillac (04 92 45 10 58, esf-ceillac@wanadoo.fr).
- Molines/St-Véran (04 92 45 81 51 et 04 92 45 80 40, www.skiqueyras.com).

Les P'tits skieurs, Molines (04 92 45 81 52, http://les.petits.skieurs.free.fr).

Ecole de Ski et de Snowboard Internationale, St-Véran (04 92 45 89 74 ou 04 92 45 84 76).

Ski aventure, Jean-Pierre Imbert, St-Véran (04 92 45 85 19, imbert.j-pierre@wanadoo.fr).

Free ride

Pascal Giraud (Aiguilles)
Tél 04 92 46 77 30

Bureau de montagne Gaudissard (Molines)
Tél 04 92 45 83 29
maison.gaudissard@wanadoo.fr

Bureau des guides (Molines)
Tél 04 92 45 85 87
guides.queyras@wanadoo.fr

Ski aventure, Jean-Pierre Imbert, St-Véran (04 92 45 85 19, imbert.j-pierre@wanadoo.fr).

Ski de fond

Pascal Giraud (Aiguilles)
Tél 04 92 46 77 30

Destination Queyras (Ceillac)
Tél 04 92 45 04 29
www.randoqueyras.com

Ancef chalet Vie sauvage (Château-Ville-Vieille)
Tél 04 92 46 71 72
chalet.viesauvage@wanadoo.fr

Bureau de montagne Gaudissard (Molines)
Tél 04 92 45 83 29
maison.gaudissard@wanadoo.fr

Hobereau/Le Cognarel (Molines)
Tél 04 92 46 73 49

APAM La Sagne Le Grand Tétras
Tél 04 92 45 81 77

Ski de randonnée

Pascal Giraud (Aiguilles)
Tél 04 92 46 77 30

Christian Perron (Ceillac)
Tél 04 92 45 28 39
info@queyras-locations.com

Destination Queyras (Ceillac)
Tél 04 92 45 04 29
www.randoqueyras.com

ESF/ESSI
Ancef chalet Vie sauvage (Château-Ville-Vieille)
Tél 04 92 46 71 72
chalet.viesauvage@wanadoo.fr

Bureau de montagne Gaudissard (Molines)
Tél 04 92 45 83 29
maison.gaudissard@wanadoo.fr

Côté Viso (Ristolas)
Tél 04 92 46 76 07
cote-viso@dial.oleane.com

Ski aventure, Jean-Pierre Imbert, St-Véran (04 92 45 85 19, imbert.j-pierre@wanadoo.fr).

Randonnée nordique Télémark

Pascal Giraud (Aiguilles)
Tél 04 92 46 77 30

Destination Queyras (Ceillac)
Tél 04 92 45 04 29
www.randoqueyras.com

ESF/ESSI
Ancef chalet Vie sauvage (Château-Ville-Vieille)
Tél 04 92 46 71 72
chalet.viesauvage@wanadoo.fr

Bureau de montagne Gaudissard (Molines)
Tél 04 92 45 83 29
maison.gaudissard@wanadoo.fr

Hobereau/Le Cognarel (Molines)
Tél 04 92 46 73 49

Patinoire naturelle

Abriès : de 16h à 22h.
Tél 04 92 46 76 26

Ceillac : de 16h30 à 19h.
Tél 06 65 52 73 83

Raquettes à neige

Michel Collombon (Aiguilles)
Tél 04 92 46 77 97

Pascal Giraud (Aiguilles)
Tél 04 92 46 77 30

Yves Novel (Aiguilles)
Tél 06 85 76 53 80

ESF/ESSI
Jean-Paul Blanc (Arvieux)
Tél 04 92 46 74 44
www.queyraspassion.com

Yves Fouque (Ceillac)
Tél 04 92 45 15 37
www.randoqueyras.com

Nicolas Crunchant (Ristolas)
Tél 04 92 46 83 44
crunchant.nicolas@wanadoo.fr

Stéphane Simiand (Ristolas)
Tél 04 92 46 84 84
escart@wanadoo.fr

Hobereau/Le Cognarel (Molines)
Tél 04 92 46 73 49

Ski aventure, Jean-Pierre Imbert, St-Véran (04 92 45 85 19, imbert.j-pierre@wanadoo.fr).

Chiens de traîneaux

Les chiens de traîneau du Queyras, Tél 04 92 46 81 05 ou 04 92 46 76 44.

Cascade de glace

Pascal Giraud (Aiguilles)
Tél 04 92 46 77 30

Bureau des guides (Molines)
Tél 04 92 45 85 87
guides.queyras@wanadoo.fr

Bureau de montagne Gaudissard (Molines)
Tél 04 92 45 83 29
maison.gaudissard@wanadoo.fr

Côté Viso (Ristolas)
Tél 04 92 46 76 07
cote-viso@dial.oleane.com

Plongée sous glace

Aqua-logis (Ceillac)
Tél 04 92 45 00 68
ou 06 65 52 73 83
aqualogis@wanadoo.fr

Ski-jöering

A Ristolas, skieur tracté par un cheval. Tél 06 30 91 54 04.

Balades avec lamas

Côté Viso (Ristolas)
Tél 04 92 46 76 07
cote-viso@dial.oleane.com

Les grands rendez-vous de l'année

Les marchés

Abriès/Ristolas :
tous les mercredis matins et foire le 1er dimanche d'août.

Aiguilles :
tous les jeudis matin d'avril à septembre.

Arvieux :
tous les vendredis matin sur la place du village.

Ceillac :
tous les jeudis (pendant les vacances scolaires).

Molines :
tous les mardis matin.

Janvier

Fête des Traditions queyrassines (Ceillac - fin janvier).

Traversée du Queyras à ski de fond.

Février

Big Air (Ristolas - mi-février)

L'Enchastre (course de raquettes) à Ristolas le premier dimanche de février.

Carnaval (Abriès)

Mars

Mountain Gliss
(Aiguilles/Abriès - début du mois)

Avril

Grand Béal (course de ski de randonnée - Arvieux) et salon du matériel de montagne.

Raid Transqueyras
(Aiguilles - mi-avril)

Juin

Festival de contes en Queyras.

Juillet

Festival du livre et de l'image de montagne.

Foire-Expo Queyras à Molines (mi-juillet).

Fête de la vie d'autrefois (Ceillac - mi-juillet)

Festival de musique en Queyras (Abriès - fin juillet)

Foulée pédestre du Queyras (fin du mois)

Pèlerinage au lac Ste Anne (Ceillac - 26 juillet)

Août

Rassemblement vélo du col Agnel (début du mois)

Croq'montagne (fin du mois)

Fête patronale de Ceillac (fin août)

Septembre

La Transfrontalière, course pédestre (Abriès)

Foire agricole de la St Mathieu (Château-Ville-Vieille - le 18)

Marathon des Etoiles (Guillestre/St-Véran - mi-septembre)

Foire aux agnelles de la St Michel (Ceillac - 26 juillet)

Sans oublier les nombreuses festivités traditionnelles : la fête du pain, la fête de la châtaigne, les pèlerinages de montagne, les fêtes d'alpages...

Octobre

Foire de la St Luc
(Guillestre - le 18)

Index

T

V

Z

Achevé d'imprimer en France par l'imprimerie IME
Dépôt légal : 2e trimestre 2004